国家社科基金项目（15BZX033）
教育部人文社科基金项目（14YJAZH020）
河南省哲学社科规划项目（2022BZX004）　资助出版
河南师范大学学术专著出版基金

哲学语境下人类增强的案例研究与理论探索

A Case Study and Theoretical Exploration of Human Enhancement in the Context of Philosophy

冯 烨 ◎ 著

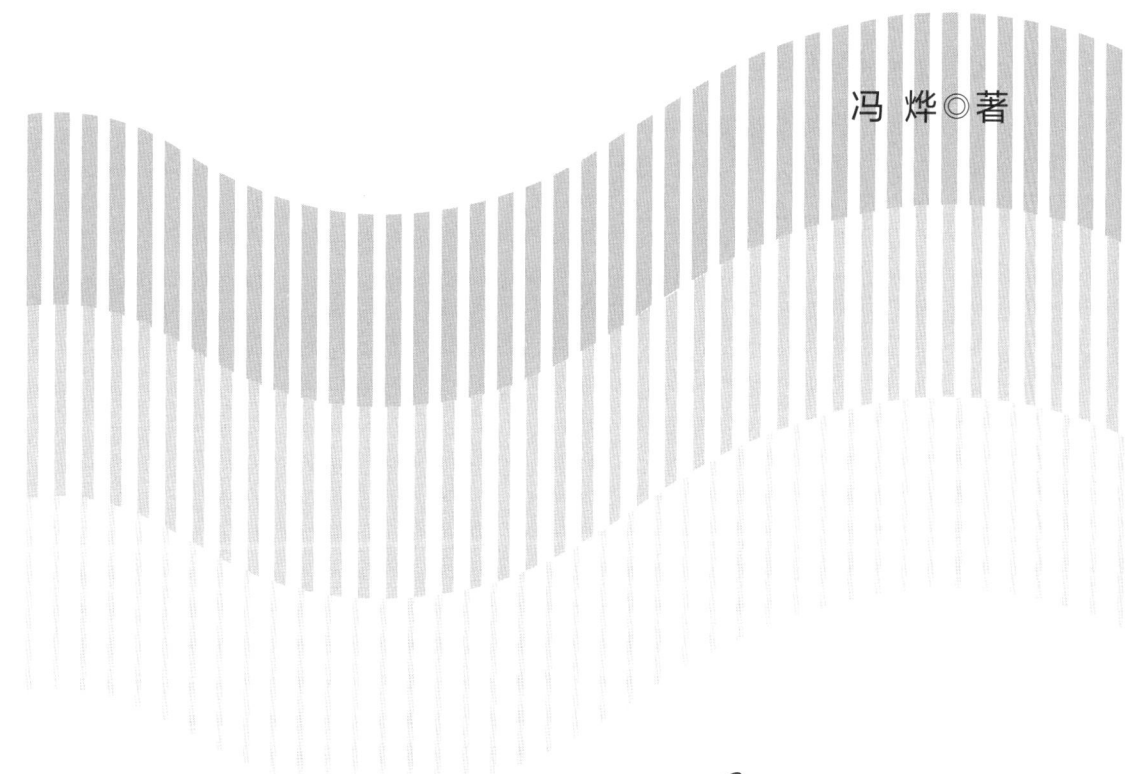

上海社会科学院出版社
SHANGHAI ACADEMY OF SOCIAL SCIENCES PRESS

目 录

导论 ··· 001

第一章 "人类增强"意蕴的哲学解释学透视 ······················ 005

第一节 人文社科语境下的人类增强 ···························· 006

一、虚幻的神话宗教式人类增强 ································ 006

二、道德法律制度的社会组织式人类增强 ····················· 008

第二节 自然科技语境下的人类增强 ···························· 012

一、医药学与养生保健相融合的医药保健式人类增强 ··· 012

二、近现代科技工具外用的延扩式人类增强 ·················· 014

三、当代新兴科技的内置逾越式人类增强 ····················· 015

第三节 内置逾越式人类增强的视域融合 ······················ 018

第二章 关于人类增强应用案例的实地实证调研 ··············· 025

第一节 对微整形技术及行业的调研进程 ······················ 025

一、对微整形专家和求美者的访谈提纲 ························ 026

二、我国微整形现状的调查问卷设计及结果分析 ··········· 037

三、关于我国微整形现状的调研讨论与建议 ………… 047
第二节　我国长寿及保健食品使用情况的调研进程 ………… 048
一、长寿及保健食品概念概述 ………… 048
二、对我国长寿及保健食品使用情况的问卷调查与访谈
　　　　　　　　　　　　　　　　　　　　………… 051
三、关于我国长寿及保健食品使用情况的调研讨论与建议
　　　　　　　　　　　　　　　　　　　　………… 068

第三章　案例研究一：微整形科技及其应用的伦理规约 ………… 071
第一节　微整形科技的发展与应用 ………… 072
第二节　确保求美者身体健康与安全
　　　　——微整形的奠基性伦理规约 ………… 074
一、微整形的"非医疗性"目的与人健康安全的基本需求相一致 ………… 074
二、微整形潜在的健康安全风险迫使为其确立健康安全底线伦理规约 ………… 075
第三节　尊重求美者的人道尊严
　　　　——微整形的目标性伦理规约 ………… 078
一、维护求美者的生命尊严是微整形的基本目标伦理规约 ………… 079
二、增进求美者的社会尊严是微整形的高级目标伦理规约 ………… 080

第四节　遵循良好的社会规范
　　——微整形的保障性伦理规约 ·················· 084
　　一、微整形美容机构等微整形从业方的行业伦理准则 ······
　　　　　　　　　　　　　　　　　　　　　　　　 085
　　二、微整形求美者、家长等消费方须遵循的社会规范 ··· 086
第五节　三大伦理规约协同规制微整形 ·················· 088

第四章　案例研究二：基因增强社会层化的伦理风险及防治 ········ 090
第一节　基因增强及其社会层化 ···················· 090
第二节　基因增强社会层化的伦理风险 ·················· 095
　　一、基因增强社会层化会加剧社会的不公平不公正现象
　　　　　　　　　　　　　　　　　　　　　　　　 095
　　二、基因增强社会层化会使人的身心健康面临危害 ······ 100
　　三、基因增强社会层化会导致接受增强者的自主权丧失
　　　　　　　　　　　　　　　　　　　　　　　　 104
第三节　基因增强社会层化风险的伦理调控 ·············· 108
　　一、加强政府对基因增强研发的管控 ··············· 109
　　二、提升科技工作者与公众的伦理意识 ············· 114
第四节　联合防控治理，保障基因增强利于人类 ············ 121

第五章　案例研究三：延年益寿类人类增强的哲学考量 ········ 124
第一节　延年益寿类人类增强概述 ·················· 125
第二节　延年益寿类人类增强的社会效应 ·············· 135
　　一、延年益寿类人类增强的社会正效应 ············· 135

二、延年益寿类人类增强的社会负效应 ………………… 138
第三节　延年益寿类人类增强的风险调控 ………………… 147
　　一、政府充分发挥宏观调控功能,建立相关法律与行政管理制度 ……………………………………………………… 147
　　二、科技工作者加强伦理道德建设,前瞻性地预防延年益寿增强的风险 ………………………………………………… 149
　　三、社会公众树立正确的生死价值观,合理规划幸福人生 …………………………………………………………………… 152

第六章　人类增强对人"进化"影响的哲学探究 ………… 157
第一节　人类增强的"进化"意含 …………………………… 157
第二节　人类增强"进化"的目的性 ………………………… 163
第三节　人类增强"进化"的反思性分析 …………………… 166
　　一、人类增强"进化"意图的伦理学分析 ………………… 166
　　二、人类增强"进化"的理论和实践依据 ………………… 168
　　三、人类增强"进化"与人的自然进化的协同演进 ……… 170

第七章　人类增强与人的尊严的"德""福"相关性 ……… 173
第一节　重要概念的厘定 …………………………………… 173
　　一、人类增强的界定 ………………………………………… 173
　　二、人的尊严的内涵 ………………………………………… 174
　　三、"德"与"福"的相关性 ………………………………… 176
第二节　人类增强对人的尊严的益损 ……………………… 177
　　一、人类增强的合理应用提升人的尊严 ………………… 178

二、人类增强的不当运用贬损人的尊严 …………… 182
第三节　人的尊严对人类增强的伦理导引 …………… 186
一、人的尊严对人类增强研发的规引 …………… 187
二、人的尊严对人类增强应用的调控 …………… 192
第四节　守护人的尊严,塑造人类增强之魅力 …………… 195

第八章　人类增强研发的伦理监管机制建构 …………… 198
第一节　人类增强的发展路线和模式的伦理构建 …………… 199
一、现实式的人类增强的发展路线与模式的伦理探索
…………… 199
二、未来式的人类增强的发展路线与模式的伦理探索
…………… 201
第二节　人类增强发展所应该遵循的基本伦理原则的构建 …… 205
一、坚持"技术中庸原则",避免极端化 …………… 205
二、坚持"技术融合原则",反对同一性 …………… 209
三、坚持"技术合理性原则",避免荒谬性 …………… 212
四、坚持"技术底线伦理原则",反对非道德性 …………… 216

结语：人类增强的研发需要远见卓识 …………… 224

参考文献 …………… 229

后记 …………… 242

附录1：关于微整形的调查问卷 …………… 245

附录2：关于长寿与保健食品的调查问卷 …………… 250

导　论

　　2001年12月3—4日,美国国家科学基金会(NSF)和美国商务部(DOC)等机构在其首都华盛顿联合举办了以"提高人类性能的汇聚技术:纳米技术,生物技术,信息技术,认知科学"即NIBC启动计划为题的研讨会。在这次会议的报告《聚合四大科技 提高人类能力:纳米技术、生物技术、信息技术和认知科学》中,新兴科技语境下人类增强的目标被首次明确提出。[①] 由此,超人类主义主张以技术增强人类的人类增强研究理念的社会影响和认同程度,得到了广泛的扩大。生物伦理学家George Khushf评论说,NIBC启动计划的出炉标志了人们关于人类增强研究计划的设定由目的单一、主要以治疗为初衷、分散在各学科中、增强效果不明显的阶段进入一个研究目的多学科整合、资源配置综合规划的全新发展阶段,也为其培育市场和商业化应用指出了可能的方向。[②] 2007年,欧盟委员会也将汇聚技术、人类增强等议题列入欧盟第七科研指导框架计划(7th Framework Programme)。[③] 一些报纸杂志、网站、学术期刊等,如

[①] Roco M., Bainbridge W.(eds.). Converging Technologies for lmproving Human Performances [R]. US National Science Foundation report, Arlington, Virginia, 2002.

[②] Khushf G.. The Use of Emergent Technologies for Enhancing Human Performance: Are We Prepared to Address the Ethical and Policy Issues[J]. Public Policy&Practice, 2005.

[③] Andler D, Barthelmé S, Beckert B, et al. Rader M. Converging Technologies and their impact on the Social Sciences and Humanities(CONTECS): An analysis of critical issues and a suggestion for a future research agenda. Final Report[EB/OL]. (2008-05-11). https://cordis.europa.eu/docs/results/28/28837/124377001-6_en.pdf.

美国的《连线》(Wired)杂志、超人类主义协会及其网站、英国的《自然》和美国的《光谱》期刊,对有关人类增强的报道或文章的连续刊出[①][②],一些制药企业和投资方对人类增强的青睐,都极大地促进了人类增强思想观念的传播,使得关于人类增强的议题成为跨行业和跨学科研究的前沿问题。也正是在人类增强理念形成和传播的过程中,后来被称为生物保守主义者的一些学者发现了人类增强的弱点、缺陷与不足,特别是其可能导致的一些重大的社会、伦理和哲学问题,形成了与超人类主义者相左的人类增强观点。二者各持己见、互不相让,使得关于人类增强的超人类主义与生物保守主义之争在国际范围内激烈展开并持续下去。这场争论的序幕是由 2004 年美国政治哲学家弗朗西斯·福山(Francis Fukuyama)的一篇批评性文章拉开的,他在文章中指出,"不远的将来,超人类主义可能成为一种最具危险性的观念"。[③]

在此背景下,我国一些人文社会科学工作者把握学术前沿,积极投入人类增强这个国际焦点问题的研究中。本书作者对此类议题非常感兴趣,在导师王国豫教授的指导下于 2010 年春选取了"基于纳米技术的人类增强的哲学探索"作为自己博士阶段的研究议题。博士毕业工作后,作者对于人类增强相关议题的兴趣仍然不减;同时,某些人类增强产品的研发及应用所显现出的社会、伦理、法律和哲学问题,需要学者对其进行人文视角的研究;也鉴于学者们关于人类增强的持续争论虽然取得了一些可喜的进展但仍没有一个清晰明白的定论、一时难以落下帷幕,关于人类增强的人文社科研究依然是当前学术界的前沿热点议题。正是这三方面的因素,激励着作者一直从事有关人类增强议题的学术

[①] Greely H, Sahakian B, Harris J, et al. Towards Responsible Use Of Cognitive-enhancing Drugs By The Healthy[J]. Nature,2008,456(7223):702—705.

[②] Barbara Sahakian, Sharon Morein-Zamir. Professor's Little Helper[J]. Nature, 2007, 450 (7173):1157—1159.

[③] Fukuyama Francis. Transhumanism[J]. Foreign Policy,2004(144):42—43.

研究。

　　对于人类增强的学术研究,不能仅从某些思想意识或者观点着手,还需要从人们对增强的需求和应用的现实出发,在实践中寻找和发现素材、概括总结,才能形成具有现实意义的"有血有肉"的鲜活理论。否则,理论是空洞的、苍白无力的,不能对人类增强的实践起指导作用。而且,经过十多年来的发展,人类增强的一些技术已发展到临床试验阶段、另一些技术也已进入应用层面,它们都迫切需要哲学人文社科相应研究的跟进,需要它们的批判性思维、现实性分析与前瞻性预见。因此,技术本身的研发应用与对其进行的哲学人文社科理论探索应当相互联系、相互促进,这也是本书坚持的基本思想路线与原则。

　　"人类增强(Human Enhancement)"是贯彻全书的核心概念。当代高新科学技术背景下的"人类增强"是本书在哲学语境下的研究对象,对其进行明确界定是本书的首要任务。但是,在当代彼此交织、碰撞的大文化圈中,如何促进处于不同传统文化、具有不同价值观念的人们发生视域融合并走向一个比较合理的人类增强全球性新视域,是一个值得深思且亟待解决的问题。为了更透彻地发现和理解当代人类增强概念的丰富内涵,本书第一章从哲学解释学视角透视了广义的人类增强概念的历史形态及相应意蕴,将当代的人类增强界定为"内置逾越式人类增强",即人类增强是在当代新兴技术(特别是NBIC汇聚技术)的背景下,以一种非自然的方式来改善人类的智力、体力、情感、道德以及外貌体形等,使之"超越"正常人的标准。这种非自然的方式可以说是一种外在的方式,是根本区别于人类通过读书、运动来提升自我能力的活动方式,它主要是指一种借助于外在的技术直接干预人体的某些正常功能,以帮助人们改善自己的智力、体力、情感力和道德力。而这种"超越"有时也是一种降低,降低人们对于痛苦、疼痛的感受也是另一种意义上的增强。对人类增强进行的如此明确界定,突出了当代人类增强不同于以往其他人类增强形态的五种基本特征:①功能的逾越性;②标准的前设性;③手段的非自然性;④工具的植入性;⑤结果的不可逆性。

然后,本书立足于现实,针对微整形的人文社科议题,对微整形专家和求美者进行了访谈,并采取匿名的方式对微整形专家和公众进行了问卷调查;就长寿和高科技保健食品的人文社科议题,对我国长寿及保健食品使用情况进行了调查问卷,对长寿者和保健食品消费者进行了访谈;在此基础上,采取理论与实际相融合的方法、从哲学伦理学的视角,较为详细地研究了微整形科技、基因增强的社会层化、纳米认知增强、延年益寿类增强四大案例,并分别给出了具体建议与策略;同时,站在社会和人类的高度、从哲学人类学的视角,研究了人类增强对人的进化、人的尊严的影响。紧接着,本书进行系统性地理论探索,分别发现了现实式的人类增强和未来式的人类增强的发展路线和模式,构建了人类增强研发和应用所需遵循的中庸、融合、合理和底线四项基本伦理原则。

最后,本书得出"人类增强的研发需要远见卓识"的结论。这种远见卓识是能够为人类增强的研究和发展提供普遍性而非特殊性、前瞻性而非滞后性、系统性而非片面性、开放性而非封闭性的理论指导的远见卓识,从而能够促使当代有关增强人们自身能力的新兴科学技术的研发和应用免走弯路、少遇挫折、更好发挥为人服务的功能,促进人们追求"好""更好"直到完善(最好)的人生目标与生活理想尽早实现。

此亦是本书的旨趣和意义之所在。

第一章 "人类增强"意蕴的哲学解释学透视

从广义上讲,人类增强就是增强人类能力的所有技术或者措施的简称,是人类提升自身能力的方式和手段的总称。纵观人类历史,可以发现:人类增强是人类生存及发展的永恒议题,贯穿人类发展的整个历史过程;亦即,自人类产生以来,"增强"人类能力就一直深深扎根于人的思想、紧紧体现在人的行为之中,并随着人类的发展而发展。同时,人类增强又是一个社会建构性概念,在不同时期、不同语境中,人们对人类增强的理解和解释不同,人类增强从而展现出不同的实践方式。哲学解释学"作为解释和说明的理论,它本身并不仅仅是一种理论。从最古老的时代一直到今天,解释学始终都在强调,它关于各种可能性、规则和解释手段的思考将直接有用于和有利于人们的解释实践"。[①] 哲学解释学的前见、理解观、视域融合等思想,为我们透视人类增强提供了基础理论和方法。本章试图从哲学解释学的视角对人类增强进行透视,解读出不同语境中人类增强的五种历史形态:虚幻的神话宗教式人类增强、道德法律制度的社会组织式人类增强、医药学与养生保健相融合的生物医药式人类增强、近现代科技工具外用的延扩式人类增强、当代新兴科技的内置逾越式人类增强,促进视域融合,形成理性化全球性的"人类增强"新视域。

---

① (德)伽达默尔.科学时代的理性[M].薛华,等,译.北京:国际文化出版公司,1988:82.

第一节　人文社科语境下的人类增强

一、虚幻的神话宗教式人类增强

从蒙昧时期至古代前期,人类的能力很低,生存面临着严重的自然威胁,尤其是在强大的洪水、严重的干旱以及凶猛的野兽面前,人类更是非常的渺小脆弱,几乎完全处于束手就擒的被动局面;人类的生活极其艰苦,主要靠采集、狩猎天然物品来维持生计。在这种境况下,早期人们强烈地渴望增强自身能力、过上更好的生活,但是他们把自己的美好愿望和理想寄托在以臆想、想象或猜测、幻想等方式构建起来的那些具有特殊本领的人物身上,期望并依靠他们给人类带来智慧、光明和技术等,以改善自己的生活。古代众多的神话故事和传说充分体现了早期人们的这种增强思想和增强方式。在古希腊神话中,拥有各种神奇技艺的众神是人类的拯救者。全知全能的天神宙斯(Zeus)掌管着人类的命运,人类的保护神普罗米修斯(Prometheus)给人们带来火种和光明,雅典娜(Athena)传授给人们智慧、理智和纯洁的品性,火和锻造之神赫淮斯托斯(Hephaestus)为人类提供了铸造武器工具和编织的技能;在东方神话故事中,后羿射掉了不听神帝俊指示的多余的九个太阳(另有传说为"三足乌"),为在火海灾难中苦苦挣扎、祈求上苍恩赐的人们提供适宜居住的环境;还有许多具有非凡能力的神话人物,例如玉皇大帝、观世音菩萨、脚踩风火轮并能及时变成三头六臂的哪吒等,都是处于苦难困境中的人们的大"救星"。

在西方黑暗的中世纪,人们的增强思想和行为,与古代的人们相比,显得不是那么任由自己主观想象了,而是更为被动地把自己今生或来世过上"好的生活"的增强思想更多地或几乎完全地寄托在虚无缥缈的最高主宰(上帝或真主)身上,并在日常生活中进行顶礼膜拜。在他们看来,人是最高主宰的创造物:"耶和华神用地上的尘土造人,将生气吹在他鼻孔里,他就成了有灵的活人,名叫亚当";"耶和华神说,那人独居不好,我要为他造一个配偶给他"(《创世纪》)。由此,人不是自己的主人,不是他自己固有的私有财产,"他的生存和自我存在的条件都不属于他自己,他最根本的东西即他的生命不是他固有的东西",而是属于最高主宰,"不得真主的许可,任何人都不会死亡;真主已注定各人的寿限了"(《古兰经》)。而且,"他必须始终与上帝相关"、寻求上帝、倾听上帝的话、按照上帝的旨意行事[①],因为"耶和华使人死,也使人活;使人下阴间,也使人往上升"(《圣经·撒母耳记上》),人的社会人生、生死祸福等一切现世生活都由最高主宰决定着,他万能至善、有着掌管和支配人生一切的权力和能力。人唯一能够做的是虔心修道、行善或皈依上帝、遵守戒律,以求死后必然进入"天堂"或"天园"、获得后世永恒的幸福与美满——"不再有死亡,也不再有悲哀、哭号、疼痛"[②]。

时至今日,在基督教和伊斯兰教的文化语境中,人类增强的思想仍然保留着中世纪时期依赖最高主宰的主旨。人在最高主宰面前是被动的、软弱的、服从的,人类没有自由意志、不能主宰自己的生命和命运,更无力改变自己的命运,只能等待上帝或真主的救赎,只能依靠神的保佑和庇护,才能获得现实生活的安宁、进入极乐的天堂世界。基督教"原罪"观念便是人这种虚弱处境的一种明显表达。

显然,在神话宗教语境下,人类的增强方式主要是依靠自我想象的外界力量来解救自身、超越其现世生活,而且只有那些虔诚的基督徒或穆斯林才能所谓的"获得"他们最高主宰的庇护和救赎、所谓的"实现"这

---

① (德)E.云格尔.死论[M].林克,译.上海:上海三联书店,1995:57.
② 新旧约全书[M].南京:中国基督教协会,1989:298.

种虚幻的神话宗教式人类增强。

二、道德法律制度的社会组织式人类增强

在人文社会科学语境中,人是具有独特社会性的动物,人的社会性中蕴含自觉意识、道德、责任等动物社会性所不具备的众多内容。"蜜蜂建筑蜂房的本领使人间的许多建筑师感到惭愧。但是最蹩脚的建筑师从一开始就比最灵巧的蜜蜂高明的地方是他在用蜂蜡建筑蜂房以前已经在自己的头脑中把它建成了。"[①]蜜蜂、蚂蚁等营群居生活的动物,它们的社会性是出自生理本能的自然组合,没有原则和目的,只能按照无意识的本能行动,而人的"高明"之处在于,其行为是有意识、有目的的创造性行为,因而,"动物只是按照它所属的那个物种的尺度和需要来进行塑造,而人则懂得按照任何物种的尺度来进行生产,并且随时随地都能用内在固有的尺度来衡量对象;所以人也按照美的规律来塑造物体。"[②]

人的自觉意识为人确立自己的主体性地位提供了前提和基础。康德(Immanuel Kant)高扬了人的主体能动性和创造力,他认为,人依靠自己的自觉意识、理性一方面"为自然立法"、摆脱自然界的束缚而成为自然界中有独立人格的主体,另一方面"给自己立法"、成为有尊严的道德主体。因而"人是目的"而不是手段,人在自我意识的基础上形成了自己独有的辨别善恶的道德理性,这是动物所不能比及的。亦如王夫之所说:"恻隐、羞恶、恭敬、是非,唯人有之,而禽兽所无也。人之形色足以率其仁义礼智之性,亦唯人则然,而禽兽不然也。"[③]人因为具有仁义礼智"四德",所以人有人之形色,异于禽兽。人的道德理性使人在社会生活中,能够对自己的本性进行适度抑制,"己欲立而立人,己欲达而达人",

---

① (德)马克思,恩格斯. 马克思恩格斯全集(第23卷)[M]. 北京:人民出版社,1977:202.
② (德)马克思. 1844年经济学哲学手稿[M]. 北京:人民出版社,1979:50—51.
③ (明)王夫之. 船山全书(第六册)[M]. 长沙:岳麓书社,1991:1072.

推己及人,尊重他人和社会群体的价值,从而使自己得以"立"和"达"。相反,"人一旦毫无德行,就会成为最邪恶最残暴的动物,就会比其他动物更易沉溺于淫欲和贪婪之中。"①因此,法国人文主义思想家蒙台涅(Michel de Montaigne)主张用道德品质来分析自己、衡量他人,反对以人的服饰、门第出身来评判人。他说:"关于人的估价,真是奇怪,除了我们自己,没有什么不是以其本身的品质为标准的。"②

人的社会性还包含着人担负着促进人类整体和个体长远生存和发展的责任。人的自觉意识使人能够意识到自己必须与周围的人交往、结合成各种社会关系,积极建立各种制度和组织、营造有规则的群居生活,才能在相互依存、相互帮助中满足自己的需要、提高人类群体和个体的生存和发展能力,从而使得人虽"力不若牛,走不若马,而牛马为用"③。狼孩"卡玛拉"的故事从反面有力地证明:人的意识、人的社会属性对人的生存和发展极其重要。"人是最名副其实的社会动物,不仅是一种合群的动物,而且是只有在社会中才能独立的动物"④,只有在社会中才能成为真正的人——社会的人。社会对人的培养和塑造是人在社会中得以生存和发展的充分且必要的条件。早在古希腊时期,亚里士多德就表明人的社会性是人的组成部分,以及作为最早社会政治组织形式的城邦对人的社会性的形成的重要意义。"和世界其他动物相比,人的独特之处就在于,他是唯一具有善与恶、公正与不公正以及诸如此类感觉的动物;(在通常的意义上)家庭和城邦乃是这类生物的结合体",而且"共同体中城邦或政治共同体是最高层的,因为它真正体现了人的自然本性:对人来说,它是符合自然本性的,甚至说人就是天生的'政治动物';它也

---

① (古希腊)亚里士多德.政治学[M].高书文,译.北京:中国社会科学出版社,2009:7.
② 北京大学西语系资料组.从文艺复兴到十九世纪资产阶级文学家艺术家有关人道主义人性论言论选辑[M].北京:商务印书馆,1971:49.
③ 荀子.荀子[M].方勇,李波,译.北京:中华书局,2015:127.
④ (德)马克思,恩格斯.马克思恩格斯全集(第12卷)[M].北京:人民出版社,1962:734.

是最重要的,因为它是人具有纯粹而又完美人生的先决条件。"①同理,在古希腊,那些由于隔离或被世俗所鄙弃或高傲自满、鄙弃世俗而外于城邦的人,不是城邦的一部分,不是人,而是野兽或神祇,无法获得城邦这种社会组织的协助、保护等福利。

当代德国著名的社会学家和哲学家阿诺德·盖伦(Arnold Gehlen),从人类学角度论证了制度对人类的必要性。他认为,人类在生理上是有缺陷的,在爪牙、肌肤、筋骨、奔跑等方面不如其他类的一些动物,"只拥有不充分的本能",而且面对着一个非常不稳定的"开放的世界",这是人类在生物学上、心理学上无法容忍的,所以人类"就是一种其生存必须有赖于行动的生物"②,他必须创造、他必须以自己的活动来建造出稳定的结构——组成社会,人与人之间相互帮助而能制服动物;建立国家,依靠社会力量来武装自己,使自己更加强大、更加完善,以填补人的"本能的贫乏"所留下来的空隙。盖伦表明:基于农业文明生产方式而建立的一套稳定制度,使人们形成了丰富而稳定的心理习俗,例如法律,其"有效性乃是基于未经置疑的前提之上的各种制度,便对个人内在的构成有着极其重大的影响……缓解了个人对于得当的行为路线那种经常是要劳神费力的追求"。③

德国哲学人类学家米切尔·兰德曼(Michael Landmann)从文化的视角,论述了道德、制度和组织等对人生存和发展的重要意义。他认为,人是一种文化动物,文化是人区别于动物的又一特性,人不仅出生在一定的文化环境中,而且也在与文化的互动中成长。"我们循着常规无可逃

---

① (古希腊)亚里士多德. 政治学[M]. 高书文,译. 北京:中国社会科学出版社,2009:7.
② (德)阿诺德·盖伦. 技术时代的人类心灵:工业社会的社会心理问题[M]. 何兆武,等,译. 上海:上海科技教育出版社,2003:2.
③ (德)阿诺德·盖伦. 技术时代的人类心灵:工业社会的社会心理问题[M]. 何兆武,等,译. 上海:上海科技教育出版社,2003:90.

遁地置身于我们自己所造成的文化世界中,其情形就如我们在自然界中一样。"①"每个人类的个体只有作为超个体的文化媒介(它超越个体并为这个群体所共有)中的一个参与者才能成为人类的个体。只有文化媒介的支撑才使个体直立;只有在文化媒介的气氛中他才能呼吸。文化媒介的指导作用交织于个体之中,就像一个构成他的组成部分的血管系统……人没有文化也将是虚无。"人是社会的存在、历史的存在、传统的存在,并且人通过其社会的、历史的和传统的存在方式体现了人作为文化存在者与文化的不可分割性。从广义的角度看,道德、制度、组织等都是文化的组成部分,在不同社会呈现为特殊的文化形式,成为人生存和发展的一种文化环境。"人只有生长在他的同类的一个承受传统的群体中才能成为一个完全的人。"②兰德曼指出,文化能以不同于生物遗传的形式即传统的形式保存下来,进而通过教育和学习两种方式影响人。人必须学习他降生于其间的文化,假如根本没有人教他语言,纵使他有天生的说话能力也仍然只是哑巴。假如人在孤独中或者在狼群中或者在熊群中生长,那么他就在智力上、精神上保持着婴幼儿的水准,并且接受了他所在动物群体的行为习惯,他最多是在遗传组成上保留了人的基因特性而不被现实社会的人归属于他们的范围。

综上所述,在绝大多数人文社会科学工作者的视域中,人有独特的社会性,是有自觉意识、理性、道德和文化的主体性存在,能够利用自己的这些特性等来提高自己的理性能力、道德素养和文化水平,特别是通过构建有特定目的的政治制度、社会组织等来促进和扩大人的生存和发展能力。因而,在这种"前见"的支配下,模仿、教育、学习、文化传播以及维护相互依存与合作的社会关系的道德、法律、制度和组织等,就成为人

---

① (德)米夏埃尔·兰德曼. 哲学人类学[M]. 上海:上海译文出版社,1988:214.
② (德)米夏埃尔·兰德曼. 哲学人类学[M]. 上海:上海译文出版社,1988:219.

类增强的力量源泉、人类增强的主要途径,展现为道德法律制度的社会组织式人类增强形态。

第二节 自然科技语境下的人类增强

一、医药学与养生保健相融合的医药保健式人类增强

古代后期,人们对植物、动物等的营养、毒性和治疗作用有了一定的认识,其思想中依赖神灵保佑来除灾祛病的迷信和宗教成分逐渐减少,转向利用自然界已有的物品,例如大黄、麻黄、金鸡纳等植物药,或动物脂肪、血、骨髓、肝脏等动物药,来医治疾病和创伤,或寻找"仙草""不死药""青春泉"等,来保持青春活力或延长寿命。近代以来,生物医药科学技术的发展越来越迅速,人们不仅对健康人体各个器官的功能有了进一步的认识,而且保持和维护人体正常功能的能力也得到了更大幅度的提高——不仅能够认识到大部分疾病的症状和病理,而且能够利用口服或外敷药物、外科手术以及催吐、下泄、利尿、发汗等各种医疗方法,使病人的机体恢复到健康状态。扁鹊的望、闻、问、切"四诊法",华佗的麻沸散,张仲景的《伤寒杂病论》,孙思邈的《千金方》,李时珍的《本草纲目》等,均显示了勤劳的中国人在疾病诊断、预防、治疗与医药研究方面的伟大智慧;古希腊希波克拉底的《希波克拉底文集》、埃及的木乃伊、阿拉伯阿维森纳的《医典》、意大利病理解剖学家 G. B. 莫尔加尼(Morgagni, Giovanne Battista)的《论疾病的位置和原因》等西方医药成果,促进了其后西方医学、药学以及相关领域的发展。

进入现代后,生物医药技术的发展更为迅速,人们对自身身体结构的认识从个体水平进入细胞水平,再深入分子水平,同时研发了一系列

越来越智能化、人性化的检测、诊断和治疗疾病的技术、仪器与药物,例如内镜、电生理、B超、CT、MRI等医学检查技术,近视眼镜、助听器、植入与介入系列医疗器具等,以及各种现代化中西药、大量康复性医疗技术等,使人们治愈疾病、恢复健康的能力更为强大。特别是对蛋白质、核酸、糖类和脂类分子等人体生命化学基础物质的结构和功能的揭示,例如正电子发射计算机断层(PET)能够为临床医学提供分子水平上的人体功能显像,以及单克隆抗体、试管婴儿、基因工程等当代新兴技术的运用,使得人们能够从分子水平上检测、诊断和治疗一些过去无法治愈的疾病,并提高和发展了人们早期诊断和预防疾病的能力。

在积极发展诊断和治疗性医药科学技术、提高人类与疾病斗争的能力的同时,人们研究和开发了一些预防疾病、增进健康的保健措施,包括各种预防类药物、预防性医疗技术和保健体操等。早在18世纪,E.詹纳(E.Jenner)就发明了牛痘接种法;后来,人们又研发了肝炎疫苗等预防药物。我国东汉末年大医学家华佗在模仿虎、鹿、熊、猿、鸟五种禽兽动作的基础上,联贯设计出能够预防疾病、强健体魄的五禽戏保健体操,传授于吴普。吴普长期坚持练习五禽戏,九十多岁还"耳聪目明,齿牙完坚"。还有一些其他的医疗保健体操,例如十八罗汉手、内功图等,已被当代医疗部门改进采用,使得其更好地发挥医疗保健效果;当前我国推广的小学生课间眼保健操、第九套广播体操等,都是增强人们体质的重要保健措施;合理饮食、调气、静神、合理运动等是人们常用的保持神气清静、心理平稳、健康长寿的养生方法。

总之,生物医药科学技术的产生和发展,为人们提供了治疗与卫生保健相结合的生物医药式人类增强。人们能够利用生物医学技术、医疗器械、药物等医疗手段来治疗、修复发生病变或有先天缺陷的人体器官,使其恢复健康机能;或者通过疫苗、保健体操、合理饮食、沉思冥想等怡情养性方法,在提高人体免疫力、预防疾病产生的同时,达到促进人身心和谐发展、升华心境、缓解生活压力、延年益寿的目的。

当然,人们在利用生物医药科学技术治疗与预防疾病时,也可能使人体获得一些超越"健康"状况之上的优越性能。这便达到了当代新兴技术语境下的人类增强效果,详见本章第二节第三部分的相关内容。

二、近现代科技工具外用的延扩式人类增强

从旧石器时代开始,人们不再仅仅使用天然石块和木棒来延长自己肢体的功能,而是利用逐渐掌握的一些变革外界自然事物的技术成果,如打制石器、火的发明、磨制石器、制陶和冶铜、编织、建筑以及驯养动物、种植农作物等,来进一步扩大和提高自身认识和改造世界的能力,从而突破了仅仅靠采集、狩猎和捕鱼的方式从自然界获取所需天然物品的限制,使生活环境和生活水平不断得到改善和提高。

随着科技的发展,人类这种"制造并使用外在于人体的工具来延长人类肢体的能力"得到飞速的发展,特别是在18世纪60年代自英国开始的第一次科技革命以后,人们利用日新月异的科学技术成果,发明、制造出了各种各样的新工具,更是大大增添和/或延伸了人体器官所不能达到的或没有的功能。从光学显微镜到电子显微镜,再到扫描隧道显微镜,从伽利略望远镜到射电望远镜、再到哈勃太空望远镜,视觉工具的发明和应用,越来越大地延伸了人眼的感光能力,使人能够更清楚看到肉眼所不能看到的越来越微小的粒子、越来越遥远的天体和无线电波等宇宙现象;火车、轮船、飞机以及宇宙飞船等交通工具的使用更快地提升了人脚行走的能力,使人不仅能够日行千里,而且能够遨游太空;从锄头、镰刀到机械旋耕机、除草机、收割机等农具的运用更高效率地延展了人手的功能;电视、电话、手机以及网络的使用延伸了人耳的听觉能力,使远在千里之外甚至大洋彼岸的亲朋好友能够及时联络、交流;挖土机、起重机等使人能够搬得动、扛得起大型笨重的物体,扩大了人的体能;计算

机、机器人等则扩大了人脑的功能……诸如此类,人类利用自己制造的工具来延长和扩大人体功能的例子不胜枚举。也许技术的产生源于对人体器官的模仿:"弯曲的手指变成了一只钩子,手的凹陷成为一只碗;人们从刀、矛、桨、铲、耙、犁和锹等,看到了臂、手和手指的各种各样的姿势。"①但是,不可否认,技术从其产生之时便担负着延伸和扩大人体的臂、手和手指等各个部位功能的重任,成为将自然力导引和转化成为人体自身力量的重要途径。"一台机器就是用来引出自然之力的用具。从巴克迪亚里妇女随身携带的最简单的锭子,一路发展到具有历史意义的第一台核反应堆以及后来的所有装置,都可以看出这个道理。"②阿基米德的"给我一个支点,我可以撬动整个地球"、培根的"知识就是力量",以及机械力、蒸汽力、电力、核力和空间技术等的实际运用,都突出表现了科学技术给人自身带来认识和改造世界的巨大力量。

在近现代科学技术这种征服自然的语境下,人类成了世界的主宰,人类增强的方式和途径就是利用科学技术成果创造出各种工具和仪器,将自然力引导和转化为人类自身的力量,"相当于"大大延长和扩展了人体四肢和感官的能力。同时,这种近现代科技制造工具的外用延扩式人类增强又加深和扩大了人类对自然界的认识和改造,从而获得更多的物质成果、进一步提高人类能力。

三、当代新兴科技的内置逾越式人类增强

每一个时代都有自己特定的文化、有代表该时代特征的典型科学技术和里程碑式的生产工具,换言之,每一时代有什么样的科学技术就有什么样的生产工具,它们是其所在时代特征的代表。因而,人们能够以

---

① (美)卡尔·米切姆. 通过技术思考——工程与哲学之间的道路[M]. 陈凡,秦书生,译. 沈阳:辽宁人民出版社,2008:32.
② (美)雅·布伦诺斯基. 科学进化史[M]. 李斯,译. 海口:海南出版社,2006:66.

生产工具为标准,将整个人类社会发展的历史划分为"石器时代——金属时代——大机器时代——机器人时代"①。在当代,一系列新兴的科学技术,例如分子生物科学技术、神经科学、计算机科学技术、药理学,特别是以纳米技术为核心的汇聚技术的发展与进步,便成为我们这个时代的语言与心声。这些飞速发展的新兴科学技术以及它们之间相互渗透与融合所取得的众多令人瞩目的成果,为人类改善和提高自身能力提供了强有力的科学技术保障与支撑。从而,在当代新兴科学技术语境下,人类增强具有了新的内涵:人们利用这些新兴科学技术成果(科技手段和方法等)直接干预人体某"健康"部分的"正常"生理结构或机能,使其迅速地具有更强或更多的性能,实现增进和扩大人体本身能力的目的。因此,新兴科技语境下的人类增强尤为引人注目,其不同于前面所述任何类型的人类增强,其目的不在于使人体维持或恢复到其原有的健康状况,也不在于利用外在工具间接地扩大人体的能力,而在于直接、迅速地获得"好上加好"(better than well)的人类生理、心理性能,即获得逾越当代人类健康性能的超能力②。因而,可将这类新兴科技语境下的人类增强称为"内置逾越式人类增强"。

事实上,当代人类增强的思想端倪在近代已初显。16—18世纪,经典力学兴起、发展成为带头学科,并强烈影响其他学科的发展。十八和十九世纪的各学科,受经典物理学机械决定论的强烈影响,则以经典力学为样本和模板来构造自己的学科体系。哲学等人文社会学科乃至人们的日常生活,也难免逃脱经典力学的影响而带有强烈的机械论色彩,各种生物心理、社会现象等都被视为机械的。"世界是一台机器,它是由可以相互分割的部分构成的机械系统,所有的部分还可以分割为更基本的构件,因而世界没有目的,没有生命,没有精神。自然不再是一个有机

---

① 王名,顾元珍.关于时代划分的七大标准[J].北京社会科学,1992(1):34.
② 冯烨,王国豫.人类利用药物增强的伦理考量[J].自然辩证法研究,2011(3):82—88.

的生命体而是一架机器,它由物质粒子组成,按照确定的力学规律运行,具有因果上的必然性,无所谓理智与目的,自然被归结为遵循因果律而运行的物质体系,甚至连人体也不过是一架机器。"①显然,在该语境下,庞大宇宙是一个巨大的机器系统,人则是这个机器系统的一个部件,该部件与作为机器系统整体的自然界一样,是遵照一定的数学原理和力学结构设计出来的。例如,人体心脏的"做功"问题,就需要根据物理学规律才能进行解答。由此,人体的每一部分如同机器上的小零件,可以被修理或替换,即人类可以利用科技手段直接对人体进行改造和变更,以强化人体的功能。在当代,新兴科学技术的发展使得这类人类增强思想彰显到更为突出的地位,使得人们不再满足于那些间接地、循序渐进式地提高人们身体的认知和行为能力的传统手段和方法(例如人生存环境的改变、外用的工具、学习、体育锻炼、合理饮食等),使得人们能够更多地转向依靠这些新兴科技手段来实现人体性能的迅速扩大和提高。但是,这类借助新兴科技手段的介入使人体获得超越功能的内置逾越式增强,是否安全、是否具有直接干预人体的正当性?在其未被普及之前,应当首先由哪些人获得?其何种增强效果会得到当前社会的认可?……因而,内置逾越式人类增强在技术和道德方面存在着诸多歧义,引起了国际范围的关注与论争,成为当代自然科学和人文社会科学工作者研究的前沿热点议题。本章第三节将对该类人类增强的内涵进行研究,并揭示出其具有的一些基本特征。

---

① 土建辉. 马克思主义生态思想研究[M]. 武汉:湖北人民出版社,2007:14.

第三节　内置逾越式人类增强的视域融合

正如哲学解释学创始人汉斯-格奥尔格·伽达默尔（Hans-Georg Gadamer）所认为的,理解"不只是一种复制的行为,而始终是一种创造的行为"①,是理解者以自己的具体历史性前见与被理解的对象（文本）之间展开的对话,在此对话的过程中不断"创生"出文本的意义。在人类发展的历史进程中,不论是马丁·海德格尔（Martin Heidegger）所认为的人被"抛入"传统的论点,还是伽达默尔所坚持的传统先于人的观点,都与自己的前见息息相关,而且也无法从其特有的语境中逃遁。每个人在理解和解释任何一种文本时,都是如此。从而,处于不同文化背景、不同学科领域、不同科学技术时期的人,甚至在同一时期、同一文化背景下而观察视角不同的人,以自己特定的前见对"人类增强"这一文本创生出不同甚至完全相异的理解和解释,并采取不同的实践方式。在人类自身进化和发展的历史长河中,人类增强是人类一直要探索的一项既古老又年轻的议题。这是由人生活目的上的利益根源和人本性上的超功利根源共同使然,因为人类的生活目的、普遍持有的生活信念"人不仅要生存、而且要生活,不仅要生活、而且要过'好生活'"②,以及人选择有尊严生活的理性本性,都不断地促进人类进行内在晋升与外在扩张。从而,人类增强一直并将继续贯穿于整个人类生活之中,并呈现出多种形态的历史演化图式:依靠上帝等神的庇护和救赎的虚幻的神话宗教式人类增强,建立各种制度、组织和道德的社会组织式人类增强,利用医药学科技和养生保健方法相融合的医约保健式人类增强,近现代科技工具外用的延

---

① （德）伽达默尔. 真理与方法[M]. 洪汉鼎,译. 上海:上海译文出版社,1999:380.
② 万俊人. 人为什么要有道德(上)[J]. 现代哲学,2003:70.

扩式人类增强,以及使用当代新兴科技手段直接操纵人体、使其具有超常功能的内置逾越式人类增强等。

在文化和价值观多元化的今天,上述五种类型的人类增强在一定程度上、一定范围内并存,为当代人们实现其增强愿望提供丰富多彩的智慧启迪和通向实践的多种选择之路。其中,由于新兴科技的迅猛突起与发展,内置逾越式人类增强更为凸显,其他四类人类增强不可避免地成为对其理解和解释的多维语境。尽管人类增强具有最基本的价值意义,即它表达了人追求过一种"好(善)生活"的终极目的、人追求自身完美本性和人格的终极关怀,以及人类社会对人类增强的客观需要,但是在多个视角、多种思维方式和多元文化背景交错并存的复杂语境中,当代凸显的内置逾越式人类增强颇具有歧义与争议:不仅其伦理正当性受到质疑,而且其实践层面存在着较大的分歧。例如,人类的哪些性状应该增强?标准是什么?人们能否就某些标准达成统一意见?假如达成统一意见后,那些具有所谓的相反的、不合意性状的人,是否受到羞辱或歧视?能否保证内置逾越式人类增强不会导致纳粹德国所谓的优生学后果?对增强者身体有何近期与长远的影响?增强某一性状是否会影响到人体其他性状的遗传与表达?……诸多逾越式人类增强的相关疑问及其可能答案,我们现在还难以想象和预知。因此,对学界有关内置逾越式人类增强的研究文献进行分析综合,探寻其内在的、根本的内涵,产生视域融合、形成当代的内置逾越式人类增强新视域,成为研究当代人类增强的首要任务。

目前,国内外学者关于内置逾越式人类增强的意蕴还存在着一定的分歧,没有统一的意见,但是,从总体上看,可以将学者们的观点概括为以下四大类。

第一类:认为该人类增强是对人体进行技术性改善和提高、使增强者的能力超出"正常人"水平的所有技术措施的统称。我国甘绍平[①]、冯烨和王国豫教授持此类观点[②]。冯烨和王国豫教授提出了新兴技术背景下的人类增强的功能逾越性、前提预设性和工具植入性三大特征,并据此认为通过饮食、体育锻炼和植入假蹼、人工鳃等途径提高人类能力的行为不属于人类增强的范畴,因其不能改变人类个体的结构和/或不能促进人固有功能的提高。国外持此类观点的学者颇多,例如,N. M. Isa等学者赞同 Peters 等人在 2008 年、Brey 在 2009 年发表文章中所表达的观点,认为人类增强的目标是改善或者拓展人类的身体、智力、心理或道德特征,使其超出正常范围[③];David 认为,增强意味着比以前做得更好,是对正常和健康的人类在基因或者是化学方面的改进;增强是比正常变得更好,不同于治疗,治疗是使"畸形"恢复到正常[④];Bjørn 认为,人类增强是利用"任何一种基因、生物医学或药物干预,旨在改善人类的性情、能力或福祉,即使这些手段没有治疗的病理"[⑤];Roduit J A 与 Juengst、Naam、Allhoff、Chadwick、Daniels、Buchanan、Savulescu 等人以及美国总统生物伦理委员会(President's Council on Bioethics)分别发表文章表明,增强和治疗是有区别的,增强超出治疗的范围,应在区别增强与治疗的基础上定义人类增强[⑥];Rembold 建议把人类增强定义为,在特定的社会文

[①] 甘绍平. 对人类增强的伦理反思[J]. 哲学研究,2018(1):116—125.

[②] 冯烨,王国豫. 人类利用药物增强的伦理考量[J]. 自然辩证法研究,2011(3):82—88.

[③] Isa N M, Shuri M F H S. Ethical Concerns About Human Genetic Enhancement in the Malay Science Fiction Novels[J]. Sci Eng Ethics, 2018(24):109—127.

[④] David G K. Human Dignity and Human Enhancement: A Multidimensional Approach[J]. Bioethics, 2017,31(5):375—383.

[⑤] Bjørn H. Limits to human enhancement: nature, disease, therapy or betterment? [J]. BMC Medical Ethics, 2017,18(1):56.

[⑥] Roduit J.A., Baumann H., Heilinger J.C.. Evaluating human enhancements: the importance of ideals[J]. Monash Bioeth Rev. 2014 Sep-Dec;32(3-4):205—216.

化之中,使用医学或生物技术干预方法改善人的能力或形态[①];R. Rantanen 和 McBain 关于人类增强的解释排除了任何作为治疗或恢复人体正常生物功能水平的增强,他们指出,人类增强是增强人的身体、心理和道德能力,使之超越一般或"正常"水平,即超越人类正常的生物标准。[②][③]

第二类:人类增强是利用技术手段使人获得一种"新能力"。我国学者邱仁宗[④]、杨洋[⑤]、江璇[⑥]等倾向于这类观点,认为人类增强的目的是使人类的智能、体能、行为、体貌以及寿命等获得人类物种范围之外的"特殊能力""全新能力",即目前人类没有的能力,为此须采用生物科技、信息智能、纳米技术、外科手术或者其他科技手段。人类增强就是这些科技手段的总称。这些增强的新能力可以是正常人体固有功能的提高,也可以是在人体固有功能之外增添的,例如前者可将人的肉眼视力增强到正常视力5.0之上,使增强者获得能看清更远处的6.0视力;后者可给人增添在漆黑中分辨物体的夜视功能。

第三类:将人类增强进行广义与狭义区分。狭义的人类增强是利用科学技术对人体进行操作、使其能力获得提升的方式,广义的人类增强则包括所有提高人类能力的活动,这既包括狭义的人类增强,还包括建筑、养殖、医药、养生、体育锻炼、建立社会组织与道德法律秩序,以及使

---

① Rembold S.. "Human Enhancement"? It's all About "Body Modification"! Why We Should Replace the Term "Human Enhancement" with "Body Modification"[J]. Nanoethics,2014(8):307—315.

② R.Rantanen. Is considerable life extension an enhancement? [J]. Global Bioethics,2014,25(2):103—113.

③ McBain J.. Review of "Truly Human Enhancement:A Philosophical Defense of Limits"[J]. Essays Philosophy,2014,15(2):359—363.

④ 邱仁宗. 人类增强的哲学和伦理学问题[J]. 哲学动态,2008(2):33—39.

⑤ 杨洋,张洪江. 人类增强技术的伦理考量[J]. 医学与哲学,2014(11):18—22.

⑥ 江璇. 人类增强技术的发展与伦理挑战[J]. 自然辩证法研究,2014(5):43—48.

用科技工具等。岳瑨从前技术时代、技术时代、后技术时代三种历史境遇出发,分别阐释了"人类增强"含义所蕴含的哲学意义、现代性意义、技术展现形式①。

第四类:人类增强的内涵还包括人体某些负面功能的"减弱",例如减弱某人的消极的、痛苦的情感与记忆,或者降低某人的幸福期望阈值,从而使其达到更好地生活的目的。这是一种从相反方向进行增强的方式,冯烨在其博士论文中已经提出了此观点。

以上是对国内外学者关于人类增强概念意蕴的有代表性界定的比较分析,从中可以发现:这四类人类增强既有区别又有联系,还有交叉。学者们在关于人类增强的目的、所采用的手段以及所获得的增强能力等方面比较一致的观点是获得更好的生活、技术直接操作人体、超越正常人体的功能,但在所增强的能力上有所区别:是人体固有功能的提高(属于上述第一类)还是减弱(属于上述第四类),或者是增添人体没有的新能力(属于上述第二类)还是包括采用体育锻炼、养生等常规方法在内的所有人类所维持和提高的自身能力(属于上述第三类)。第二类与第一类界定存在一定的包含关系,第三类则将另外三类人类增强包含其中。

因此,在对这些研究进行借鉴和参考的基础上,对其视域进行融合,结合当代新兴科学技术的特征,可将内置式人类增强的概念更加明确地界定为:

人类增强是在当代新兴技术(特别是 NBIC 汇聚技术)的背景下,以一种非自然的方式来改善人类的智力、体力、情感和道德以及外貌体形等,使之"超越"正常人的标准。这种非自然的方式可以说是一种外在的方式,是根本区别于人类通过读书、运动来提升自我能力的活动方式,它主要是指一种借助于外在的技术直接干预人体的某些正常功能,以帮助

---

① 岳瑨. 技术之后与伦理之前——人类增强技术面临的伦理困境及其出路[J]. 伦理学研究,2016(2):62—68.

人们改善自己的智力、体力、情感力和道德力。而这种"超越"有时也是一种降低,降低人们对于痛苦、疼痛的感受也是另一种意义上的增强。该定义内涵更为明确,突出了人类增强的五种基本特征。

(1)**功能的逾越性**。人类增强是区别于医学治疗的,医学治疗的目标是使人体的功能恢复到正常人的水平,而增强的目标是逾越正常人的水平或者获得正常人所没有的新功能。

(2)**标准的前设性**。增强的目标是要超越正常人,由此而来必须确定正常人的标准是什么,这个标准便是为人类增强所预设的前提,因为没有标准做比较,就无法确定是否增强以及怎样增强等。这个标准是在增强之前就已经清楚明白地存在的,是一个公认的、客观的标准,不因任何个人、任何利益集团的影响而改变。

(3)**手段的非自然性**。人类增强是通过医疗手术、药物、基因、人工智能等新兴科学技术手段及措施,对增强者身体进行直接地干预。如果没有这些外在手段的作用,仅仅依靠常规的、自然的方法,增强者自身在短期内是达不到增强目标的。

(4)**工具的植入性**。人类增强所采用的技术手段和措施,如药物、基因或者其他工具等,是直接植入人体体内的,成为人身体的不可或缺的一部分。

(5)**结果的不可逆性**。由于能够增强人体功能的工具和药物等,是直接作用于人体的,一旦它进入人体体内,会与人的身体融合而成为人身体的一部分,所以,在一定的时间内,增强之后是没有办法回到增强之前的,如果要回到增强前的状态,还必须借助人类增强。例如,微整形美容手术增强,可以将某人脸型"增强"为某明星脸型,有助于提高其就业机会,该增强者必须在一段时间后才能再通过其他微整形手术恢复自己原来的脸型。事实上,绝大多数人类增强结果是不可逆的,所以是否采用某项人类增强,事前必须慎重考虑。

总之,内置式人类增强的目的是要使增强者获得超越人体某部分正常能力之上的能力,或者获得人类从来没有的生理或心理能力,或者减少减弱人的某种痛苦。人们可以根据人类增强所采用的途径和工具(包括技术手段),将内置式人类增强行为与人类的一般行为以及人类从古以来所进行的可以通过体育锻炼、饮食、学习等自然的方式改善人类智力、体力、情感力和道德力的其他增强活动区别开来。相较于其他人类增强方式,内置式人类增强的影响及其后果具有更大的深远性和独特性,因而成为国内外学者关注的焦点。换言之,当前国内外学者所研究、关注和谈论的人类增强,绝大多数是指内置式人类增强。本书后续章节将对内置式人类增强进行案例研究和理论探索,为了方便起见,后文均将其简称为"人类增强"(Human Enhancement)。

第二章　关于人类增强应用案例的实地实证调研

坚持理论与实践的辩证统一是辩证唯物主义的一种重要的工作方法。理论以实践为基础、为源泉,才能得到检验和发展;实践以正确的理论为指导,才能取得更高效的成果。对人类增强的哲学研究也必须坚持理论与实践相辅相成的原则,深入实地进行实证调研、获得第一手研究材料,为后续理论概括与总结奠定坚实的基础。由于时间、精力、人员等的限制,或者涉及科研数据保密而不便公开等问题,本书主要选取了微整形美容和长寿两大领域并在我国主要典型城市进行实地调研。本书著者及其调研团队多次到新乡、郑州、焦作、信阳、北京、大连、厦门、深圳等地,通过发放调查问卷和访谈等形式,获得了比较确切的第一手实证材料。

第一节　对微整形技术及行业的调研进程

我们的调研团队成员分组、分别多次对新乡市第二人民医院整形美容科,新乡市华美医疗整形,新乡市中国人民解放军第三七一医院整形科,郑州大学第一附属医院整形外科,焦作市人民医院整形烧伤科,信阳市中心医院医疗美容科,信阳光山县人民医院的耳鼻咽喉科、眼科及皮肤科,北京空军总医院皮肤医疗美容专科,大连医科大学第二附属医院乳腺外科和整形门诊,厦门华美整形医院,厦门第174医院整形美容,深圳阳光整形美容医院,深圳博爱医院等全国多家医院及微整形科的医疗美容医师进行专家访谈,对当前微整形在我国的发展和应用状况有了比较清晰的认识。

一、对微整形专家和求美者的访谈提纲

(一)对微整形专家的访谈提纲

微整形及其相关行业的专家们就我们调研团队所提出的问题,分别给出了自己的观点。本章按照访谈提纲,将他们的意见进行汇总如下,从中可以获得对微整形的总体性认识。

(1)请您通俗地给我们讲讲什么是微整形。

答:为了让美丽没有缺憾,减少创伤,微整形,也就是人们日常所说的微创美容术,已成为一种趋势。众多美容医院开办了微创美容外科,就是致力于无创或者微创美容。微整形有两点优势:其一,切口微小且非常隐蔽,以常见的为例,过去多是外切口,现在向内切口过渡,无切口瘢痕,手术过后几乎"天衣无缝",看不到是整形的痕迹;其二,生命安全风险极小,创伤恢复的时间比较短。

(2)您认为微整形所采用的科学技术主要有哪些?

答:微整形技术发展得很快,可以按照微整形部位对其分类,例如:

①眼/耳/鼻/唇/乳房等美容手术——

眼部美容手术:双眼皮重睑术、眼袋矫正术、提眉术等。鼻部美容手术:隆鼻术、驼峰鼻矫正术等。面部美容手术:下颌角矫正术、隆下颏等。体部美容手术:脂肪注射和吸脂术、腹壁整形术等。乳房美容手术:隆胸缩乳术、男性乳房发育症等。会阴部美容手术:处女膜修补术、阴道紧缩

术等。例如眼部埋线术是比较成熟的面部美容手术,对于上眼睑皮肤不肥厚、眼轮匝肌薄的年轻人来说很适合;最适合一边单、一边双的眼睛,但是上了年纪皮肤松弛者不宜采用此方法。

②注射微整术——

水光针或肉毒素注射(瘦脸针)、玻尿酸填充、面部脂肪移植等主要通过注射的方式,来填充凹陷部分,从而显得饱满而消除皱纹。

③微创激光美容,即皮肤激光术——

可以利用激光无创伤地消除皮肤皱纹,或者脱掉唇部、腋下、腿上或者发际线等处的毛发,也可以激光祛除黑色素(如雀斑、黄褐斑、咖啡斑、老年斑、贝壳痣、太田痣、雀斑样痣等)、激光祛除红色素、激光祛除文身、激光祛除瘢痕、激光治疗血管性疾病、激光祛除皮肤肿物、激光无创手术祛眼袋等,还有激光换肤、光子嫩肤、皮肤紧致提拉等。

(3)您比较擅长的微整形术是什么?

答:我们所访谈的9位微整形美容医师,都有自己所擅长的微整形技术,例如厦门的王医师是艺术隆胸高手;新乡的郭大夫擅长从整体视角美化人的五官,使微整形者脸型呈现出一种别致的和谐美;信阳的张医师擅长疤痕修复。有的医师同时擅长几项微整形术。

(4)您觉得当前时尚达人们最爱的微整形术主要有哪些?

答:相比于整形外科手术,微整形有很多优势,特别是它具有风险小、耗时短、恢复快的特点,使得很多都市白领喜欢。从我们单位接收的微整形项目来看,当下人们做得比较多的微整形有:牙齿不齐微整术、双眼皮微整术、面部除皱术、眼袋整形术、鼻翼美容术以及修改脸型、微创隆乳术等。另外,除腋臭、修复垂乳、颌面骨美容、髻形阴道收紧等整形美容领域,运用微整形手术的也比较多,例如,很多白领女士觉得每天画眉毛麻烦,浪费时间,就利用微整形进行美眉,这样达到"永久性"效果,省时省心省力。

(5)微整形机构可以自身独立经营,或者作为大医院的附属机构进行经营,您觉得哪种方式更好?

答:我个人认为,包括微整形在内的美容整形机构,独立设置比较好。优秀的医疗美容医师既需要理论基础知识,更需要实践锻炼,一般至少需要15年的从医历练才能达到成熟,而缺乏经验的年轻美容医生在国有大医院里往往不被重视,缺乏锻炼机会,这是其一;其二,从我国的医疗情况来看,到医院去的人一般是去看病的或者是去看病号的,而不是做美容的,医院美容科的效益低,也得不到医院的重视;其三,进行微整形等整容项目的人是健康人,将微整形等外科整容机构与医院分离,有助于将健康人和病人分开,更好地满足某些健康人实现更美的需要。

(6)在高档写字楼设置美容场所,您觉得合适吗?费用会比较昂贵吧?

答:高档写字楼,环境相对好一些,韩国的美容整形机构,都是设置在写字楼的,但价格上仍可以走平民之路。我国目前的一些在高档写字楼的微整形机构,价格相对高一些,但不是高得离谱,普通爱美人士还是可以接受的。

(7)来做微整形手术的求美者,是平常人们认为的相对比较丑的人吗?

答:有的求美者是比较丑的,例如有少女嫌自己丑,自闭家中10多个月,逼父母出钱整容,但是绝大多数做微整形的求美者,在世俗看来还是属于漂亮帅气型的。可以大致地将做微整形的人们分为两大类:其一是完美主义者,期望借助微整形实现自己所追求的完美形象;其二是自己对自己的容貌极度缺乏自信的人,通过微整形增强心理安慰,从而提高自信。这两类人的目的一样,都是为了更美。除此之外,还存在一些特殊案例,例如有位非常漂亮的时尚女性,可她是为求"旺财"面相、自愿整形"变丑"的。

(8)从完美主义的视角来看,绝对的天生丽质者是不存在的,那么,可以说每个人都是准美容整形就医者。然而,在我们的现实生活中,真正通过美容整形机构进行整容的人却是一小部分。也就是说,尽管微整形现在比较"火"(流行),但是其人数占全国的比例仍然很小,这是为何?

答:是的,相比之下,整容的人还是极少数,尽管微整形发展起来以后,进行微整形的人多一些,但和不整容的人数相比还是非常之少。首先,是否进行整容是人们的自由,尽管人们都希望自己更美一点,但是绝对的完美主义者也是极少数,很多人认为差不多就行了,没必要去多浪费钱,这是观念上的原因。其次,有些人想整容,但是由于经济不宽裕,也只好打消念头,这是经济上的原因。其实,人们不能把整容仅仅当作消费,也可把它当作一种有回报的投资,整容之后,可以增加很多工作机会。再次,媒体传播的影响。整容有风险,不是100%完全成功,即使微整形的风险相当小,也是存在风险的,而这少数的整容纠纷有时被一些媒体夸大宣传,使社会大众对此产生过多的担心,甚至恐惧的心理。这是新闻传播方面的原因。最后,也是最根本的原因,就是美容整形不是基本的医疗需求,人们往往也是到了有病必须去看医生的时候才去医院看病,对于微整形等美容整形这些非基本需求,不是紧要的事情,即使有些人有这方面的想法,也就搁置滞后、甚至完全消除了。可能还有许多其他方面的因素,我刚说的这四个原因比较常见。

(9)一般来说,美容整形能达到多大程度的效果?

答:这个确实不好定论,因为效果是由要整形的人和整形医师共同达到的。如果要进行美容整形的人能够准确地陈述自己的要求,并且他的要求在其自身生理条件范围之内,同时,他选择的美容整形医师技术熟练、经验丰富,那么,该美容整形者的造美效果可以到达98%以上。例如,小针注射美容是改变脸部轮廓和线条的上乘之选,求美者进行持续一年甚至更久效果的注射微整形,其脸部皱纹和松弛都会悄悄隐形。

(10)关于美容整形者如何选择美容整形机构,请您给出几点建议。

答:从我的熟人朋友及我的从业经验来看,包括微整形在内的大多数美容整形者,把整容费用放在第一位,一般到比较便宜的地方去做。我觉得这不是到菜市场去买菜,这种做法是不理智的。美容整形者,价格因素是要考虑,但是不能仅依据费用进行选择,还需要综合考虑其他因素;也不能仅从美容整形机构的品牌,或者公立还是私立等方面考虑。建议消费者进行实地考察,例如某人想进行某方面的微整形,就应该从相关资料上先了解当地或者全国这些相关整形机构的实力、技术、设备等,然后缩小选择范围,并到几个意向比较明确的机构去考察,与要选择的医师进行交流,弄清楚该医师的从业能力,最后确定一个最适合自己的美容整形机构。有些美容整形失败者来到我这里,我很心疼她们,要进行修复不仅费用更高还得再次遭受整容疼痛,而且修复往往比第一次整形要求更高的技巧。

(二) 对求美者的访谈提纲

调研团队成员分别与做了"微整成小脸""法令纹填充、垫下巴改变脸型""眼袋吸脂""眼部埋线""开眼角""去颊脂垫"六个微整形的求美者进行交流,获得他们选择美容整形机构的观点和求美经历。

(1)美容就医者应该如何选择美容整形机构?

大多数求美者认为,要选最好的医院,一般大医院的医师技术比较可靠,价格透明而且比较适中,大医院服务也好。

(2)几个脸部整形小手术成功的求美者的经历自述。

访谈者1:微整求美者A女士,20岁 微整形项目:微整成小脸

①下决定前的心理煎熬:求美者在确定做某项微整形手术前,也很害怕出现风险以及可能的痛苦,反复掂量着做与不做,往往是一拖再拖之后,才终于下狠心去做。

②选好医院,准备好钱。

③手术前一天晚上10点开始,滴水滴饭不能吃,一直饥饿地等待着医生来做手术,如果遇到微整形人多,那等待的时间更长,饥饿难忍、感觉要虚脱了。

④手术前的心理煎熬:可是到真的有人来喊"xx床,手术"时,心里又开始特别紧张,然后躺上一张大床上、全身开始发抖——不可抑制的抖,一个小男护士问:"抖什么?"我说:"我害怕。"他说:"不用害怕,进去手术室就好了。"到手术室门口停留一会儿的过程中,护士们比较热情,时不时地来聊几句,减轻了心理压力,放松了许多。不久,主刀医师和旁边的医生谈话,大致内容是关于如何切口的,我听到他大概是这样讲的:"单纯性某某切口。"他边说边用手比画着:"切开xx厘米后,翻开皮层,再沿着某某部位动脉向里面切,同时注意血管和神经,要把它们挑到一边……"听到医生们的谈话,感觉医学的神奇与魅力,我突然间不仅不害怕反而很感兴趣。一会儿后,麻醉师来给我讲解全身麻醉可能有的风险,最严重的会休克、瘫痪等。我插嘴问道:"假如我全身麻醉出现了休克,你们能把我救活吗?"她说:"一定会救,我们会全力抢救,这是我们的责任与义务,也是我们的良心所要求的。"感觉医生和麻醉师很负责,我就把自己的名字签下了。然后,我躺下,一边医生在我手上扎针输液,一边麻醉师在我鼻子里滴了几滴液体,液体从鼻子流到嘴里感觉特别苦,护士给我戴上呼吸面罩,我开始觉得有点昏……记忆就停留在那里。

⑤手术后的第一个晚上是最痛苦的:从全麻中慢慢醒来的时候以为自己还在梦中,不一会儿,我就感觉我的喉咙特别特别的疼痛,而且似乎有什么东西堵住了喉咙,吞咽特别困难。我听到有人在喊我,我努力地睁开眼睛,可是眼睛就是无法睁开。随后,我感觉我在手术床上被人推着出去了,再然后就莫名其妙地回到自己的床位上了。这种痛苦一直煎熬着我,不知过了多长时间,我听到BF来了,他握着我的手,我才有点安

全感,但是我的眼睛仍旧不能睁开,我也没办法说话,喉咙难受,不停地弄出血啥的(当然我看不见,是听他们后来说的)。我只好用手指在他手上比画,写了个"笔"字,于是他把笔和纸拿来,我在眼睛闭着的情况下把自己想要说的话写出来,估计写的字很难看,他能猜到意思就很不错了。一直很难受,我几乎一晚上都没法睡着,只能忍受煎熬,只能挺着……就这样煎熬了五个多小时之后,我开始剧烈地呕吐,可是根本不能起来,只能用大量纸巾擦啊擦啊。麻醉醒后六小时才能够喝水,这时候眼睛才能微微睁开一点。刚手术完虚弱得很,只能躺着上厕所,到第四次上厕所时,下床感觉好软、什么都是软的,头昏晕得不行……一个晚上折腾别人也折腾自己,感觉时间过得特别慢,只好在心中数数来一秒一秒地打发时间。特别难受的时候,我非常后悔、非常恨自己选择做这个微整手术。多亏了BF的支持、鼓励和安慰,给了我很大的力量,我最终脱离了崩溃的边缘,从晚上坚持到了早上之后就好很多了。然后,再输了2—3天营养液,我恢复得还算是比较快的,一周内就可以拔掉导血管了,又观察两天,医师觉得可以了就让我办理了出院。

⑥微整形出院后的至少半个月的"不自由":出院后基本上是一天比一天好,但是还得缠着绷带,微整形部位需要慢慢消肿。而且要吃流质食物,直到基本恢复了,第二个礼拜或第三礼拜去拆线,直到医生说可以恢复正常饮食时,才能摆脱这些限制、恢复自由。

⑦微整形后的感受:毕竟我运气很好,手术一切比较顺利。手术已经三个多星期了,脸还是肿,基本线条虽然出来了,但三个月后才能看到完全的效果。所以,想做微整形的亲们,确实事前需要认真考虑:自己需要承受那种风险吗?我觉得全身麻醉是微整形的最大风险,意外情况的出现也是需要考虑的风险。此外,微整形手术后12个小时的浑身难受,例如胃里翻江倒海,可能剧烈呕吐,眼睛不能睁开,无法看见东西,还可能需要躺着大小便,等等,你是否能够忍受呢?如果你觉得这些风险和

痛苦煎熬都不能打消你微整形的念头,换言之,如果你做某项微整形的意愿、决心已经非常坚定,你可以克服和面对这些术后的痛苦煎熬,那么,你就去选个好医生做该项微整形吧。

访谈者 2:微整求美者 LL,38 岁　微整形项目:垫下巴变脸型、法令纹填充

LL 女士:把下巴垫起来,就可以得到修改脸型的目的。

垫下巴是把填充剂注射到要填充的部位,注射方法有讲究,与普通的打针输液方式不同。我的医生告诉我是用"隧道式"注射填充方式,即先把针打进目标部位,然后将针头轻轻转动几下,再将针头向后回抽一点点,这样里面就出现小空隙,进行中空注射,便于药剂四周扩散,达到均匀填充的目的。而且,这种注射填充的药剂里已经含有一定量的麻醉成分,不需要额外进行麻醉了。打针注射后的第一天,注射部位会有点肿大,但是第二天就消肿,完全恢复了。这是下巴造型的基本原理,医生会提前与你探讨、确定你喜欢的下巴形状,然后确定所要填充的药剂的具体用量。把药剂注射进去后,医生还会轻轻地用手调整形状,最后固定成为想要的下巴类型。

法令纹在年轻的时候不明显,我在 20 多岁的时候就有了,以前也不在意,但是随着年龄的增长,法令纹越来越深,脸下部的松弛更是越来越明显,我用了很多方法,例如提升的方法、祛皱的方法,都没有效果。此外,我的脸型很圆,医生给出了很好的建议:把我的下巴垫一点,使之成为尖下巴,这样我的脸型就不会显得那么圆了,会向瓜子脸型靠近,当然会好看很多。所以,我的决心更大了,我大胆尝试注射了"伊维兰"填充药剂。

访谈者 3:微整求美者 LN,26 岁　微整形项目:眼袋吸脂

俗话说"眼睛是心灵的窗户",紧致平滑的眼部肌肤、完美的眼形,能够使整个人显得很有精神。所以,女人想变得更美,常常首先选择进行眼部微整形。LN女士选择的是眼袋吸脂这个眼部微整形项目。"我的眼袋比较明显,跟别人见面、交流,我就害怕人家看见我的大眼袋,"LN女士对我说,"这已经成为我的最大心理障碍,我也尝试过多种眼部排水的方式,涂抹了很多促进眼部血液循环的眼霜以及多种眼部遮瑕品,都不起多大作用,特别是在前一天晚上喝酒又熬夜的情况下,第二天起床绝对不忍心对镜子看自己的眼睛,因为一定是个非常明显的'肿眼泡'。所有这些情况长期折磨我,我决心根治我的眼袋,于是趁着七天国庆小长假,我做了眼袋吸脂这项微整形手术。"

"这项微整形手术是怎么做的?还记得吗?大致给我们讲一下吧?"我们访谈人员询问道。"好吧,"LN女士说,"我胆儿比较小,别人翻我的眼皮,我会下意识地闭上,这样就更不容易翻开了。医生很有耐心,一直告诉我没事、没事、放松一下就好了。我记得医生首先好不容易把我的下眼皮翻开,然后感觉医生在眼皮里面用刀切一个很小的口,由于用了麻药,没感觉到疼,然后医生用激光烧断,就取出了眼皮下面的少部分脂肪,最后用特殊材质制成的缝线缝合好,就完成了。随着伤口的愈合,这种缝线可以被身体慢慢吸收,不用拆线。刚做完时,眼睛有一些淤青,休息几天就恢复正常,别人根本看不出我做过眼睛微整形,夸奖我眼妆化得好。"

访谈者4:微整求美者Jy,42岁　微整形项目:眼部埋线术

Jy女士说:"我的眼角随着我年龄的增大,越来越下垂了,这也悄悄地使我眼睛的形状变得越来越不好看。我的美容师建议我去做个眼部埋线的小手术——在上眼睑埋下一种高分子线。只花费了我当天晚上1个小时的时间,第二天早起,我感觉眼睛稍微有些肿胀,对镜子照着看看,发现眼睛有一点青色,打电话问医生,医生说没事,明天就会消了。果然,第三天早起就恢复正常了,几乎看不出我做过微整形,后来我同事、朋友、邻居看到我,都夸赞我会保养,并悄悄地向我请教养生肌肤的小秘诀呢。"

Jy女士接着跟调研团队的访谈员说:"我这次微整形手术比较顺利,不能代表所有人都顺利。我的医生在我做这手术之前也跟我讲了相关风险,也有少数人不是完全顺利的,例如,有的人进行眼部埋线后,并没有出现明显的双眼皮,这可能有很多原因,其中重睑线未带住睑板是最常见的因素,这种情况需要重新埋线,也可以先切开再根据个人情况进行矫正;还有的人眼部埋线后出现线结外露的问题,这是医生在打结时将线结遗漏在皮肤外面所致,需要消毒,然后用小刀片切开线结旁边皮肤,再将线结埋入皮内。所以,微整形医生的手法是否熟练很重要,手法熟练的医师在做眼部埋线时,会及时将线结埋入皮内,不会出现这种遗漏问题,爱美的微整形者免除了再次矫正之苦,也可节省时间和精力。"

访谈者5:微整求美者ZH,29岁　微整形项目:眼部埋线,开眼角

"我本来是双眼皮,但两只眼睛稍微有差异,休息不好时眼睛容易肿,去美容整形医院寻求帮助,微整形医生给出了很好的建议。他说眼睛易肿是皮肤松弛的问题,可以通过埋线微整形手术解决;两眼差异问题,可以利用开内外眼角微整形手术将眼型固定。我觉得医生说得很有道理,于是就选择了这两项微整形手术。眼部埋线的当天稍微青肿,第二天几乎没有,第三天完全消肿了。开眼角时间长一些,一般情况下是4天后可拆线,7天后可正常出门进行社交了。我趁着去珠海出差做的这两项小手术,两周后回来时,我男朋友和他家人都说我出差一趟变得更美了:眼睛不肿了,而且比以前更有神、更明亮了。他们问我:'珠海的气候好,养人吗?'我笑笑回答说:'可能是那里的气候适合我吧,我以后多出差去那里。'显然,他们根本没看出我做微整形手术了,哈哈。"

然后,ZH还讲述了她的特别感受是:①主刀医生处理开眼角位置的巧妙技巧十分关键,否则会留疤,"高手"能够将上面开的内外眼角藏在双眼皮褶里,下面正好藏在眼袋处。

②开眼角手术痛感比较明显,需要休息一周左右,利用长假做最合适。

③两眼距离近的人,不适合做;眼睑要有余量,眼皮脂肪不能过厚,否则要先吸脂。

访谈者6:微整求美者WD,28岁　微整形项目:去颊脂垫

"婴儿肥'嘟嘟脸'困扰了我多年,我终于在去年国庆前下定决心去做'去颊脂垫'微整形手术。我提前与微整形医师约好时间,去年10月1日八点就到整形医院了。我选的这个微整形医师很熟练,他先在我脸上两颊处注射一定剂量的麻药,然后根据我脸上脂肪的分布状况,在脂肪比较厚的位置切1厘米左右的小口,然后从中取出如同小樱桃核般大小的一块脂肪,再将切口用医疗专用缝合线缝合,手术就完成了。术后塞两团纱布压几个小时,并且要求吃流食、禁刺激性食物,要用专业漱口水护理一周,痛感一周后基本消失。"

(3)访谈小结。

通过访谈,我们发现:①有的求美者对自己的颜容非常在意、甚至于"精益求精"。②微整形还是有一定风险,特别是打麻药,求美者一般还要忍受术后一天内的强烈疼痛、一周内吃流食的痛苦。③求美者大都独自决定并悄悄地去做微整形,而隐瞒同事、亲戚、朋友,甚至连家人都不告知。这自然是对个人隐私的很好保护,但是也潜藏着巨大的风险。造成这种现象的原因很多:有求美者自尊心过强、担心别人说三道四的缘故;有社会大众还没有完全接受和正视微整形的原因;也可能是求美者自身不能正确认识微整形,一方面希望通过微整形变得更美,另一方面又认为其是一件不是那么能"上台面"的事;也许是求美者的自卑心理,或"天生的、自然的美比借助于高科技手术而获得的美更珍贵、更令人羡慕"等先入为主的认知占主导作用所致等。

二、我国微整形现状的调查问卷设计及结果分析

(一)面向公众的调查设计及统计结果

第一,在问卷题型的设计方面尽可能全面,既包括调查对象的基本情况(包括性别、年龄、职业、月收入等),也包括被调查者对容貌及微整形的态度——容貌是否影响您的工作或者生活?您对待自己容貌的态度?您是否了解微整形以及通过什么途径了解微整形?您本人是否做过微整形?您及周围的人现在对微整形的态度?还包括人们在最近的未来可能对微整形的态度——2—3年后您有可能做微整形吗?如果愿意进行微整形,自己会利用微整形解决什么问题?以及对微整形社会影响的调查——如何选择微整形机构?哪些因素会影响到对微整形机构的选择?最在意微整形服务的哪个方面?是否愿意分享您的微整形经验?等等。以期从人们对微整形的态度、当前微整形的应用状况等的了解中,发现微整形在我国的社会伦理基础。详细的调查问卷见附录1。

第二,调查对象尽可能多样化,而且具有代表性,所以,我们决定采取网络调查和实地调查两种调查方式。

①网络调查:调研团队所有成员都分别在网页上和自己的微信朋友圈发布调查问卷。由于网络调查有很大的随意性,答题者往往对自己感兴趣的问题进行回答,不感兴趣、不愿意答或者不了解某个问题不答的各种情况都会存在,导致问卷中问题的回答不平衡,即有的问题(例如基本情况)回答的人很多,而有的问题回答的人很少,还有的问题会出现无人回答的状况。我们将对每道题的实际情况进行统计与分析。

②实地调查:调研团队成员利用寒暑假多次到郑州、焦作、信阳、广州、厦门、大连、北京等地,选取人流量比较大的地方例如大型超市、火车站、汽车站、游乐场、综合性政府办公楼、医院一楼大厅、大型美容理发店等,发放调查问卷,在请问卷调查对象当面填写后立即回收问卷,从而保

证实地调查问卷100%的回收率。

第三,问卷调查的结果统计及分析。

①关于了解微整形渠道的调查及分析:

图2.1是关于调查对象了解微整形途径的分布图,该图直观地表明:网络和熟人朋友是人们了解微整形的主要渠道。网页和熟人朋友对微整形的宣传与介绍,使越来越多的人了解微整形。其次,报纸杂志与电视的新闻、广告,也是微整形传播的重要途径。第三,通过散发的传单、电线杆或者楼道墙上粘贴的小广告等途径,也可以促进人们了解到微整形,不过,这些渠道所占比例较小。

了解微整形的渠道分布图

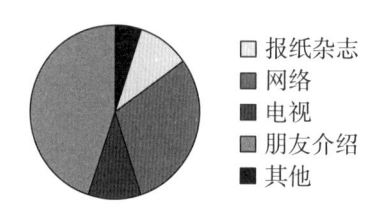

图2-1 了解微整形的途径分布图

②是否了解微整形的情况:

从回收的问卷(如图2-2)中可以看出,对微整形"很了解""比较了解"的人占的比例比较小,前者约占据总样本的3.24%,后者约占7.96%;大多数人处于了解一点但又不很懂的状态:对微整形"大致能懂"的约占总样本的43.07%,"不了解"的约占总样本的45.72%。从参与问卷调查者的年龄来看,有几位55岁以上的参与答卷者"比较了解"微整形;15—25岁的参与答卷者中有很多回答是"大致能懂",也有很多回答是"不了解",这表明:是否了解微整形行业,与年龄关系不大,并不是说年龄大的人就不了解微整形,也不是说青少年就一定了解微整形,即个人年龄的大小与其对微整形的了解程度之间并未形成一致关系;换句话讲,个人的生活环境、性格爱好、经济条件以及需求状况等会影响到其对微整形的了解。

第8题： 您对微整形的了解程度？ [单选题]

选项	小计	比例
很了解	11	3.24%
比较了解	27	7.96%
大致能懂	146	43.07%
不了解	155	45.72%
本题有效填写人次	339	

图 2-2　对微整形的了解程度统计分布图

③对自己外形满意度的调查：

由图 2-3 可以看出，虽然男女的样本大小不同，但男性对自己的外形满意度较高，大部分男性比较满意自己的外形，而调研的女性样本则表现出恰恰相反的结果，在所调研的对象中，将近一半的女性认为自己的外形欠佳，对自己没有自信。由此可以推断，女性对自己的容貌要求较高，希望自己变漂亮的愿望更强烈；与男性相比较，女性更容易产生做微整形的冲动和实施微整形的行为。

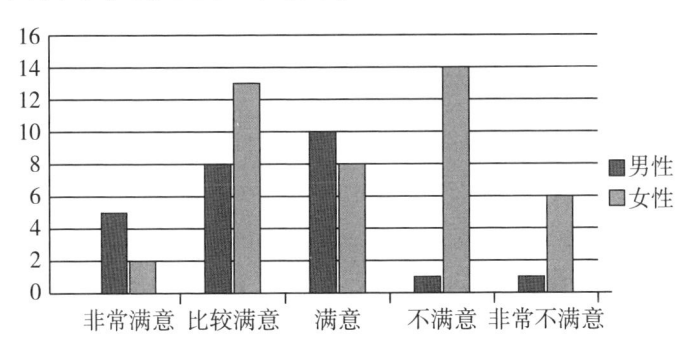

图 2-3　对自己外形满意度的统计图

④对于"这是一个看脸的世界"的看法：

对这一论点是否同意的人数统计图 2-4 如下。

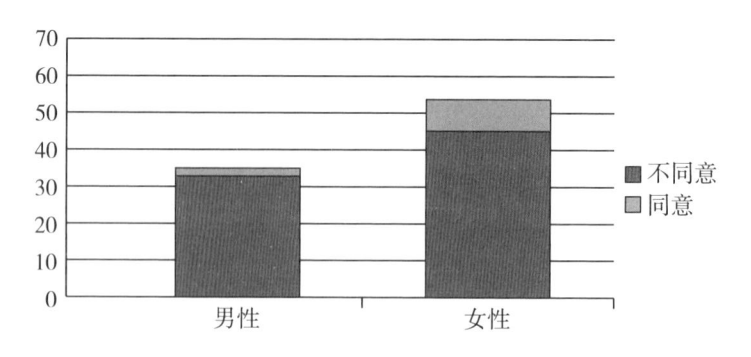

图 2-4 对"这是一个看脸的世界"的看法统计图

该调研图显示,对于外形是否重要这一问题的回答呈现出明显差别,只有少数的几个人认为外形并不重要,绝大多数人同意"这是一个看脸的世界"。这也从侧面反映出:人们的价值观中,外貌占据着重要的位置。

⑤对于身边人进行微整形的态度:

从所调查数据的总体上看,男性、女性对于身边人进行微整形基本上都较为反对,但与女性相比,男性不支持这种行为的比例更高。由此可以推测:女性爱美的天性使她们比较理解微整形的行为,支持的人较多,而这种支持的态度可能会使她们自己参与到某些微整形行动中。

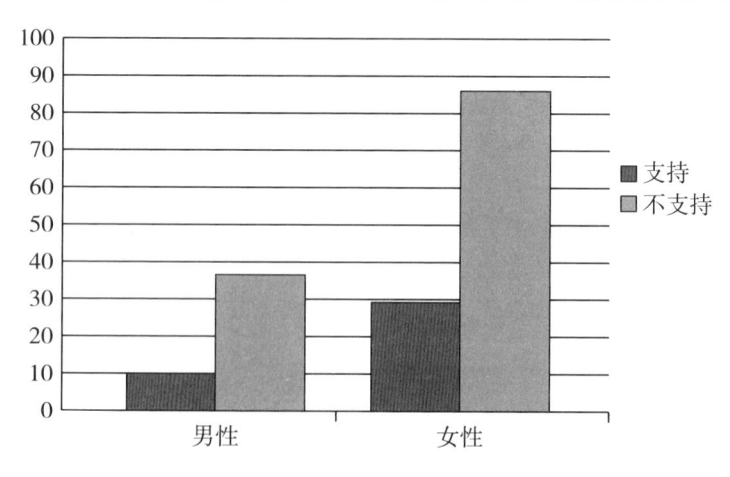

图 2-5 对身边人进行微整形的态度的统计图

⑥阻碍微整形因素的调查：

阻碍微整形的因素

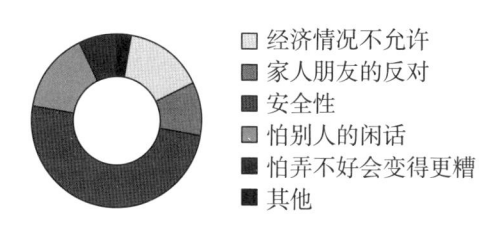

- 经济情况不允许
- 家人朋友的反对
- 安全性
- 怕别人的闲话
- 怕弄不好会变得更糟
- 其他

图 2-6　阻碍微整形因素的分布图

从图 2-6 可以得知，对微整形安全性的不信任是阻碍人们进行微整形的最大因素，其次是经济状况的不允许、社会舆论的压力和家人的反对。该项调研表明，人们对于自身外貌变美的追求是比较理性的，也是在考虑生命安全有保障、经济能力较强以及家庭和谐的情况下，才去实施微整形的。

⑦人们对于其伴侣进行微整形的态度：

表 2-1　对伴侣进行微整形的态度

态度 \ 性别	介意	不介意	所占百分比
男性	63	13	82.89%
女性	85	26	76.58%

表 2-1 是人们对其伴侣进行微整形态度的统计表，调查显示：男性和女性对于其伴侣进行微整形的态度并无太大分歧，不管是男性还是女性，70%以上的人都表示其不能接受另一半做微整形。这进一步表明，大家对于微整形的宽容态度有待于进一步提高。

⑧微整形对工作的影响：

表 2-2 列出了该项调查中"认为微整形对其工作没有影响的人数""他在其所在性别人数的性别百分比"以及"他在其所在职业人数的职业

百分百比"。

表 2-2 微整形对工作的影响

性别＼职业	公务员	公司职员	大学生	教师	总计	性别百分比
男性	3	0	1	10	14	52.3%
女性	2	0	0	7	9	18.6%
总计	5	0	1	17	23	
职业百分比	11.6%	0%	5.9%	100%		

统计表 2-2 显示：在所调查的男性中，几乎一半男性认为微整形对工作没有影响；在所调查的女性中，认为微整形对工作没有影响的女性比例只有 18.6%。这表明女性在工作中更重视自己的外表带来的优越感，她们也认为在工作中，较好的外表可以获得更大的竞争力，这与很多社会职业需要优雅漂亮的外表息息相关，这一点也给女性就业施予较大的压力，这也许是进行微整形的女性比男性多的重要原因之一。其次，在职业分布中可以看出，公务员、公司职员和大学生中，认为微整形对工作没有影响的仅占少数，绝大部分人都认同微整形会对工作产生影响；而在教师的数据统计中，情况则出现相反的一边倒的现象，所调查的人都认为微整形对工作并不会产生巨大影响，用人单位更在意的是个人的能力。这又进一步反映出：对于不同的职业，微整形的影响是不同的。

⑨从来没有要做微整形的人数统计：

根据调查所得数据发现，80%以上的人并没有要做微整形的想法。尽管大部分人对于自己的外形不甚满意，但认为真正要靠微整形手术这一办法来改变自身的人，并不是大多数。

还有其他一些情况的统计表和图，鉴于篇幅限制，不在此一一展示。

(二)面向微整形专家的调查设计及统计结果

所调查的问题及结果如下表 2-3 所示(注：该问卷采取的是网络调查方式)。

表 2-3 微整形专家的调查统计

1. 您的性别？	
类别	百分比
男	44.4
女	55.6
2. 您的年龄？	
类别	百分比
35—45 岁	43.6
45—55 岁	18.7
18—25 岁	14.3
25—35 岁	16.2
55 岁及以上	7.6
3. 您的职称？	
类别	百分比
主治医师	68.1
美容师	15.6
助理医师	8.7
副主任医师	7.6
主任医师	0
4. 您的教育背景是？	
类别	百分比
本科	51.3
大专	30.7
硕士	16.4
博士或以上	1.6
5. 请问您所在科室？	
类别	百分比
整形外科	52.6
美容皮肤科	35.7
中医美容科	0
口腔科	0
其他	11.7

(续表)

6. 您从事医疗美容行业多少年？

从业年数	5年以下	5—10年	10—15年	15年以上
百分比	45.6	23	18.3	12.4

7. 您就职于什么机构？

机构	民营私立美容医院	高级美容会所	私人医疗美容诊所	国有公立医院	其他，请注明
百分比	46	7	9	38	

8. 您擅长的非手术治疗项目有哪些？【最多选三项】

项目	激光嫩肤	瘦脸	注射除皱	隆鼻	激光脱毛	激光祛斑	丰唇	隆下巴	丰鼻唇沟	激光除皱	瘦腿	注射美白	丰泪沟	丰苹果肌	激光祛瘢痕	其他
百分比	13.3	13.3	10	10	6.7	10	6.7	6.7	6.7	3.3	3.3	3.3	0	3.3	0	0.4

9. 您进行微整形注射治疗的客户群，主要的年龄段是？

年龄	28—35岁	35—45岁	22—28岁	45岁以上	18—22岁	18岁以下
百分比	52	28	16.7	1.1	2.2	0

10. 您使用肉毒毒素主要用于哪方面的治疗？

项目	除皱	瘦腿	面部提升	瘦脸
百分比	67	20	0	13

11. 您使用填充剂类产品主要用于哪方面的治疗？

项目	塑型	除皱	面部提升	补水嫩肤
百分比	42.8	35.2	15.3	6.7

12. 您一般使用激光用于哪方面的治疗？

项目	激光嫩肤	激光去瘢痕	激光祛斑	激光脱毛	激光塑形
百分比	43.7	24.5	27.3	5.5	0

13. 您认为从事注射美容的医生需要再经过专业的注射培训吗？

观点类别	百分比
需要，并且应该有相应的执照	76
需要，但不需要专门的执照	24
不需要	0

(续表)

14. 关于注射美容的安全性,您认为下列哪些因素很重要?	
观点类别	百分比
医生的操作设计水平	45
产品的安全性	50
设施的环境卫生	5
以上都不重要	0
15. 您认为长效产品(水凝胶或带微球产品)安全吗?	
观点类别	百分比
不能完全降解,不安全	72.8
只要操作得当就很安全	27.2
16. 您使用过哪些长效产品?	
产品类型	百分比
爱贝芙	41.9
伊维兰	24.8
雅得媚	7.2
奥美定	0
从来没有使用过	25.1
17. 您使用最多的注射产品是哪类?	
产品类型	百分比
肉毒毒素类	61.6
胶原蛋白类	16.3
自体组织类	9.7
玻尿酸类	12.4
18. 您更倾向于为客户提供以下哪种治疗方案?	
治疗类别	百分比
非手术治疗为主,手术治疗为辅	42.9
手术治疗为主,非手术治疗为辅	32.1
非手术治疗	18.6
手术治疗	6.4
19. 您如何回答客户对注射产品维持时间的疑问?	
观点类别	百分比
维持半年	18.6

(续表)

维持半年到一年	45.8
不告诉具体时间	28.2
维持一年以上	7.4
20. 您认为医生是否应当参与微整形咨询？	
观点类别	百分比
非常有必要	82
比较必要	18
非常没必要	0
无所谓	0
不太必要	0
21. 您认为微整形咨询人员应当：	
观点类别	百分比
具有医疗相关执照，且经过专业培训考核	83.7
不必具有相关医疗执照，但要经过专业培训考核	12.6
具有医疗相关执照，不用经过专业培训考核	3.7
不必具有相关医疗执照，经过简单培训即可上岗	0

表2-3统计结果分析：从上面的统计数据可以看出，从事微整形的专业人员在性别上无大的差异，绝大多数人年龄在45岁以下，且多为主治医师，研究生及以上学历或高级职称的为极少数，所在科室基本上属于整形外科或美容皮肤科；大多数微整形医师从事医疗美容行业年数在5年以下，从业机构为民营私立美容医院和国有公立医院的较多；各自所擅长的非手术治疗项目不同，其中擅长激光嫩肤、瘦脸的人员相对多一些；微整形注射治疗的客户群年龄主要分布在28—35岁；肉毒毒素主要用于除皱，填充剂类产品主要用于塑形，激光主要用于嫩肤方面的治疗；从事注射美容的医生需要再经过专业的注射培训，并且应该有相应的执照；医生的操作设计水平在很大程度上与注射美容的安全性直接相关；爱贝芙等长效产品（水凝胶或带微球产品）被大多数医师采用，但是长效产品不等于安全产品，存在着一定的安全隐患；大多数医师更倾向于为客户提供非手术治疗为主、手术治疗为辅的治疗方案；注射产品的维持

时间大多为半年至一年,肉毒毒素类目前被使用的频率最高;微整形咨询人员应当具有医疗相关执照且经过专业培训考核,82%以上的微整形专家认为医生应当参与微整形咨询。

三、关于我国微整形现状的调研讨论与建议

通过对我国微整形专家及进行微整形的求美者的访谈,对普通大众的微整形调查,并通过对这大量的真实信息的汇总和探究,发现并提出如下几点结论与建议,期望能够为消费者和相关管理部门提供一些参考。

第一,人们对微整形的态度已经由最初的抵制、反对到现在的宽容、容忍甚至支持,这也表明我国微整形存在着巨大的市场,微整形将会对人们的生活、工作产生较强的影响,从而对社会的稳定与发展产生极其重要的作用。

第二,我国微整形已经取得了一定的成绩,但是还存在着某些问题,需要我国的微整形专家、进行微整形的求美者以及相关的国家管理部门慎重地、客观地、理智地对待,既要看到已经取得的成绩,又要看到其中存在的问题,还需前瞻性地预测其将来可能发生的问题,尽可能地获得对我国微整形的全面认知。

第三,我国相关政府管理部门,例如各级科技管理部门、卫生部门、市场监管部门以及法律法规制定部门,要加强对微整形研发和应用的管理,规范微整形的应用程序,杜绝虚假宣传,查处假冒伪劣的微整形药物及其相关制剂,以及不合格的"微整形医师或者诊所"等,为微整形的顺利发展提供良好的环境。

第四,微整形消费者不可盲从,在要进行某项微整形之前,首先要明白自己为何要进行这项手术:是看到别人做了之后,自己心动了?还是由于某种需要?……反复思考之后,再决定是否要进行该项手术;其次要详细地了解该项微整形技术的可行度、哪家医院或者美容院所的医师技能高;再次,要权衡自己的经济承受能力,是否能够忍受手术过程及术

后恢复期的痛苦,还要考虑家人是否接受与调解办法等。

第五,社会要形成良好的社会风气,不能"凭脸论英雄"。尽管良好的颜值能够给人带来愉快的心情,也能在一定程度上促进人际关系和谐,但是人的才能更为关键,是人成就事业的基础,"任人唯贤"仍然是当今社会选择人才的最佳标准。

第二节 我国长寿及保健食品使用情况的调研进程

一、长寿及保健食品概念概述

(一) 寿命与长寿

寿命:通常是指某个物体以其特有的质的形式所存在的时间。从广义的角度看,大自然的所有物体都有自己的寿命,例如岩石风化、草木凋零。就生物体而言,每个物种的不同个体尽管寿命不同,但是都在一定的范围内变化。例如狗的平均寿命约12.6岁,一般在10—15年;家鼠的平均寿命约为2年;人的寿命在各种物种中算是比较长的,古代人的寿命一般为50—80岁,随着科学技术的发展,人的生活条件不断得到改善,人的寿命也在不断延长,"目前多数发达国家居民的平均预期寿命已经达到80多岁"[1],据预测:约到2050年,平均预期寿命能达到95岁[2]。全球公认的人类历史上最长寿的人是法国人詹妮·路易·卡尔曼(Jeanne Louise Calment),她享年已经达到122岁。[3]

长寿:即寿命长,通常是指某个物体或者个体的寿命远远长于该种

---

[1] 何琪杨. 人类寿命到底能延长多久? [J]. 科学通报,2016,61:2331—2336.
[2] Scully T. Demography: To the limit [J]. Nature,2012,492(7427):S2—S3.
[3] Couzin J. How Much Can Human Life Span Be Extended? [J]. Science,2005,309(5731):83.

类或者物种的平均寿命。本书主要讨论的是人的长寿问题。人寿命的长短不仅受个人的生理因素、生活方式、心理情绪等个人生理心理的内在因素制约，而且受自然地理环境、经济条件、医疗技术水平等外界因素的影响。其中生理因素包含遗传因素、基因因素、躯体因素等，自然地理环境因素包括地理位置、水、土壤、空气等，生活方式因素包括饮食、体育锻炼、睡眠等。那么，人的寿命达到多少岁为长寿呢？这个问题的答案是不确定的，即具有一定的相对性。如果在某一历史时期、某地区的绝大多少人的寿命在60岁以内、60岁以上者较少，那么寿命超过60岁的就为长寿；如果不超过80岁的人居多、80岁以上者极少，那么80岁以上的寿命则为长寿。从人类社会发展史来看，随着人生活水平的提高、其寿命在不断延长，长寿的年龄标准也在相应提高，但也不是无限制的提高，因为人类的自然寿命是有最高限度的，自古无人能逃离死亡的边界。明代杰出医学家张景岳在《类经·卷一·摄生类一》注："百岁者，天年之概"。"人生七十古来稀"，人的自然寿命达到百年就已经很高、就是天年了，过百岁者是非常少见的，所以俗语的"百年以后"是代表"死亡"的意思。20世纪60年代，美国学者伦纳德·海弗利克（Leonard Hayflick）提出了衰老程序学说即"海弗利克极限"，据此推测"人的寿命上限"应为120—150岁[1]。随着科技的发展，人们将会对人类的寿命有更为清晰的认识。

综上可见，长寿不是一个固定不变的概念，而是一个相对的概念，是相对于普遍的绝大多数人的最高寿命而言的。随着人类对其所生存的自然环境的改善和社会福利的不断提高，长寿的年龄也随着人们寿命的不断提高而提高。"人类寿命延长的历史告诉我们，老年人的概念在不

---

[1] Hayflick L.. The Limited In Vitro Lifetime of Human Diploid Cell Strains[J]. Experimental cell research, 1965, 37(3): 614—636.

同的历史时期有所不同,以往50多岁已算老人,而今则属于中年人。"[1]当然,在同一条件下,长寿的概念又是确定的。例如,在我国当前的社会主义初级阶段,人民的生活水平不断提高,人口平均寿命也在不断延长,2021年我国居民人均预期寿命已经由2020年的77.93岁提高到78.2岁[2],那么,当前我国90岁以上的居民应该就是长寿老人。但是,无论如何,百岁之上者是长寿老人,是毫无疑问的。康熙年间普查结果显示,百岁以上者21人[3]。基于第七次全国人口普查的数据,中国2020年百岁老人已增长到11.9万多人,正式迈入"长寿大国"之列,成为全球百岁老人数量最多的国家[4]。本节第二部分关于长寿老人及其保健食品消费情况的访谈和调研,都是针对90岁以上的长寿老人进行的。

在实地进行的访谈和问卷调查中,还使用了"理想寿命"这个概念,这实际是指个人期望达到的长寿寿命,是基于绝大多数人都期望长寿的缘故。

(二)保健食品

保健食品是相对于用于保健的药品、器械以及其他保健措施等而言的,是具有某种保健功能或者以补充某些维生素、微量元素等为目的的食品类药品。在我国,人们平常所说的"保健品"主要指保健食品,国际上通常将其称为"膳食补充"(Dietary Supplements),没有"保健品"一词。所以,"保健品"是我国的特有称谓,广义的保健品是所有具有保健性能的物品的总称。

每一种保健食品仅适宜于某些人群,在一定程度上能够调节其身体机能,提高其身体免疫力,但是不同于药品,不具有治疗疾病的作用。但凡宣传保健食品可以治疗某种病的,有的甚至宣传包治百病的,是故意

---

[1] 邬沧萍.漫谈人口老化[M].沈阳:辽宁人民出版社,1987:17.
[2] 2021年我国卫生健康事业发展统计公报[J].中国病毒病杂志,2022,12(05):321—330.
[3] 高成鸢.华夏价值观核心之"寿"的研究[J].社会科学论坛,2017(06):4—17.
[4] 杜鹏,吴赐霖.从长寿大国迈向长寿强国:基于百岁老人的中国长寿水平分析[J].人口研究,2024,48(03):3—19.

欺骗人们、引诱人们购买的,是绝对错误的。我国市场监管总局明确规定:保健食品营销和宣传时,应当真实、合法,不得作虚假或者误导性宣传,不得以任何形式明示或暗示保健食品具有疾病预防或治疗功能。

二、对我国长寿及保健食品使用情况的问卷调查与访谈

(一)对我国长寿及保健食品使用情况的调查问卷设计与结果分析

首先,该问卷涉及长寿和保健食品两个方面,所以在题型设计时,除了被调查者的性别、年龄等基本情况外,主要调查人们对长寿的态度,人们的不同生活方式或者不同的心理因素是否对长寿产生影响,是否购买并服用过保健食品,是否了解保健食品信息的主要渠道,保健食品是否有助于长寿,以及对当前保健食品市场的态度等,以期比较全面地了解我国长寿的现状,特别是要发现保健食品对长寿的作用、高科技保健食品在我国的社会伦理基础。详细的调查问卷见附录2。

其次,为了使调查对象尽可能多样化而且具有代表性,对我国长寿及保健食品使用情况的问卷调查如同本章第一节中面向公众的微整形的问卷调查一样,采取了网络调查和实地调查两种调查方式。

最后,问卷调查结果的统计分析及总体评述。

(1)调查结果的统计分析。

①您的理想寿命是多少年?

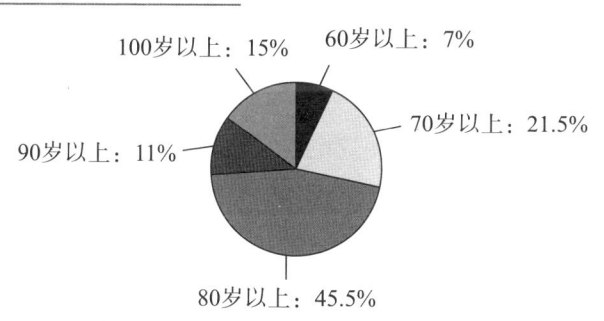

图2-7 对自己理想寿命的分布图

图 2-7 是调研对象对自己理想寿命的统计图,由图可以得出:人们对自己理想寿命在 80 岁以上的占 45.5%,所占的比例最大,大多数人都希望自己的年龄有所延长,希望自己能达到长寿年龄。

②下面的几种行为方式中,哪种方式有助于获得理想寿命?(可多选)

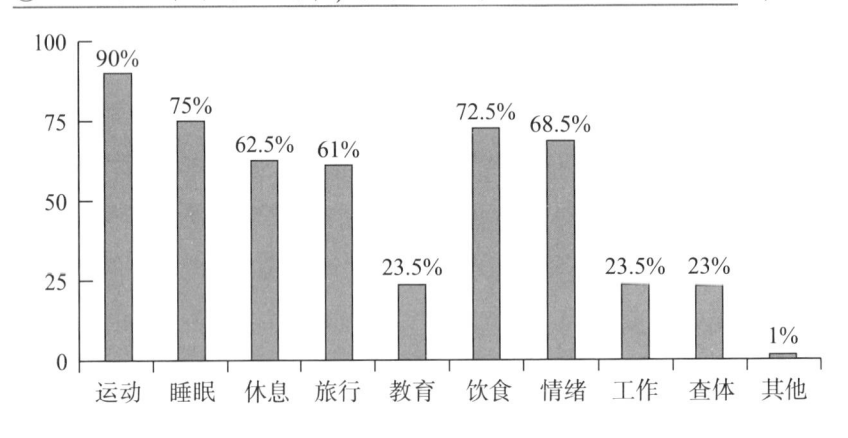

图 2-8　有助于获得理想寿命的行为方式占比图

在调查问卷中设计了多选题型,以考察人们对几种常见的行为方式是否同时具有:运动、睡眠、休息、旅行、教育、饮食、情绪、工作、查体以及其他。图 2-8 是调研团队根据调查问卷所绘制的"有助于获得理想寿命的行为方式占比图"。从图 2-8 可以看出,90% 的问卷调查者认为,合理运动是最有益于长寿的;61%—75% 的问卷调查者认为,合理的睡眠、饮食、旅行、休息与情绪能够增加人的寿命;少数调查者认为,适当看书、工作以及定期进行身体检查有助于人们获得较长的寿命。

事实上,人体是一个综合的复杂的有机体,人们要想获得长寿的理想寿命,各项行为都得合理进行,都必须适度,既不能局限于某一项或某几项行为,也不能朝三暮四、三天打鱼两天晒网,须要养成合理的健康的生活方式,并长期坚持下去,最终综合促进其寿命的提高。

③您认为哪种运动方式有益于长寿?

关于哪种运动方式有益于长寿的调研分布情况如图 2-9 所示。

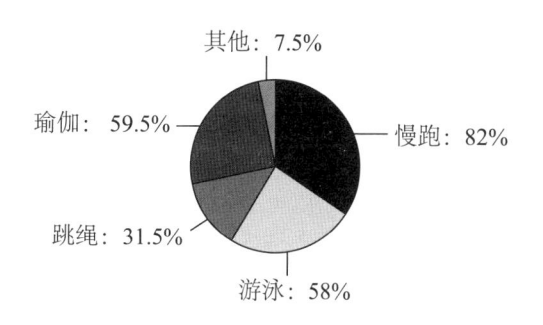

图 2-9 有益于长寿的运动方式占比图

调研团队在"运动有益于长寿"这一人们基本认可的观点基础上,设计了更进一步的调查:在各种运动中,哪种运动更有益于长寿?图 2-9 是有益于长寿的运动方式百分比统计图。调查结果显示,在问卷调查人群中,有 82% 的人选择慢跑运动,认为慢跑有助于人保持健康,提高寿命;有 58% 的人选择游泳、59.5% 的人选择瑜伽,游泳和瑜伽的选择人数持平;选择跳绳的人数占 31.5%。人们的选择不同,可能与其年龄、爱好、性别等有一定关系。一般情况下,男性游泳者居多,女性练习瑜伽者居多,跳绳不适合年龄偏大者进行、是大多年轻人的选择。尽管如此,调查还是反映出一定的规律性或者说"普遍观念",即人们普遍认为运动对长寿起着一定的作用,不论哪种运动形式,只要人们每天在合理的时间坚持适量的运动,不仅能够锻炼身体,还可以调节他们的情绪,使他们身心得以放松。例如,紧张工作一天的人,晚饭后散步或者慢跑等适当运动,可以调节一下精神状态、使人心理和生理状态得到改善,不仅能够促进身体机能运转正常,而且可以提升机体免疫力,增强抵抗疾病的能力,促进身体健康,保持年轻状态。已经有研究发现,对于 80 岁老年人,如果每周散步 4 次,每次散步 15 分钟以上,则其 10 年内存活率将高于散步少的人[1]。这也是对"生命在于运动"论断的再次证明。

---

[1] Fortes C., Mastroeni S., Sperati A., et al. Walking four times weekly for at least 15 min is associated with longevity in a cohort of very elderly people[J]. Maturitas, 2013, 74(3), 246—251.

④夜间睡眠多少时间有益于长寿?

有益于长寿的夜间睡眠时间、人数、所占百分比,如下表所示。

表2-4 有益于长寿的夜间睡眠统计表

6小时	10	5%
7小时	88	44%
8小时及以上	102	51%

从调查表2-4可以看出,在青年人的观念里,夜晚睡眠超过8小时会利于长寿的人,他们在所调查人数中几乎占一半(51%);所调查的中老年人大多认为,夜晚睡眠时间不宜过多,6小时左右有益于健康与长寿。所调查的青年人的观点似乎符合人们的常识,而常识未必正确;中老年人的观点则与《美国心脏病学会杂志》2019年发表的美国科罗拉多大学博尔德分校(University of Colorado Boulder)的一项研究结论基本一致。[①] 在这项50万人样本量的"随眠时间与睡眠时间与心肌梗死"研究中,Iyas Daghlas等人发现,成年人每晚睡眠6至9小时是健康的睡眠量,可有效降低心血管疾病发作的风险,夜晚睡眠时间不足6小时或者超过9小时,会导致早亡和罹患心血管疾病的风险增加。早在2004年,名古屋大学副教授玉腰晓子等人对十万名左右的男女进行历时十年的大规模调查、统计,他们发现:成年人每天平均睡眠7小时比较有利于健康,超过或者不足得越多,其死亡率越高,而与男女性别无关[②]。Thomas Svensson等人2021年关于"睡眠时间与死亡率之间的关系"的研究也认

---

① Iyas Daghlas, Hassan S. Dashti, Jacqueline Lane, et al. Sleep Duration and Myocardial Infarction[J]. Journal of the American College of Cardiology, 2019, 74(10): 1304—1314.

② Tamura T, Kawano Y. Sleep duration as a predictor of all cause mortality[J]. Sleep, 2004, 27(1): 51—54.

第二章　关于人类增强应用案例的实地实证调研

为,7小时的睡眠时间是与全因心血管疾病和其他原因死亡相关的最低点。① 所以,人们要想长寿,需要一定的高质量睡眠作为保证,但夜晚睡眠一定不要特别追求较长时间。鉴于此,我们倡议:为了个人身体健康长寿,为了不给子女、社会增加负担,我们每个人从自己做起,不熬夜也不睡得太多,养成良好的作息习惯,保持每天睡眠时间为6至8小时。

⑤关于哪种饮食有益人的寿命提高的调研:

对人的寿命有益的饮食类型所占比例分布图如下。

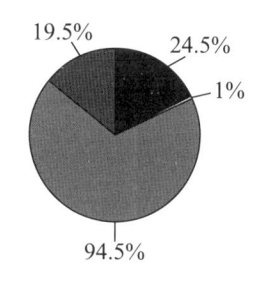

■ 素食餐　　□ 脂肪餐
■ 多吃蔬菜、适量肉类、荤素搭配
■ 碳水化合物饮食(蛋白质、脂肪、糖类)

图 2-10　有益于长寿的饮食类型占比图

一个人的饮食状况与他的健康长寿状况息息相关,现代医学研究发现,盐吃得过多会引起人的血压升高,肉类与蛋类吃得过多也会引起高血压、高血脂、高血糖"三高"等慢性疾病。美国预防心脏病学会的临床实践表明,主要由豆类、蔬菜类、水果类、坚果、种子、植物蛋白以及富含脂肪的鱼类组成的饮食,是预防心血管疾病的最佳选择;多吃这些食物,同时减少饱和脂肪、膳食胆固醇、盐、精制谷物和超加工食品的摄入,是

---

① Svensson T, Saito E, Svensson AK, et al. Association of Sleep Duration with All-and Major-Cause Mortality Among Adults in Japan, China, Singapore, and Korea[J]. JAMA Network Open. 2021,4(9):e2122837.

健康饮食模式的常见组成部分[①]。图2-10所示的调查结果也显示出,其基本与这些研究结论相符合。参与调查的人群中,占比例为94.5%的绝大多数人,主张每天要吃大量蔬菜和适量肉类,认为这样的饮食有助于人保持身体健康、增加寿命。这也表明,大多数人认为,日常膳食是否合理直接关系着人的健康与否,以及寿命的长短,合理饮食常常能够促进健康、延缓衰老,不合理的饮食方式则增加人患病的概率,使人在不知不觉中加速衰老。

因此,人们要想身体健康、延年益寿,必须注意自己的一日三餐和零食,养成良好的饮食习惯,例如五谷杂粮和肉类、蛋类都要吃,不能偏食,其中绿色蔬菜和水果更要多吃一些,含纤维素的食物要多吃一些,这类荤素搭配的饮食可为人身体提供均衡营养,对其健康长寿具有积极的影响。

⑥您认为下列哪项行为有碍健康长寿?

对人的寿命有碍的行为方式所占比例分布图如下。

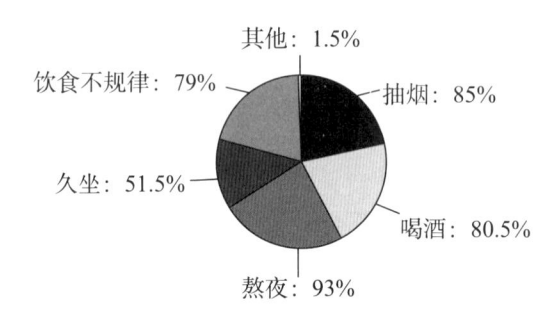

图2-11 有碍于长寿的行为方式占比图

饮食不规律:79% 其他:1.5% 抽烟:85% 喝酒:80.5% 熬夜:93% 久坐:51.5%

[①] Belardo D, Michos ED, Blankstein R, et al. Practical, Evidence-Based Approaches to Nutritional Modifications to Reduce Atherosclerotic Cardiovascular Disease: An American Society For Preventive Cardiology Clinical Practice Statement[J]. American Journal of Preventive Cardiology, 2022 (10):100323.

对调查所得数据进行统计(图2-11)发现,93%的人认为熬夜最伤身体,80%左右的人认为抽烟、喝酒、饮食不规律是有碍于健康长寿的主要因素,久坐被51.5%的人认为对健康长寿不利。可见,多数人不认可这些不良生活习惯,认识到它们的坏处,但是,往往由于惰性或者缺乏毅力而产生这些不良行为。因此,人要想健康长寿,就必须克服不良行为、保持良好的行为习惯。据郑志坚等学者对995位阳高县90岁以上的长寿老人的调查,这些老人大都有良好的行为习惯,早睡早起的老人占77.84%,不抽烟的老人占89.82%,不饮酒的老人占91.35%[①]。

⑦以下几种情绪中,您认为对于获得理想寿命有碍的是哪些?

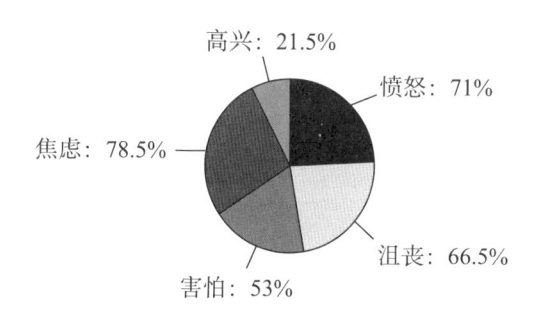

图2-12 阻碍人理想寿命获得的情绪占比图

人的情绪对于获得理想寿命有重要影响,良好的情绪能够促进人长寿,不良的情绪起阻碍作用,甚至减少人的寿命。关于几种常见情绪可能对人寿命产生不利影响的调查结果(图2-12)表明:在焦虑、愤怒、沮丧、害怕、高兴这五种情绪中,认为焦虑和愤怒不利于人获得理想寿命的分别占所调查的人数的78.5%、71%;沮丧和害怕也被一半以上的人认为是阻碍人们实现理想寿命的消极情绪;高兴通常被人们认为积极情绪,但有21.5%的人认为,高兴也会不利于健康、阻碍人长寿。人的各种情绪

---

① 郑志坚,孟德昌,孟凡强,等. 山西阳高县90岁以上老人生活质量及长寿因素调查[J]. 中国临床保健杂志,2014,17(01):80—83,115.

是人的各种心理活动的外在表现,不论是消极情绪还是积极情绪,情绪剧烈波动,都会干扰或扰乱人脑正常机能的运行,进而导致人体机能紊乱,引起多种疾病。曾有内分泌专家指出,如果某人焦虑过度或精神过度紧张,都会使其内分泌系统功能失调。同理,长期的悲伤、忧郁等消极情绪的累积,或者突然的过度高兴,都会引起人体机能紊乱、身体器官本身功能减退以及免疫功能降低等,不利于抵御各种外来病菌的侵袭,从而损害健康,有碍于理想寿命的实现。

⑧保健食品能够提高人的寿命吗?

对于保健食品能否提高人的寿命这个问题的调研统计显示:参与调查的人群中,78%的人认为保健品是人们的心理安慰,只不过比我们日常吃的饭菜、水果纯度更高一些而已,起不到延年益寿的作用。这78%的人中有48.6%的人从来不购买保健食品,有51.4%的人购买过但也没有定期服用,在购买过的人群中定时服用的人仅占9.5%,22%的人认为保健品具有增加人寿命的作用。

⑨下列哪项是您购买保健食品的目的?

参与调查的购买保健食品的人群中,有26.5%的人确实想通过服用保健食品来改善身体机能、延年益寿;30%的人意在日常保健、预防疾病;20%的人是在生病时或生病后康复期购买、服用保健食品,作为治疗疾病的辅助手段;23.5%的人承认自己是在看见别人买保健食品时也就买了某类保健食品,事先并没有打算购买,没有其他特别原因,这种购买保健食品的方式是从众、跟风行为。

⑩保健食品市场是否存在夸大保健食品功效的虚假宣传现象?

关于保健食品市场宣传的调查情况如图 2-12 所示。51.5%的人认为,保健食品市场宣传存在"普遍夸大"现象;28%的人认为保健食品宣传"有一些夸大",那就是还有很多宣传是名副其实的;19.5%的人认为保健食品宣传"严重夸大";而认为"没有夸大现象"的仅占1%。从调查反映的状况可以推断出:老年保健食品市场存在着某些鱼龙混杂的情况,存在着某些言过其实的情况,存在着一定的以假乱真、售卖假保健食品的情况,市场监管、宣传等相关管理部门须经常检查保健食品经销场所及其宣传状况,对于虚假违法广告、欺诈及损害消费者合法权益的行为及一系列相关问题严加管理,确保保健食品市场按照正常的秩序运行、满足人们的切身需求。

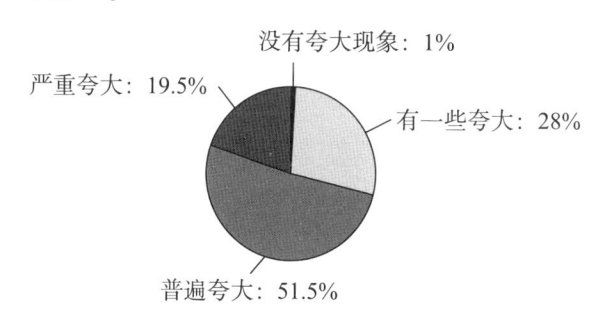

严重夸大:19.5%
没有夸大现象:1%
有一些夸大:28%
普遍夸大:51.5%

图 2-12　阻碍人理想寿命获得的情绪占比图

(2)问卷调查结果的总体评述。

影响人寿命长短的因素很多,主要选取了"生活方式"和"心理情绪"两大方面的因素进行问卷调查,对调查结果的统计分析,我们从总体上获得了一些这样的启示:合理的生活方式和良好的心理情绪有益于人保持身体健康、延长寿命。因为不良的生活习惯往往没有规律性,例如熬夜一天睡三天,会打乱人体的生物钟,使得人体的生理代谢发生紊乱,预防和抵御疾病能力减弱,进而会减少人的寿命;而合理的生活方式是有规则、有秩序的,例如饮食均衡、运动适量、睡眠适度,这些良好的生活习惯能够提高身体素质、增强身体免疫力、减少患病概率,从而有利于健康长寿。另一方面,在日常生活中,人们保持乐观积极的心态,合理表达心理情绪,可以促进身体各器官、系统处于稳定状态,增强其抵御疾病的能力,从而使其保持健康、增加寿命。

随着科学技术的发展,人们研发出了各种保健食品,这对促进人的身体健康、延年益寿有一定的作用,保健食品也受到很多人的青睐。但是,在保健食品的使用者和保健食品市场两方面存在着一定的问题,一方面,一些老年人为了获得长寿,忽略了科学规划自己的生活方式、培养积极的生活心态的重要性,而把注意力过多地集中于保健食品,推崇备至,甚至完全依赖。老年人随着年龄的增大,身体机能减退,出现各种不适或者疾病,例如老花眼、健忘、行动缓慢。要减轻或者减缓这些老年症状,可以通过有规律的体育运动来锻炼身体,通过补充一些富含维生素的食物来调整饮食等方式,也可以利用某些药物进行治疗。但是有些老年人却转移目标,依靠保健食品来消除或者抑制老年症状的出现,以保持年轻态。另一方面,保健食品多种多样、琳琅满目,商家为了更多地销售产品往往夸大,甚至过度夸大或者神化保健食品的作用,使一些老年人对保健食品产生心理依赖,有的老人把自己的养老金,甚至向儿女要钱用于大量购买多种保健食品。那么,保健食品果真能够使人保持健康、延年益寿吗?为此,我们调研团队也走访了一些保健食品厂家和商家,他们给出了比较中肯的观点和建议:每种保健食品是具有一定的保健作用,例如改善睡眠,或者辅助药物治疗疾病,促进患者机体康复,调节免疫、增强抵抗疾病的能力,从而促进健康,在一定程度上是有助于人们延长益寿的。但是,务必注意到,保健食品毕竟不是药品,不能代替药品去治疗某种疾病,其对个人身体健康只能起到"预防和调理"的作用,而不可能代替药品的治病救人作用。反对将保健食品当作药品长期服用或重复服用的行为和做法,否则会引起不良反应,甚至死亡,既浪费了金钱,不能实现保健食品应有的保健效果,还会损害人的身体健康。所以,保健食品对人的健康长寿是否起促进作用,主要在于其是否被合理地利用,人们合理地服用保健食品,才能使其发挥调节人体机能、延缓衰老的保健作用。

  概括而言,拥有合理的生活方式、良好的心理情绪,同时在经济条件许可的情况下适当服用一些保健食品,可以提高身体免疫力、增强体质,对延缓衰老、健康长寿有积极作用。保健食品的相关调查显示:老年人大多是为了预防保健而购买保健食品的,保健食品的种类和需求量的不断增多,也反映出人们生活水平的不断提高。然而,目前我国保健食品市场鱼目混珠,各种保健食品充斥市场,不乏假冒伪劣商品存在。而且,各种保健品的广告随处可见,特别是有的保健食品夸大宣传,使人们对保健食品的认识存在许多误区,使得一些老年人盲目轻信、过分依赖、大量购买等。这些保健食品市场存在的不规范问题应该引起大家的重视,相关管理部门和社会公众须群策群力、采取有力措施,促进并保持保健食品市场的良性运行。

(二)对我国长寿及保健食品使用情况的访谈纪要

1. 对我国长寿老人的访谈纪要

调研团队负责人多次组织和协同组员分别与自己身边以及一些长寿地区(例如广西巴马、河南夏邑县)的百岁老人及其儿女进行了交谈,了解老人的长寿秘诀。访谈内容包括10个方面,可将其归纳如下。

(1)您目前的身体健康状况如何?

所访谈的老人基本上在90岁以上,身体比较硬朗,能够自理(自己穿衣服、洗脸、煮面条、洗澡等),而且还能帮家里干一些力所能及的小活,例如用抹布擦桌子、叠衣服、铺床、洗碗等;能听见听懂我们的问话,并且大多数老人很有精神,很开心地和我们说话;有的百岁老人视力比较清楚,还能做点针线活,例如衣服开线了,自己拿针缝缝。有的老人有高血压或冠心病或气管炎等慢性病,需要长期吃药,但是大多数老人身体健康,很少住院,感冒也很少,基本不吃什么药物。

(2)您平常喜欢吃哪些食物?

访谈的几位百岁老人牙齿都掉了,有的戴假牙,有的不戴,他们基本上都吃比较软的食物,有的喜欢喝粥,有的喜欢吃汤面,有的喜欢吃水果,例如将橘子或香蕉、苹果煮一下再吃,有的喜欢喝发酵的牛奶。但是,每天早晨吃一个煮鸡蛋,基本是大多数老人一天食物的共同特点。

(3)您平常喜欢待在哪里?

这个问题,如果让年轻人回答可能是在家,因为家里玩手机电脑很爽,但是老人们的回答大都是"在人多的地方"。老人大多数喜欢聚集在一起,只要人多就行,有些老人还很喜欢观看小孩玩耍、与他们一起玩……这也反映出老人不愿意独处的心理。事实上,孤独与寂寞的生活也不利于老人的身心健康,长寿老人喜欢待在人多的地方,或者一群老人聊天,或者听年轻人聊天,可以开阔视野、调整情绪。这大概是他们长寿的原因之一。

(4)您平常怎么锻炼身体?

所访谈的城市老人大都喜欢锻炼身体,而且城市老奶奶更喜欢室外锻炼,城市老爷爷则喜欢在家锻炼。本调研团队一成员的两家邻居都是百岁老人,这两对老人都具有上述特点。其中一家邻居老太太每天清早出去锻炼,到另一小区跟着其他老人一起做老人操;另一位邻居老太太每天很早吃完早饭,然后出去走路一个多小时,而且走得比较快,在路途中看到便宜的蔬菜、米或者其他日用品,都会买些回家,这样她不仅锻炼了身体而且还干了家务,真是一举两得。两家邻居老翁都不愿意在室外锻炼,而是在家做抖腿、弯腰、举手等几种运动,时间大约为1小时。

所访谈的农村长寿老人大都说他们不锻炼身体,但是他们每人每天都闲不住,都找事情做,有的老人还坚持每天到地里干活,有的老人还养鸡养猪,有的老人帮子女或孙子女带孩子。实际上,老人们每天都在"运动",只是用劳动的方式代替了"锻炼"。

(5)您有什么不高兴的事吗?能和我们说说吗?

长寿老人们意志都很坚强,都是从艰难困苦的岁月走过来的,所以当我们询问他们有什么不高兴的事时,他们都说"没有,没有"。他们要求很简单、朴素,而且保持着勤俭节约的优良传统,他们还为儿女们操心,希望儿女子孙们事业有成、生活幸福。老人们的心态比较平和、性情开朗,保持着宽容温和而不孤僻忧郁的良好性格。

(6)睡眠如何?大约一天睡几个小时?

长寿老人们的睡眠时间相对于年轻人来讲都比较少,大都是每天5小时左右,夜间起夜次数比较多,这也对睡眠质量有一定的不良影响,一般情况下,老人们中午会休息半小时左右。

(7)您平时的生活习惯是什么?

所访谈的长寿老人们都有比较好的生活习惯:合理饮食,不暴饮暴食,只是吃平常的饭菜,有的50岁前喝点小酒,但50岁后就戒酒了,而且都不抽烟;讲究卫生,勤洗澡勤洗衣服;睡前泡脚,早睡早起,不赖床;喜欢"劳动",总是喜欢找事情做,从中获得满足感和乐趣。

(8)您自己或者儿女们给您买高营养的保健食品吗?或者有高科技的健身器材吗?

所访谈的城市长寿老人大都吃一些保健食品,例如叶酸、初元、汤臣倍健补钙品、黄金搭档等,有的是自己在商店里店员介绍的,大都是儿女或亲戚朋友逢年过节带来的;所访问的农村长寿老人自己不买保健品,儿女或亲戚朋友逢年过节带来的保健食品也被他们又送给亲戚朋友了;所访谈的城市和农村长寿老人家里都没有高科技的健身器材,有位老太太说她女儿想给他们买按摩椅,他们觉得没有用,坚决不让买。

(9)您认为保健食品对人们保持身体健康有重要作用吗?

所访谈的城市长寿老人们对保健食品持可有可无的态度,不很重视,也不依赖,有了就食用,没有也不刻意地去买;农村长寿老人更不在乎什么保健食品,他们认为家常饭菜更有营养。

(10)您长寿的秘诀是什么?

所访谈的长寿老人都认为自己没有什么长寿秘诀,只是和平时一样简单地生活,他们也不知道自己为何能够这么长寿,有的老人开玩笑说是"老天爷把他(她)忘记在人间了……"。

综上所述,可以发现长寿老人的一些共同特点:饮食不需要特意追求高营养,平常的家常便饭最好,例如河南夏邑的长寿老人饮食都很简单,平时十分喜爱红薯、野菜、蒲菜等蔬菜,而大鱼大肉却吃得少;讲究卫生;热爱劳动;多与人交流,了解信息,放松身心;为人豁达乐观,从不生闷气,拥有积极的良好的宽容的心态;早睡早起不赖床,多运动;等等。这些大概就是他们自己都不知道的长寿的秘诀。由此看来,人们达到长寿并不是一件非常难以做到的事,然而很多人就是做不到,其中关键的因素也许在于人们没有保持健康生活习惯的意志,经常是随心所欲、暴饮暴食、过度地赖床不起或者喜欢躺床上玩手机,从而更多地伤害了自己的身体,不利于健康长寿。

2. 对保健食品消费者的访谈纪要

调研团队成员对自己附近的经常食用保健食品的百岁老人及其儿女们进行了访谈,获得他们对保健食品的了解程度、态度、购买情况以及使用情况等。访谈内容包括11个方面,下文是消费者主要观点的归纳以及相应的评析。

①您了解保健食品的作用吗?保健食品和药品有什么不同?

所访谈的保健食品消费者大都对保健食品,不仅处于"一知半解"的状态,而且还存在着很多误解。例如,在谈到保健食品和药品的不同特点时,多数人认为保健食品和日常所吃的饭一样,可以长期食用,没有副作用,药品是不能长期吃的,"是药三分毒"。这尽管说明了二者的某些差别,但是对保健食品还存在着很多误解,可以说90%以上的保健食品消费者"不很了解"其所服用的保健食品,有的人只是"大概了解"一些,有的人则处于根本"不了解"的状态。事实上,保健食品和普通食品是有许多区别的,例如,保健食品不能像普通食品一样长期食用,否则会对食用者的肝、肾造成严重的负担;普通食品不具有保健功能,更不能宣称其具有保健功能,也不能添加仅可用于保健食品的原料,否则都是违法的。

②您吃保健食品的目的是什么?

所访谈的保健品消费者普遍认为,自己所吃的保健食品是非常有用的,能够增强身体健康,避免生病或者说减少生病。事实上,这不一定正确。如果其食用的时间过长或者量过大,同样会使其身体出现不适、甚至产生严重的疾病。

③您知道自己所吃保健食品的功效吗?

所访谈的保健食品消费者,都不能详细叙说自己所吃的保健食品的具体功能,只是大概地知道该保健食品可以增加营养、增强免疫力。有的消费者对保健食品给予了更高的期望,甚至认为它们在一定程度上超过"药品"的作用,如果感觉身体某方面有点不适,他会认为正在吃着保健食品、会好的,而不去及时去医院找医生检查和治疗。显然,这就夸大了保健食品的作用,在一定程度上是将保健食品当做药品来使用的。如果就具体作用效果进行进一步的询问,例如:A. 辅助降血压,B. 保护膝关节,C. 补肾壮阳,D. 缓解更年期综合征,E. 治疗高血压,在这五种作用效果中,哪些属于保健食品的功效?参与访谈的保健食品消费者都认为,这五项全是保健食品的功能。事实上,只有辅助降血压是属于保健功能,"保护膝关节""补肾壮阳""缓解更年期综合征""治疗高血压"则是某某药品的疗效,不是保健食品的效果。这表明,保健食品消费者对保健食品的功能还没有清晰的认识。

④您平均每月大约用多少钱买保健食品?购买保健食品的花费在您每月的总花费中所占的比例大约是多少?

一般情况下保健品都比较贵,比蔬菜米面等贵很多,所访谈的保健食品消费者每月购买保健食品的具体钱数不确定,但是,大多数消费者普遍认为他购买保健食品的花费在他每月的总花费中占绝大部分、有时候甚至达到了80%。

而且,保健食品的价格上涨速度快,所访谈的保健食品消费者大多感觉"几乎买不起了""吃不起了",但是他还是想买。少数保健食品消费者"偶尔吃",买的也是价格便宜的"一般"保健食品。

⑤您获取保健食品信息的主要渠道是什么?

参与访谈的保健食品消费者中,老人和年轻人获取保健食品信息的主要渠道不同。老人们主要从电视广告和药店推荐、超市推荐以及其子女、朋友、熟人介绍那里,获取保健食品信息;年轻人主要从网络、报纸杂志和超市推荐获悉保健食品信息。当然,也有少数消费者是从"路边广告"或参加"会议营销"获知保健食品信息。

⑥您购买保健食品时,主要考虑保健食品的哪些因素?例如保健食品的功能、安全性、价格、品牌和口碑等因素中的一种或者几种?

参与访谈的十几位保健食品消费者,他们在购买保健食品时,首先考虑的是该保健食品的效果和安全;第二,他们在意该保健食品的品牌,他们比较相信"大品牌",认为大品牌的保健食品的效果和安全性会更高;第三,他们要看该保健食品的价格和口碑,价格过高、不能承受、不能购买,价格过低,他们也会犹豫,担心该保健食品的质量是否有保障,此种情况下,他们往往以众多购买者的"口碑"作为参考。从保健食品消费者的经济状况看,那些经济条件较好的消费者,常常将品牌作为第一考虑因素,他们坚信"好货不便宜";经济条件差点的保健食品购买者,往往将价格和口碑作为第一考虑要素,他们希望"物美价廉"。

⑦购买保健食品时,您是否选择国家主管部门审批的、特有的"蓝帽子"标志的保健食品?

参与访谈的保健食品消费者中,大多数人说他在选购保健食品时,没有仔细查看是否有"蓝帽子"标志,也没有仔细查看产品的批准文号是多少,是因为"熟人"推荐或者抱着试试看的心理才购买的;也有人非常在意产品的"蓝帽子"标志和批准文号,不过占极少数;有的消费者只查看是否有"蓝帽子"标志,而没注意批准文号;有的消费者则恰好相反,仅注意批准文号,没注意到"蓝帽子"标志。

⑧您对国内的"保健食品"市场是否满意?

所访谈的消费者对我国的保健品市场,基本上持不满意态度。他们曾经买到的是普通食品,但是商家或经营者却宣称有某种功效,他们认为自己属于弱势群体,对相关保健食品了解不多,所得到的信息也是来自销售者、熟人或者网络、电视等,对自己要购买的保健食品根本不能进行较高的辨识和较准确的认知,还有可能买到假冒保健食品。相比较而言,他们更信任、更偏爱国外保健食品,而对国内保健食品认可度偏低。

⑨保健食品所采用的科技水平越高,您是否越喜欢越信任?为什么?

所访谈的保健食品消费者,大都信任高科技保健食品,因为科技的发展在生产、生活、交通、建筑等各方面已经取得的巨大成就,也让他们建立起了对科技高度信任度,所以他们认为,保健食品所采用的科技水平越高,会对人的身体健康越有更多更大的促进作用。

⑩如果您发现购买的保健食品有问题,您会寻找相关途径进行维权吗?

所访谈的消费者有较强的维护自身合法权益的意识,当保健食品出现质量问题时,他们首先"找经营者"协商解决;如果经营商不解决或者解决不了,他们会"找厂家"解决;向消费者协会进行投诉或向有关管理部门反映,是他们的最后办法。当然,如果购买的保健食品金额不大、数量不多,有的消费者也就退而求省事,"自认倒霉",算是自己花钱买教训,不再购买这类产品了或者不去该店铺购买了。

⑪在保健食品方面,您有比较具体的建议吗?

关于给保健食品的具体建议这个问题,参与访谈的保健食品消费者一致认为：他们真的有很多建议，最核心的一条就是希望我国保健食品"货真价实"。

他们还提出了一些比较可行的具体建议：首先，相关政府部门加强监督、严格执法，对于虚假宣传者给予严厉打击和制裁。例如，对于利用电视、手机短信、微信、QQ等渠道进行夸大宣传或者虚假宣传者，对于掺杂使假、鱼目混珠的经营者，对于偷工减料、假冒伪劣的生产者，应该予以经济和行政方面的双重惩罚，使他们不能也不敢再混淆视听、祸害保健食品消费者。其次是对保健食品标识标志、保健功能、类别划分等方面"严格相关法律标准"和"加大科学消费宣传"。最后，我国要研发出质量更高、价格优惠的保健食品，要提高保健食品的功效和安全性。

三、关于我国长寿及保健食品使用情况的调研讨论与建议

通过对我国长寿老人及食用保健食品的老人的访谈，通过对普通大众关于长寿和保健食品的认知及态度的调查，我们获得了丰富而可靠的信息。在对这些信息材料进行归纳概括的基础上，我们发现并提出了如下五点结论与建议，为消费保健食品的长寿老人、保健食品生产者和经营者、相关管理部门等提供一些参考或者启示。

第一，长寿是人们的普遍愿望，自古如此，如今依然。人们为了长寿，往往采取一些方式，例如保持乐观开朗的心情、适量运动、合理饮食、早睡早起、服用保健食品等，来增强身体、实现自己延年益寿的目的。但是，如果人们延年益寿的方式超过了一定的限度，就会引起一些伦理、社会和法律方面的问题。换言之，人们延年益寿的途径，如果超出了惯常的范围，特别是利用高科技保健食品，就不自觉地进入"人类增强"的领域，就会导致一系列的问题。例如，我国保健品市场出现了假冒伪劣、以次充好，哪些人能够购买高科技保健食品的问题，政府管理部门、社会科学工作者及相关科技工作者应该重视这些问题，及早采取相关策略和措

施妥善解决已经出现的问题并积极预防新问题的出现。

第二,保健食品的产生和发展既是人们延年益寿愿望的体现,也是人们研发和生产保健食品的初衷。但是,保健食品与延年益寿之间并不存在一一对应的关系,也就是说,人们食用保健食品不是一定会达到长寿的目的。目前,我国大多数保健食品消费者则往往将二者紧密联系在一起,坚持"服用保健食品一定会增长食用者寿命"或者"要长寿就要吃保健食品"的观点。人们在保健食品认知和态度上的这种误区,既会影响人们的正常生活,也会影响我国保健食品市场的正常运行。这要求保健食品行业、广告宣传行业及相关科技人员正确地、客观地、公正地宣传保健食品的功效与作用,使人们对保健食品的认知和态度更加客观、更为理性。

第三,我国保健食品市场本身存在着的一些问题,相关管理部门要加强管理和整治。各级科技管理部门、卫生部门、市场监管部门、公检法部门以及法律法规制定部门等,要积极规范保健食品的应用程序、杜绝虚假宣传、查处假冒伪劣的保健食品等,为我国保健食品的顺利发展提供良好的运营环境。

第四,保健食品消费者不可盲从,在购买某种保健食品之前,首先要明白自己为何要购买该产品:是碍于熟人朋友的面子？迫于店员或者厂家不厌其烦的推销？看到别人服用该保健食品显示出一定效果,使自己心动了？还是出于自己的某种需要？……反复思考之后,再决定是否要购买该产品;其次,要详细地了解该保健品是否符合国家规定、可能有哪些效用;再次,要权衡自己的经济承受能力、善于听取家人的合理建议等。

第五,通过服用高科技保健食品来实现延年益寿的目的,既完全不同于由于年老体弱生病的药物治疗,也有别于传统的常规的健身强体之法,究其实质应属于当代新兴科技语境下的人类增强的范围。对于这类人类增强型的延年益寿,要慎重地、理智地分别对待,既不可一刀切地全面反对,也不可完全接受、任之发展,应该在遵循知情同意原则的基础上,引导人们合理对待和使用高科技保健食品。

第三章 案例研究一:微整形科技及其应用的伦理规约

美国著名社会心理学家马斯洛在1943年提出的人类需求层次理论认为,人类的需求可按照其质量的高低以及获得满足的先后顺序分为三个阶段五个层次①。飞速发展的现代科学技术、显著提高的人们的生活水平,使得人们的关注重心已由马斯洛所言的仅仅是吃饱穿暖等温饱阶段的生理需求、安全需求转向了尊重需要、社会需要以及自我实现等更高级别的需求。特别是,高新的微整形科学技术的产生和发展,一方面,使得人们能够比以往更加注重自身的体形与相貌,对其要求愈来愈高,有人甚至在双眼皮、高鼻梁等自身容颜方面追求"细节的完美乃至极致";另一方面,为人们实现这些更高级别的需求提供了重要途径。显然,在这个已经进入制造技术并受技术控制的人类生存时代,技术化手段及其思维方式已深深融入医疗保健领域②,成为我们当今社会的不争事实。

但是,微整形科技在其发展和应用过程中,在人的健康、安全、自主和尊严等方面产生了诸多社会伦理问题,还存在着一些潜在的伦理风险。如何进行规避与防制?本章研究试图从STS(科学技术与社会关系)的视角,探求解决这些伦理难题的伦理对策,以期为微整形科技工作

---

① (美)马斯洛.动机与人格[M].许金声,等,译.北京:中国人民大学出版社,2007:45—50.
② 王新雷,王玥.健康物联网技术应用伦理难题研究[J].科技进步与对策,2019(13):125.

者、相关科技管理部门提供一定的启发和借鉴。

第一节 微整形科技的发展与应用

"20世纪90年代以后,随着材料科学的进步,以注射透明质酸和肉毒毒素为标志的注射微整形时代正式开启",微整形科技成为21世纪的一个新兴的分支学科[①],而且这些新兴微整形科技一旦产生,便迅速地被投入应用和推广,其中,注射玻尿酸、美白针、肉毒毒素等皮下微创注射和激光除皱、嫩肤、祛斑等激光手术,已成为微整形科技应用的两大主要项目。虽然目前学术界还没有对微整形(Micro-surgery)形成一个比较准确又统一的界定,但是我们根据对现有文献的分析,可以概括出它的一般内涵:微整形是从早期整形外科的一个分支——整形美容[②]发展起来的,"是通过手术使正常的器官或部位变得比正常更好、更美"[③]。具体而言,微整形采用更先进的皮下微创注射、激光手术等高科技的医疗手段,在不开刀的情况下对人身体某些"正常"的器官或部位进行微调,短时间内就能使其获得所期望的优势效果。例如黝黑皱褶的皮肤经过激光或冷冻等嫩肤去皱后变得白嫩细腻,从而使得被微整形者(以下简称为"求美者")整个人迅速变得年轻美丽、富有朝气。换言之,微整形是微创整形美容所采用的高新医疗科学技术以及利用该方面科技的相关微整形行业的概称,可用公式"微整形 = 微整形科技 + 微整形行业"简明地进

[①] 申五一.注射美容与线技术——站在微创美容之风口浪尖[J].皮肤科学通报,2018(06):611.

[②] 整形外科的另一分支是再造整形,主要对先天缺损或后天被破坏的体表器官或部位进行再造,使其达到或接近正常的形态和功能。

[③] 马负蓉,潘正英,等.整形美容现状及健康发展对策[J].中国美容医学,2011,20(11):1810—1811.

行表示。

　　微整形科技的发展和应用使整形美容外科走向了具有微创、风险较小、效果显著、花费低、恢复期短等优点的微整形阶段,切合当前快节奏生活,人们甚至利用午休时间即可完成某项微整形,而不会影响或耽误其正常的学习和工作。① 这使得微整形更加受到广大求美者和美容医师的青睐。我国2000年进行的第五次人口普查的统计资料已经显示,"全国医疗美容整形微整形女性目标消费群总数约为9000万人",②"目前我国已经超越韩国,成为继美国和巴西之后的第三大美容整形大国,每年平均有105万人次的整形美容手术"。③ 相较于整形美容,微整形更迅速、更安全、更有效,有着超乎想象的市场和发展空间。尽管如此,这些高新的微整形科技还是一把"双刃剑",其发展和应用给求美者带来的不仅是机遇与福祉,反观其运行历程,仍存在着些许风险和弊端:微整形求美者遭受毁容、伤残甚至死亡的案例时常发生,相关的伦理社会问题亦频频出现。这些负面效应不仅有碍于微整形发展,而且不利于社会的安定和谐。因此,有必要考察和剖析微整形应该遵循的伦理规范,以防止其种种弊端和诸多伦理失范现象的出现,促进其健康运行。本章研究主要从健康安全性、人道尊严性、社会规范性三个伦理向度,论证并确立微整形应当注重并遵循的三大伦理规约。

---

① 微整形因此又被称为"午休整形"。
② 姚嫣.杭州S整形医院营销战略研究[D].杭州:浙江工业大学,2014:1.
③ 肖武,秦佳明.微整形:不能成为监管盲区[N].四川法制报,2015-10-29(008).

第二节　确保求美者身体健康与安全
——微整形的奠基性伦理规约

一、微整形的"非医疗性"目的与人健康安全的基本需求相一致

尽管微整形科技也可用于再造整形领域,对先天缺损或后天被破坏的体表器官或部位进行治疗或者矫正,例如采用微整形手术治疗鼻中隔偏曲合并歪鼻[1]、慢性乳腺炎[2],比传统的手术更有优势,但是,相较于再造整形,微整形是有更高美学要求的美容性整形,其目的不在于要修复身体上的缺陷或畸形等医学目的,而是要获得"比正常更好、更美"的靓丽外貌或更强的个人自信感等"非医疗性"目的。也就是说,微整形与一般的具有治疗目的的医疗手段不同,其要对求美者身体"正常"器官或部位进行操作并使该求美者获得他人所不具有的优势;而健康又是人体器官或部位"正常"的首要要求和重要标志,换言之,微整形的"非医疗性"目的恰好体现了求美者健康安全的基本需求。因此,保持求美者的健康安全应是微整形理所当然的责任和义务,微整形须将健康安全作为其遵循的首要伦理规约,并贯穿于其发展过程的始终。

健康概念最基本的含义是"无病",即人的自然身躯没有疾病、正常运行。随着科技的发展和人类认识的提高,人们这种传统的"无病即健康"的健康观念不断得到了扩展和深化,"健康不仅为疾病或羸弱之消

---

[1] 仝屹峰,张楠楠,张欣然,等.鼻中隔偏曲合并歪鼻的微整形手术治疗方法探讨[J].临床耳鼻咽喉头颈外科杂志,2018,32(06):462—464.

[2] 杨敏,曾智豪,张安秦.慢性乳腺炎微整形手术和传统手术对患者心理状态的影响分析[J].中国现代药物应用,2018,12(20):44—45.

除,而系体格、精神与社会之完全健康状态",[1]只有那些躯体健康、心理健康并且有良好的社会适应能力的人才是完全健康的人[2]。这三个方面相互关联、相辅相成,人的躯体健康能够为其形成良好的心理和社会适应能力奠定基础,良好的心理能够促进其躯体更加健康,"一种美好的心情,比十服良药更能解除生理上的疲惫和痛楚",而且有助于其提高自己的社会适应能力。当然,人的社会适应能力强,也反映了其心理状态良好,能够更好地保障和促进其躯体健康。换言之,健康是人身体各种功能处于健全完美状态的显现,即身体德性的外在表现,而且,作为身体德性外在显现的健康"既是医学逻各斯的伦理法则,又是正价值的归约性概念,疾病则与之相反"。[3] 如果人某方面的健康受损,以此健康为基础的各项活动就会受到限制或者完全丧失,从而大大降低了人的生命质量和价值,其生活、学习、工作、家庭乃至社会关系等方面都会受到影响。这就是健康、疾病与伦理三者之间存在的错综复杂关系。微整形不同于平常的、普通的治病救人的医疗行为,它是以超越治疗疾病阶段的健康阶段为起点来优化健康、疾病与伦理三者之间关系的新兴医疗领域,更加凸显个人意愿,促进求美者身体更健康、正常部位更美好。因此,微整形必须遵循确保求美者身体健康安全的伦理原则,以保持求美者的被整形部位的健康安全为起点,使得求美者在进行微整形手术后安全无副效应、无后遗症,也不会产生损害其他健康部位的并发症,进而增强求美者的心理健康和社会适应能力。

二、微整形潜在的健康安全风险迫使为其确立健康安全底线伦理规约

在医学领域中,健康是与疾病相对的概念,安全常表示药品试剂、医

---

[1] 苏静静,张大庆. 世界卫生组织健康定义的历史源流探究[J]. 中国科技史杂志,2016,37(04):485—496.
[2] 冯烨. 基于纳米技术的人类增强的哲学探索[D]. 大连:大连理工大学,2012:26.
[3] 任丑. 身体伦理的基本问题——健康、疾病与伦理的关系[J]. 世界哲学,2014(03):149.

疗器械以及手术操作等不给患者带来意外的伤害,"健康安全"常常合在一起使用,以突出强调"防止工作或环境中某些因素对人身体机能的损伤、保障其身体健康的重要性"。预防健康安全风险是医疗系统的首要职责与基本目的,作为医疗系统组成部分的微整形,其所采用的各项科技手段和途径必须具有安全有效性。然而,考察微整形的应用实例不难发现:微整形并未像某些媒体、整形美容机构、美容医生或者朋友熟人等所宣传的那样"绝对安全和高效率",而是存在着诸多健康安全隐患,出现了诸如左右脸不对称[①]、视功能障碍[②]、四肢瘫痪[③]等求美者健康受损,甚至死亡[④]的现象,维权事件频发。导致微整形健康安全问题的有管理不严格、行业缺乏规范性、人的认知能力不足等多方面因素,其中微整形科技及其应用的不成熟是主导因素。

其一,所使用的药品制剂、技术操作途径本身并非完全安全可靠,给求美者带来健康安全风险。例如,微整形所采用的注射美容技术、埋线技术、光电美容技术以及内窥镜技术等,每一种技术手段目前都还存在着自身的局限性,都会给求美者带来健康风险。一些美容医师为了降低健康风险,将两种微整形手段联合使用,以实现"1+1>2"的优势互补效果,例如,张璜峰研究了将瘦脸针联合玻尿酸对面下部重塑微整形术,以获得"缩短治疗时间、减少不良反应"的临床效果[⑤],但是如何将其联合以及在何种情况下联合使用还处于研究和探索阶段,这其中仍存在不容忽

[①] 罗政,王井怀,张紫赟.非法微整形机构竟成毁脸基地[N].经济参考报,2015-11-13(023).

[②] 王志立,陈晓,李磊,等.透明质酸面部微整形致视功能障碍的临床观察[J].眼科新进展,2018,38(11):1085—1088.

[③] 王家乐.活蹦乱跳的姑娘一夜间坐上轮椅,只因一个优惠促销[EB/OL].(2016-11-22).钱江晚报,https://inews.ifeng.com/50246713/news.shtml.

[④] 云岩区卫计局.19岁女孩隆鼻死亡 官方回应[EB/OL].(2019-01-7).观察者网,https://baijiahao.baidu.com/s?id=1621957347823108937.

[⑤] 张璜峰.瘦脸针联合玻尿酸对面下部重塑微整形术的临床效果[J].皮肤病与性病,2018,40(03):404—405.

视的健康风险。微整形注射和填充的材料也存在健康风险,例如"在隆鼻、除皱等微整形方面所使用的面部注射物主要是透明质酸(玻尿酸)、自体脂肪和硅胶蛋白,尽管这类产品具有一定的安全性,但并发症也时有发生,视功能障碍就是其严重的并发症之一"。[①] 此外,有一些求美者和美容医师对所谓的"国外技术"过度依赖,而不认真考察这些技术是否真正得到相关机构的认可,使得大部分没有得到认可的所谓"新技术"充当了把求美者当成实验小白鼠的冠冕堂皇的幌子,其中潜在的健康风险不言而喻。

其二,微整形医师的手法不当,也会导致消费者健康受损。美容医师对所操作的那部分人体器官的解剖结构的认知水平、操作技巧的掌握程度,是否正确把握适应证和禁忌证,以及是否滥用微整形药品或器材等,都会影响微整形技术手段的正确运用,大部分微整形并发症也正是由"非医务人员和没有经过专业培训的医生"的极不规范操作导致的[②]。求美者可以通过选择专业的微整形机构、正规的产品和专业的医生等方式尽可能地降低风险,但并不能完全排除微整形的健康风险,也不能预防其潜在后遗症的出现。

爱美之心人皆有之,在保持求美者健康与安全、不损害他人利益的前提下,通过微整形来提高自己的颜值,人们无需按照自己的喜好厌恶观点对其进行厚非褒贬。但是仅仅为了外在的形体相貌美丽,而不顾健康安全,甚至不惜以牺牲其健康为代价的这类微整形,则犹如削足适履,其面临的趋势必然是被人们所诟病和遗弃。根据罗尔斯《正义论》理论,健康是人的一种基本善品(primary good),与生命、尊严、自由、机会、财富

[①] 王志立,陈晓,李磊,等. 透明质酸面部微整形致视功能障碍的临床观察[J]. 眼科新进展,2018,38(11):1085—1088.
[②] 申五一. 注射美容与线技术——站在微创美容之风口浪尖[J]. 皮肤科学通报,2018(06):611.

一样,是人生存和发展的必要条件;从身体德性的角度看,身体德性"是身体功能的完善,包括身体各项功能的正常运行,各项活动的自由舒展,整个的生命系统处于一种有机和谐的状态"①,因此,身体德性是健康价值的内在根据,"即使不性感但健康而充满活力和个性的身体也是可以自信并愉快接纳的"②。微整形科技的安全性匮乏或者滥用,都会使求美者的基本善品——健康受损,严重的还会危及其生命,从而降低了他们的身体德性,侵犯了他们的生命健康权。这些损伤求美者健康安全的事例,从反面力证了微整形遵循健康安全伦理规约对其存在和发展的奠基性作用。所以,微整形须以保障求美者的健康安全为首要任务,不断提高微整形科技水平和微整形医师的操作准确度,尽快克服和消除各种健康安全隐患。美国整形外科医生协会(ASPS)和美国美容整形外科学会(ASAPS)提出,应遵循一套将安全性和有效性置于市场优势之上的联合道德准则,并在所有情况下寻求将求美者风险最小化的措施。③

第三节 尊重求美者的人道尊严
——微整形的目标性伦理规约

人作为自然界的高级生物,其生存方式不同于其他生物,人不仅要活着而且要"有尊严地活着",因为人有"人之为人"的人道特性,即人的基因组成、人的第二信号神经系统、人的理性与自由意志等是人区别于

---

① 黎松.身体德性:人体整形技术的可能契机[J].云南社会科学,2015(06):48.
② 程新宇.女性的身体和女性的尊严——医学整形美容的伦理省思[J].华中科技大学学报,2014,28(02):122.
③ ASPS/ASAPS Advisory. Injectables and fillers: legal and regulatory risk management issues [J]. Plastic & Reconstructive Surgery,2006,118(3 Suppl):132S.

其他生物的特性,以及以此为基础的独特的鲜活个人所结成的伦理等级关系。这使得每个个体的人拥有"人的尊严",且该尊严是在人道的基础上得以确定和体现的。在此,不妨用"人道尊严"称之,以求更确切表示医学伦理对尊严的关照。人道尊严包括人的生命尊严和人的社会尊严两个相互依赖相互促进的组成部分。不论是以儒家为代表的中国传统文化,还是西方影响甚广的基督教文化,都把人作为高贵的动物、作为万物之灵,也正是源于人的尊严。作为提升人体美的微整形,提升人的人道尊严是其根本的也是最终的、最高的目的。因此,微整形应该将"尊重人道尊严"确立为目标伦理规约加以贯彻执行。

一、维护求美者的生命尊严是微整形的基本目标伦理规约

人的生命尊严是指"处在生活状态的个人生命"所享有的尊严,其在性质和程度上既强于或者浓于其他生物物种的生命尊严,也不同于人潜在的生命形式(胚胎)和生命完结以后的肉体(尸体)的生命尊严。"人的胚胎和尸体也有一定的尊严,这种尊严是人的尊严的适当延伸,但其程度也不可与人的生命尊严相提并论。"[①]人的生命尊严是人的最为基础的人道尊严,不管人的种族、性别、身体健全状况、遗传独特性、智力、体能等自然方面的差异有多大,也不论人在品德、思想、职业、政治立场、经济地位、社会关系等社会方面有何不同,都拥有相对于动物的、相同的、起码的生命尊严,即"每个人立足于自己的人格而与他人平等地拥有的对于动物或其他事物的等级上的高贵性或不可等同性"[②]。

每一个人都是大自然的幸运儿,都有存在的理由,都享有不可剥夺的生命尊严,人也因自己的生命尊严而在国家和社会上享有维护和保障自己生命尊严的生命权,这是人生存和发展的最基本的权利,是人的健

[①] 韩跃红,孙书行. 人的尊严和生命的尊严释义[J]. 哲学研究,2006(3):65.
[②] 邓晓芒. 关于人类尊严的思考[J]. 读书,2019(07):106—114.

康权、财产权、自由权等其他一切权利的基础,任何人不得随意侵犯或者非法剥夺。国家、社会以及各项技术手段应该维护和保障人的生命权,微整形也不例外。法国学者阿尔贝特·史怀泽将是否保存和促进生命作为评判道德善恶的标准,"保存生命、促进生命,使可发展的生命实现其最高的价值"便是善,"毁灭生命、伤害生命,压制生命的发展"便是恶,敬畏生命是实现善的根本手段,承认任何一种生命的生命意志都是平等的、神圣不可侵犯的,人对所有生命担负着道德责任[1]。按照史怀泽的观点,人们对人的生命更应该怀有敬畏和尊重之情。生命伦理学为此设立了不伤害原则和有利原则等一些人们应该遵守的伦理原则,以进一步保障人的生命不被伤害、人的生命尊严不被践踏。微整形以人的身体为研究和操作的根本对象,应在人体健康的限度内"重塑容貌美和形体美、改善生理功能、促进心理健康"[2],微整形医师要敬畏人的生命、不得伤害或者践踏,否则,就是对人的生命尊严的侵犯与否定,是严重的道德恶。

总之,维护和增进人的生命尊严,是微整形所要践行的最基本的目的。少数导致求美者死亡的微整形不仅侵犯了求美者的生命权,更是对其生命尊严的忽视和践踏,应受到法律的制裁和道德的谴责;那些危害人体健康的微整形,会降低求美者生命的质量和价值,还会进一步危及求美者生命存在的久暂,其实质是对生命尊严的否定,必将被淘汰。

二、增进求美者的社会尊严是微整形的高级目标伦理规约

人道尊严的另一重要组成部分是人的社会尊严。人的社会尊严以其生命尊严为基础,但在某些特定情况下,维护人的社会尊严比生命尊

---

[1] (法)阿尔贝特·施韦泽.敬畏生命:五十年来的基本论述[M].陈泽环,译.上海:上海人民出版社,2017:8.
[2] 申五一.注射美容与线技术——站在微创美容之风口浪尖[J].皮肤科学通报,2018(06):611.

严更重要。"生亦我所欲,所欲有甚于生者,故不为苟得也;死亦我所恶,所恶有甚于死者,故患有所不辟也……非独贤者有是心也,人皆有之,贤者能勿丧耳。一箪食,一豆羹,得之则生,弗得则死。呼尔而与之,行道之人弗受;蹴尔而与之,乞人不屑也。"①孟子在《孟子·告子上》的《鱼我所欲也》中明确表明人的社会尊严在人的社会生活中扮演着更为重要的角色,为了维护自己的社会尊严,宁可饿死,也不受嗟来之食。

人不仅仅是生物性的存在,更是理性的、社会性的存在,人"就是表示有理性和自我意识的存在者"②,理性使仅仅是生物的自然人具有社会性、道德性。人的社会尊严是人作为理性的社会人应该自尊和受到他人的尊重。作为个体的每个人,都有自己独立的人格和尊严,"你的行动,要把你自己人身中的人性,和其他人人身中的人性,在任何时候都同样看作是目的,永远不能只看作是手段"③。这使得人的社会尊严在个体层面体现为独立、自主和不受威胁,在社会层面体现为平等、公正和不被蔑视。人的社会尊严获得社会的认可和国家法律的保护,同样不容侵犯。生命伦理学的诸多原则也旨在维护和增进人的社会尊严,促进其在社会生活中得以实现。例如,公正原则是对人社会尊严的肯定,要求每一个人都不被歧视,既要得到平等的对待也要平等地对待他人;知情同意原则是对他人尊严的维护,要求做出某项决定之前要征询别人的同意而不能擅自决定。微整形在维护和促进人的生命尊严的基础上,更重要的是发挥、提升人的社会尊严的作用。事实上,绝大多数求美者进行微整形的目的,例如微整形隆鼻,不是满足生理需求,因为不高、扁平的鼻梁并不影响其呼吸新鲜空气,而是要获得良好的自我感觉心理和更高的社会认可度。其一,微整形可以提高艺术、媒体以及销售等人的工作业绩。

---

① 丁春生. 四书五经(第二卷)[M]. 呼和浩特:内蒙古人民出版社,2002:253.
② (美)彼得·辛格. 实践伦理学[M]. 刘莘,译. 北京:东方出版社,2005:85.
③ (德)康德. 道德形而上学原理[M]. 田力苗,译. 上海:上海人民出版社,1986:81.

某些艺术工作者、媒体工作者、网络直播达人等选择微整形使自己的外貌更加精致、更加完美,来提高自己在观众心目中的形象和工作业绩;一些淘宝商家通过开直播来赢取更多关注、吸引更多粉丝,从而增进自己的销售业绩,成功的关键在于其拥有"得益于微整形"的网红外貌,微整形让她们变美之后,她们可以利用自己的外貌来做直播、成为受欢迎的"网红",从而使她们幕后的拍摄淘宝图片、修图、发广告等大量工作获得了回报。其二,微整形可以使普通大众在竞争中获得优势。对于两个水平相当的普通大众,在公关、前台接待等一些比较注重形象的职位竞聘中,外貌更加出众的那一位被录用的概率就更大一些,所以通过微整形美化自己外貌的同时也就增加了获得职位的机会。其三,微整形可以改善人的性格乃至其生活态度。从心理学角度看,外貌出众的人往往更加自信,相貌平平或不完美者则比较自卑,微整形恰好可以将其相貌修复得别具一格,甚至完美,使自卑者在获得相貌自信的基础上,再通过各种历练而逐渐获得内在的自信感。微整形可让性格内向者变得活泼开朗,可使性格外向者更善于人际交往,也更容易得到别人的帮助和信任,进而增强了她们对生活的热爱。

显然,微整形能够让求美者获得"最能使人高尚起来,使他的活动和他的一切努力具有崇高品质的东西,就是使他无可非议,受到众人钦佩并高于众人之上的东西",即获得她/他的社会尊严①。但是,一旦微整形不当或者出现并发症,或者失败,或者被滥用等,求美者的个人形象不仅得不到提升,反而遭到贬毁,其社会尊严随之降低,严重的还会危及其生命尊严与生命安全。"而且你要明白,微整形……有风险,一旦失败,这个后果你是否有强大的内心和能力承担。"例如,本来漂亮活泼的小曼微整形后却整天闷在家里不愿出门,因为"双眼皮埋线"和"注射瘦脸针"两

---

① 许庆朴,郑祥福,周庆行. 马克思主义原著选读[M]. 北京:高等教育出版社,1999:5.

第三章 案例研究一：微整形科技及其应用的伦理规约

项微调手术不仅没有让她"富有古典气息的细长眼睛"变成"动漫人物一般水灵灵的大眼睛"，而且出现的是一双差别明显的"大小眼"。[①] 本来想在儿子婚礼上美美出场的张女士却因微整形出了丑，面部肌肉僵硬的"僵尸脸"毫无表情，令亲戚朋友也很尴尬[②]。安徽的王丽丽无法忍受微整形失败带来的面部丑态而留下遗书跳楼自杀，结束了她23岁的年轻生命[③]。微整形失败或导致的并发症，致使求美者有失颜面、担心被嘲笑而不愿出门或者带着面罩出门，严重降低了求美者的社会尊严，乃至威胁到其生命尊严和生命安全。

此外，微整形改变的只是求美者外在的体形与相貌，不能改变其内在的基因，当求美者本来"丑"的状况在下一代展现并且不被家人所接受时，求美者及其家人的尊严都会遭遇到极大的贬损乃至丧失。安徽卫视早前报道了一男子因孩子"丑得不可思议"将妻子告上法庭的案例，其妻在法庭上才坦白自己在他们认识之前曾花费约62.6万元进行整容，该男子认为其妻子从未提及美容事宜，自己受到了极大的欺骗，法院准许了他离婚和75万元赔偿的要求。[④]

综上所述，不论微整形是否成功，都关系到求美者的颜面，关乎求美者的人道尊严能否得到保障或提升。这反过来又迫切要求微整形恪尽职守，将促进和提升求美者的人道尊严作为自身存在和发展的目标所在。

[①] 张静雅.微整形，美了你还是毁了你？[J].婚姻与家庭,2015(09):13—14.
[②] 程石.勿让"微整形"变成"危整形"[N].牡丹江日报,2015-10-15(005).
[③] 刘贇."微整形"捞金没那么简单[J].检察风云,2016(02):44—45.
[④] 女儿丑得不可思议，男子以妻子太丑为由，将其告上法庭，离奇的是还打赢了官司[EB/OL].(2020-05-19).https://www.sohu.com/a/396148988_100159331.

第四节 遵循良好的社会规范
——微整形的保障性伦理规约

微整形能否增进人的健康、提高人的尊严,除了与其本身内在的科技安全性直接相关之外,外在的社会规范对其的制约程度也是至关重要的因素。如果微整形的社会规范缺乏或者不健全或者形同虚设,即使存在同样的微整形科技条件,微整形也如脱缰之马,能否发挥作用、如何发挥作用以及向何方向发展等,人们都难以进行合理的把控。反观微整形在我国近三十年的历程,虽然带来了相关新兴市场的繁荣,但是由于缺乏相应的社会规范,微整形领域出现了许多事与愿违的事情,例如原价十几元的美白针售价上千元;黑作坊制作伪劣针剂产品;[1]一些美容院、私人美容会所等微整形店面无证经营或超范围经营微整形项目;[2]无证上岗的微整"专家"纷纷出笼[3],珠海一名25岁女子就是听信了熟人推荐并到"自称从韩国进修美容归来的朋友家中注射玻尿酸",结果导致右眼视网膜中央动脉堵塞、右眼失明[4]。微整形领域出现的诸如此类问题破坏了原有的市场秩序,降低了大众对微整形的信任。俗话说:不以规矩不能成方圆。要防止微整形出现偏差,保障其在合法合理合规的方向上健康运行,除了要有相应的法律法规政策制度进行管制之外,还要使其受到行业规范、社会认同等社会规范的制约。良好的社会规范是微整形应遵循的保障伦理规约,下面从微整形从业方和消费方的角度探索其应

---

[1] 李孟. 安全存隐患 微整形或沦为"危整形"[N]. 中国商报,2017-06-21(P03).
[2] 医美行业乱象丛生"黑美容院"频现欺诈行为[J]. 中国防伪报道,2018(12):54—55.
[3] 微整形频毁容:违禁药充玻尿酸 三无人员非法行医[J]. 广西质量监督导报,2016(04):53—54.
[4] 郭元鹏. 微整形变"危整形"三大隐患不容忽视[N]. 中国商报,2018-05-23(P02).

具备的社会规范。

一、微整形美容机构等微整形从业方的行业伦理准则

微整形从业方不仅仅是直接从事微整形操作的微整形美容机构、微整形培训机构,还包括微整形宣传机构,以及微整形制剂、药品、器材等的生产和销售单位。从业方在严格按照国家的相关法律法规进行营业的前提下,还必须遵循相关的行业伦理规范。

微整形美容机构在获得市场监管部门颁发的《医疗机构执业许可证》等营业执照后,应以"仁心仁术"作为自己守德从业的总的指导原则,并在营业过程的各个环节贯彻落实,成为受求美者信任和赞赏的"良心"企业。为此,首先要保障微整形所需设备合格、齐全,提供无菌的微整形操作环境等。其次,打造一支技术精湛、品德高尚的微整形医师队伍。微整形医师不仅需要具备相应的从业资格,例如具备"医师执业资格证书"和"整形美容外科医师执业证书"等,而且要有高度的职业责任感和社会责任感,本着精益求精的精神做好本职工作。同时,微整形从业人员要积极向各级卫生、市场监管、公安等相关部门举报那些非法微整形从业者,例如以护肤、化妆、形象设计或美体等项目为幌子,没有"医疗机构执业许可证"却暗自从事注射美白针、美下颌、除皱等微整形项目的生活美容馆或私人会所,高价出售微整形制剂或器材的、生产假冒伪劣产品的、低价位吸引消费者的不良商家,以及虚假广告发布者,等等,与执法人员一道共同打击非法从业者,净化微整形市场环境。最后,建立人性化的微整形程序。例如,在实施某项微整形前,除对所要使用的器械进行消毒处理外,还要详细了解求美者的相关身体和心理状况,根据其具体情况给出是否适合进行某项微整形的中肯建议,并遵循知情同意原则,告知求美者该项微整形的优缺点以及可能风险、所用药品器材的厂家及批号等;如果求美者是青少年,不论其是否超过法定同意年龄,微整

形医师应该在其父母在场的情况下进行咨询。"在父母指导的知情同意,可以冷静地重新思考,这是至关重要的。"①在微整形进行过程中,要精细操作、使用合格产品,杜绝自配药品,不可偷梁换柱使用假药等;微整形后要给消费者开具正规发票,并建立终身跟踪服务档案,便于及时接纳反馈信息、化解风险。

微整形培训机构严格按照章程进行培训,杜绝"十天"甚至更短的速成"微整专家""微整大师"出现;微整形宣传机构,包括微整形商家以及微信、微博、博客、抖音、小红书等新媒体,还有电视、广播等传统媒体,以及街边、地铁等的微整形广告,要做好正确的引导和宣传,实事求是,不可过分夸大效果,诱惑消费者,也不能利用"韩潮、韩流文化、韩流时尚"在年轻一代中的热度,吹嘘所谓的"韩式整形",误导消费者。

微整形药品器材等的生产和销售各单位都要把好质量关,严格按照各项产品质量要求进行生产和销售,绝不可投机取巧、假冒伪劣、以次充好,对不合格产品进行销毁,确保其产品合格、价格合理,促进微整形市场的良性循环。

二、微整形求美者、家长等消费方须遵循的社会规范

首先,求美者作为消费方,对微整形行业、微整形技术原理、相关产品的质量与用法等所知甚少,往往处于被动地位,只有尽可能地寻求信息对称,才能避免盲目、做一个理性的消费者。求美者要多向权威机构、专家请教,查阅相关网站等,尽可能多地获取有关微整形的信息,在比较甄别之后做出理性选择,不可轻信商家的宣传、熟人或朋友的介绍,或者微博、微信、朋友圈等虚假、夸大、诱人的宣传和拉拢,也不传播虚假言论。

---

① Kuldeep Singh. Cosmetic surgery in teenagers: To do or not to do[J]. Journal of Cutaneous and Aesthetic Sur-Gery,2015(1):57.

其次,求美者要完善和提高自己的相关就医意识和观念,自觉抵抗低廉价格的诱惑,选择正规的医疗美容整形机构,走正规渠道、寻求权威专家,不能贪图价格便宜而选择资质低、能力弱的美容馆或者使用非正规微整形注射药物及器材,给自己的微整形之路架上第二道安全屏障。

再次,任何事物都有度的界限,微整形亦是如此,求美者还要遵循"社会认同"规范。尽管求美者的"自愿原则"是微整形遵循的主要原则之一,每个人理解幸福和享受快感的方式迥异,某些面容体貌本就姣好出众的人还要进行微整形也无可厚非,但是一定不要忽视"社会适度"这一点。超过了社会适度,不仅得不到社会认同,反而起反作用。那些"整"得好看却没有辨识度的千篇一律的"网红脸",得不到社会的同等认可,更引起了人们的厌恶;更有所谓的"蛇精女"和"蛇精男"[①],遭到人们的贬低和歧视。可见,求美者不可盲目追风,把握好所在社会的"认同"度,是其微整形得到社会认可的关键。

最后,微整形不仅是求美者个人私事,还涉及家长、爱人等的态度,求美者不能隐瞒,微整形前要与家长或爱人沟通,或者在微整形后及时坦诚、公开,寻求支持,至少不被反对,否则,同样会引起社会伦理法律纠纷。成都李女士因一家整形医院在其不知情的情况下给她17岁未成年女儿做了脸部微整形手术,而向该整形医院提出索赔[②]。

微整形从业方和消费方应严格遵守各自的伦理规范,而且应彼此促进、相互协同建立完善的良好伦理规范体系,并由此形成公正、民主、透明的良性微整形环境。否则,就会导致某些社会伦理问题的出现。例如,安徽王丽丽事件之所以发生,既有私人美容会所无证经营、微整形操

[①] 蛇精男女都要称作最美蛇精……三观毁尽了[EB/OL].(2017-04-09).北青网,https://baijiahao.baidu.com/s? id=1564204243387637&wfr=spider&for=pc.

[②] 盛月,权娟.用不拼颜值让未成年人远离"微整形"[EB/OL].(2016-02-18).人民网,http://health.people.com.cn/gb/n1/2016/1127/c408568-28898670.html.

作者没有遵循从业规范等从业方违背行业伦理规范,更有求美者本人轻信宣传者朋友圈散发虚假微整信息等消费方无视或践踏"诚实守信"社会伦理规范等多方因素。微整形从业方和求美者消费方应彼此促进、相互协同,建立比较完善的社会规范,并由此形成公正、民主、透明的良性环境,保障、制约、引导微整形在健康持续发展的轨道上运行,更好地惠益公众。

第五节 三大伦理规约协同规制微整形

微整形是一系列新兴的医疗科技及其转化应用的综合性系统工程的概称,和其他科技成果一样,自然呈现出利弊兼具、善恶并存的两面性,既可以美化人的外表、令人年轻化而延长其工作时间、提高其工作效率、改善其生活态度等,也会对求美者的经济利益、健康、亲情、爱情等造成损失,还可能导致其人格和尊严的降低,甚至生命的丧失。尽管微整形导致的一些问题和弊端事后得到了应有的惩戒,例如安徽王丽丽事件中的无证"微整形专家"陈秀娟被逮捕、判刑并处以罚金,但是,这"亡羊补牢式"的事后惩戒不如事前的"预警"措施更能促进微整形趋利避害、扬善除恶,所以,对其进行"防患于未然"的伦理规制便显得尤为重要。确保求美者身体的健康与安全,这一伦理规约能够引导微整形把求美者的健康安全放在首要位置,并提前规避或者化解健康安全风险,是微整形顺利进行的前提和基础;尊重求美者的生命尊严和社会尊严,这一伦理规约又为微整形指明了存在和发展的目标,避免误入歧途;遵循良好的伦理规范,这一伦理规约则为微整形具体操作的顺利实施提供了原则性保障。奠基性、目标性、保障性三大伦理规约是从三个不同的方面或者角度对微整形进行规制,它们相互协同,不仅能够预防一些伦理风险的发生或者将某些可能出现的伦理问题提前化解,不断提高其伦理可接受度,而且能够促进微整形在健康持续发展的轨道上运行,产生更大的社会效益。鉴于此,建议科技管理有关部门在制定相关的管理策略时,将伦理对策纳入其中,与相关的法律法规、行政制度刚柔并济、相得益彰,发挥更大的科学合理的管理效用。

随着人们物质生活水平的日益提高、思想观念的愈发开明,微整形科技的不断成熟和完善,微整形科技的应用逐渐普遍化——由最初的一些明星整容到爱美男女的追星和效仿,再到微整形目前已经被大众所接受;全社会对微整过的求美者的态度,不再是鄙视、排斥、攻击、道德谴责,而是给予更多的宽容与欣赏;而且,越来越多的人士加入微整形大军之中,去追求自己高级需要的实现。展望未来,微整形的健康安全、人道尊严、社会规范等相应的伦理规约,将在微整形的发展和应用中预防一些伦理风险的发生或者将某些可能出现的伦理问题提前化解,从而不断提高微整形的伦理可接受度,促进其产生更大的社会效益。

须补充说明和提醒的是:尽管微整形能够使求美者受益颇多,但是微整形绝对不是人们通往成功的一条捷径,人们要理性地对待之,因为一切成就的背后都有百倍努力的付出,微整形只是提供了某个外界条件而已。一个因微整形提高颜值而被某公司录用的人,如果没有真才实学,不是自己无法胜任工作主动辞职,就是很快被公司辞退。如何提高自己的智慧、才能和情商,才是人们所要做的重要事情,因为杰出的智慧、卓越的能力和高尚的情操是人在社会上立足的坚强后盾和不绝源泉。

第四章　案例研究二：基因增强社会层化的伦理风险及防治

当代新兴生物科学与工程技术,特别是胚胎植入前诊断技术、基因编辑技术的迅速发展,为基因增强的发展和应用提供了基础和前提。基因增强能够使人们所想象或设想的一些美好愿望逐渐成为现实,但与此同时,其可能在人的尊严、自主和身份等方面带来显著的社会伦理问题,这引起了国内外学者们的高度关注。而随着基因增强发展和应用范围的扩大,人体基因的社会层化加剧加大,以基因优劣为标准来区分和评判个人的观点和态度已经在社会上悄然扩散,进而导致相应于基因社会层化的人群社会层化现象以及一系列伦理社会风险,对基因增强技术和人类社会的发展造成危害。因此,从哲学的视角,对基因增强及其相关的社会层化,以及可能导致的主要风险与调控措施进行前瞻性研究,对于及早采取防控策略、消解风险、促进基因增强造福于人类非常必要。

第一节　基因增强及其社会层化

基因增强是人们利用某些新兴基因技术"操纵、消除或者合并成人体细胞或者其生殖细胞系特定"基因或者染色体的数量、形态、结构[①],从而改善或者提高人自身身体某些功能的一类医学技术手段的统称。因此,基因增强是基因增强技术的简称,其目的不是治疗疾病,而在于塑造被增强者的体能、智能、外貌等,使其比同时期的正常人更优越。从广义的角度,可以将基因增强分为两大类。其一是治疗性基因增强,该增强通过改善某些致病基因,不仅预防或者治疗某种疾病,而且使患者获得了超越健康之上的优势。例如,白化病患者的眼睛、毛发、皮肤色素减退或者缺乏,常为银白色或淡黄色,眼球震颤、畏光、视力低下,如果某白化病患者经过基因治疗后,其发色、肤色、视力等恢复正常,而且获得了令人羡慕的发色或者肤色或者强光下的超常视力等,此即为超越治疗的治疗性基因增强。其二是增强性基因增强,该增强是在当前人类正常的健康状况基础上所进行的,其目的是获得目前人类健康水平之上的健康或者其他优越的能力。假如某位视力正常者通过基因增强获得了5.0以上的远视或者夜视的功能,那么该增强就是增强性基因增强。狭义的基因增强仅指增强性基因增强,大多数学者是在狭义的意义上使用基因增强概念的,本章研究采用的是广义基因增强概念,包括治疗性基因增强和增强性基因增强。

基因增强被应用于具有"非治疗性目的"的个人,来提高其身体功能,并为其"可能随之而来的用整体快乐、成功和幸福来表示的生活品质的提高提供了前所未有的能力"[②],例如注意力持续时间和记忆容量的增加,将在相对广泛的范围内促进被增强者对其人生进行美好构想与规划。这一方面表明,基因增强在增进健康乐趣、情感幸福和智力高涨等

---

① Macpherson I., Roqué M. V., Segarra I.. Ethical Challenges of Germline Genetic Enhancement[J]. Frontiers in Genetics, 2019(10):2.
② Rothenfluch S. Defeaters to best interests reasoning in genetic enhancement[J]. Philosophical Studies, 2017:2845—2869.

方面都对人们有强大的吸引力;另一方面也揭示出该现象背后的不容忽视的本质因素——人的基因是不平等的,存在着社会层化现象。基因被人们区分为不同的层次,即在人们的价值观念中,人的众多基因有优劣高低贵贱之分,一般可归纳为缺陷基因、正常基因和优势基因三大层次。人们将基因进行这种区分,源于两方面的原因,其一是基于基因与人体健康之间关系的片面认识:"分子生物学,特别是分子遗传学的蓬勃发展使人们认识到基因的改变可以导致人类遗传性疾病的发生"[1],于是,那些使人的健康受损的基因被人们视为"缺陷基因",那些保持人体健康功能的基因被人们视为"正常基因",那些使人获得健康之上功能的基因被人们视为"优势基因"。例如导致色盲或色弱等疾病的基因与正常视觉、超常视觉的基因属于不同的基因层次。其二是基于社会大众的除健康之外的其他主流价值需求:能够满足社会大众需求的,就得到人们的特别重视而被视为"优势基因";那些不能满足社会大众或个人价值需求的,便被视为"缺陷基因"。例如,决定人脸型的各种基因中,最受人们青睐的脸型(假如瓜子型)相关基因被视为"优势基因",最遭人们厌恶的脸型相关基因被视为"缺陷基因"。当然,前者是基因社会层化的更为关键的因素。致病基因既有害健康,也不符合人们的其他价值追求,正如肥胖基因能够导致人体过度肥胖、损害心肺等器官健康,也有悖于当前以"苗条"为美的审美观,就被人们理所当然的归为缺陷基因。自然状态的基因被人们划归为不同的层次状态,从而,社会上出现了基因的分层现象——基因的社会层化。"分层"一词本来是地质学中用于表示地质积淀成层现象的,被社会学引进,用来比喻"人类社会各群体之间的层化现象,意指人群的纵向等级分化"[2],在此被借喻表示基因的层化以及由此

---

[1] 潘学峰. 基因疾病的分子生物学[M]. 北京:化学工业出版社,2014:13.
[2] 周怡. 传统与现代的交叠——分层话语体系下的中国社会形态及其变迁(1978—2018)[J]. 社会科学,2019(8):58.

引起的人群的层化现象。基因的分层或者层化不是不同基因在人体系统中功能不同的角色差异,而是决定同一性状的基因或者基因型被人们按照大众主流的社会需求(特别是健康需求)而进行的"人为"等级差异划分。例如,有正常视觉功能的基因和有正常听觉功能的基因虽然角色不同,但是彼此是对等的,不对其进行社会层化的区分,同属于正常基因层;而导致视力、听力障碍的基因则被人们划归于缺陷基因层,在黑暗或者强光下有清晰视力的基因、能听到正常人听不到的声音的基因被人们划归于优势基因层。相应于基因的社会层化,人群也被有意或者无意地划分为不同社会层次的群体,出现了人群的分层现象。因为人体基因不同,往往身体能力迥异,对经济、政治和文化等资源的占有和享用不同,进而导致人们在地位、权力和财富等方面的分层现象——人群的社会层化,可概括为缺陷基因群体、正常基因群体、优势基因群体三大层次,基因增强的应用又使每个层次分化成两个小层次,具体情况如下。

身体含有缺陷基因的个人,不论其是否患有某种疾病(当缺陷基因为显性或者隐性纯合时,个体表现出某种疾病;当缺陷基因为隐性杂合时个体身体健康),都属于缺陷基因群体。"基因治疗可以是直接修复、补偿缺陷基因,或抑制某些基因的过度表达,也可间接增强机体的免疫功能,或利用外源基因对病变细胞特异性杀伤等。"①"基因编辑,特别是最近发展起来的碱基编辑技术,由于高效、准确、安全,使得早期胚胎的基因编辑逐渐被接受,从而使得通过胚胎基因编辑对罕见遗传病的致病突变进行修复成为可能。"②当利用这些基因技术对缺陷基因进行增补、替换、修复或免疫调节等,使之成为正常基因状态,并使个体身体展现出正常的健康功能时,该个体属于正常基因群体中的人为正常基因群体。

---

① 王琳嘉. 细胞的一生与临床遗传病[J]. 临床医药文献电子杂志,2017,4(79):15638.
② 李广磊,黄行许. 碱基编辑提供了一种罕见遗传病致病突变修复的可行策略[J]. 生命的化学,2019,39(1):6.

因此,正常基因群体就包含天然的和人为的两个小群体。当缺陷基因被增强到正常以上的超常状态,并使个体身体展现出超常能力(如身体更强壮、反应更迅速)时,或者当正常基因被增强到正常以上的超常状态时,其所在个体就应划归于优势基因群体。这样,优势基因群体就包括由正常基因增强和由自然缺陷基因增强的两个小群体。如果基因增强技术出现失误,使得原本正常的基因变为缺陷基因时,其所在个体就属于缺陷基因群体,这是不同于天然或者不可抗力造成的"自然缺陷基因群体"的"人为缺陷基因群体"。显然,基因的社会层化会导致人群的社会层化,基因增强会加剧或者扩大基因和人群的分层。基因的社会层化、人群的社会层化与基因增强三者之间相互影响的关系由图4-1简明地表示出。

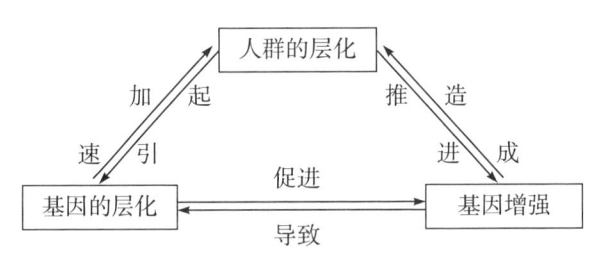

图4-1 基因增强与基因层化、人群层化的互动关系图

鉴于两类基因增强都会引起基因和人群的层化以及相关的社会伦理问题,我们以广义的基因增强概念为基础,着重从科学、技术与社会相互关系(STS)的视角对其社会层化可能导致的社会伦理风险和防治措施进行探讨。

第二节 基因增强社会层化的伦理风险

马克思以生产资料占有的多寡及其相应的劳动产品分配方式作为划分社会阶级的标准来解剖资本主义社会的社会结构,韦伯用经济秩序(财富)、法律秩序(权力)和社会秩序(声望)等多元标准来进行社会分层。"伴随着当代世界信息技术革命的不断深入和产业结构的不断提升,社会结构也在不断地发生变化。"[1]以基因技术、人工智能为代表的一系列新兴科技的发明和应用,使得当今社会以基因状态作为分层标准,社会层化进一步多元化、社会问题更加复杂化。这种划分方法尽管有一定的基因决定论的片面错误,但是也是对"强调社会成员基于资产、资源和其他有价值的事物的拥有量而形成的分层"[2]的已有社会分层标准的又一种补充,在很大程度上反映出社会新的分层不断出现的客观现实。基于不同基因分层的不同社会层化人群,其能力和社会活动不同,对社会教育、就业、经济等资源的占有和享用存在着明显差异,从而加剧社会原有的或者带来新的社会不平等不公平,损害接受增强者的身心健康以及侵害他们的自主权等社会伦理风险。

一、基因增强社会层化会加剧社会的不公平不公正现象

公正是社会首要的基本善,而基因增强会使得不同群体的能力与社会活动方式不同,进而造成他们在社会地位、就业以及教育等方面存在高低悬殊、机会多寡等现象,严重践踏社会基本价值理念与追求,加剧社会的不平等不公正。

---

[1] 虞满华,卜晓勇.马克思与韦伯:两种社会分层理论的比较[J].贵州社会科学,2017(4):30—31.
[2] 王水雄.权利分层:社会分层研究必要的补充维度[J].社会学评论,2015(6):3.

1. 增大不同层次群体社会地位的优劣差异

人的社会地位与其所处的社会层次相对应,处在不同社会层次的人们,其社会地位是不同的,反之亦然。当人因其基因而被层化于不同群体时,其社会地位就会呈现出相应的高低之分。

在当前社会,虽然微整形类、保健类的人类增强已被人们逐渐接受,但是包括基因增强在内的绝大多数增强技术还处在研发阶段。与自然正常基因群体相比,利用基因增强技术进入优势群体的人数极少,正常基因群体是社会的主流群体,主导着社会绝大多数的价值认同,掌握着话语权优势,往往否定接受基因增强者的超常能力,歧视缺陷基因群体。一方面,优势基因群体成员的社会地位也处于相对劣势状态,因为其身体通过基因增强技术获得的健康以上的超常能力,虽然具有一定的优势,但不能得到当前正常基因群体的价值认同。另一方面,处于正常基因群体中的个体身体健康,比缺陷基因群体中的个体能力较强,更容易通过自身能力在经济、文化、政治等方面获得较高的社会地位,在社会上处于优势状态;缺陷基因个体身体存在某种缺陷,往往患某种疾病、行动不便或智力低下,个人实际能力弱,在社会上常处于被动的劣势状态。在国外的保险行业中,个别保险公司通过"基因检测"拒绝对有先天遗传疾病的群体提供高额保险。① 我国也存在这类歧视现象,2009 年我国开庭审理了第一起基因歧视案件,案件中招聘单位对三名地中海贫血症基因携带者进行超常规血液检测并最终不予录用,三个当事人起诉相关单位,经过一审、二审判决,他们还是败诉了。② 显然,不仅不同基因层次的

---

① 宋凌巧,Yann Joly. 重新审视"基因歧视":关于伦理、法律、社会问题的思考[J]. 科技与法律,2018(4):88—89.
② 又到了公务员省考季,可还记得佛山的这个全国"第一案"？[EB/OL].(2016-3-17).佛山法院网, https://mp.weixin.qq.com/s? biz = MzA3NDQ4MDA4NA = = &mid = 403295026&idx = 1&sn = 003e5f9ab0b76a1!08feedb23b7a1df01&chksm = 02824b8935f5c29fcdfb8feb7d2aa2c7534006c6a49493d9777a8e965392a8b9740cfe31ad9d&scene = 27.

群体间存在着基因歧视,而且这种基因歧视会进一步引发保险、就业等其他方面的社会歧视。

在未来社会,社会主流价值观由精英群体主导和控制,不再仅由人口基数较大的群体决定。随着基因增强的成熟和完善、人们认识能力以及伦理可接受度的提高,利用基因增强的人会越来越多,优势基因群体的人口基数不断增大,而且,该群体在体能、智能、心态等方面都高于其他群体,其潜在优势转化为明显的综合优势。因此,优势基因群体将成为主导未来社会主流价值需求的社会精英,在社会竞争中获得较高的社会地位,由当前社会的相对劣势状态转变为未来社会的明显优势状态,而正常基因群体由当前社会地位的优势状态转为相对劣势状态,缺陷基因群体的社会地位处于最劣势状态。

总之,由基因歧视所引发的社会歧视导致了不同基因群体的直接分化。在当前社会,正常基因群体相较于缺陷基因群体、优势基因群体具有优势,能够获得较高的社会地位;在未来社会,优势基因群体相较于缺陷基因群体、正常基因群体具有优势社会地位;不论现在还是未来,缺陷基因群体的社会地位总是处于劣势状态。个体基因不同、身体功能各异、所在的群体层次不同,直接影响到其在社会中所处的优劣状态。基因层化、人群层化、身体功能以及社会地位的关系可用表4-1简明表示。

表4-1 基因层化、人群层化与身体功能、社会地位的关系

基因层化	人群层化	人的身体功能	群体社会地位
缺陷基因 (自然缺陷、人为缺陷)	缺陷基因群体 (自然、人为)	残疾或患某种疾病或健康但携带致病基因	劣势
正常基因 (含缺陷基因增强)	正常基因群体 (自然、人为)	健康	优势转为相对劣势
优势基因 (正常基因增强、缺陷基因增强)	优势基因群体 (人为)	超常能力(健康以上)	相对劣势转为明显优势

不同层次的群体间存在着歧视,他们的社会地位高低不同,这是不争的事实。基因增强拉大了人群层化的差距,使得不同层次人群的社会地位高低差异更加鲜明,而人们社会地位差异又会引起他们在教育、就业、医疗等多方面的不公平竞争。

2. 加大不同层次群体社会资源的多寡不公

处于优势社会状态的群体,社会地位高,获取社会资源的能力大、机会多;处于劣势社会状态的群体,社会地位低,获取社会资源的能力小、机会少;而获取社会资源的多少,又反过来影响该群体社会地位的高低。"社会不平等与社会分层是孪生姐妹,密不可分的"[1],正如心理学家Kraus等所认为的,物质资源的掌握和主观认知中的地位差异导致了优劣势社会层次之分[2],因为获取较多社会资源的群体在经济上具有较大优势,能够巩固和维护其较高的经济地位,进而对其他层次群体灌输本层次的文化观念、价值认同,从而拥有较高的文化地位,甚至由此获得较高的政治地位等。在社会资源不充足,甚至有些资源稀缺的时代,基因增强的应用使得原有社会层化又增加了基因性能状态的分层标准,不同层次间的不平等竞争将会更加激化、更为复杂。

在增强技术还没有普遍推广、仅被少数人应用的现阶段,正常基因群体分布于社会的各个行业,主导社会的主流价值倾向与需求,在争取财富、教育、就业、医疗等方面资源的过程中占据有利地位,往往忽视甚至排挤其他层次群体的利益,从而掌握着大量的社会资源,导致其他层次人群特别是缺陷基因群体很难获取相应资源。一些单位直接或以其他理由掩饰,拒绝录用基因缺陷群体人员,上文提及的2010年"佛山基因歧视案"中,3名年轻人因是"地中海贫血"基因携带者而失去了进入

---

[1] 魏敬潇.当今中国社会阶级分化与社会不平等[J].现代经济信息,2009(21):261.
[2] Kraus M. W., Piff P. K., Mendoza-Denton R., et al. Social class, solipsism and contextualism: How the rich are different from the poor[J]. Psychological Review,119(3):546—572.

公务员系统就业的机会①;一些学校会拒绝缺陷基因群体的学生入学,使得他们无法同等地享受相应的教育资源,如残疾儿童上不了普通小学、特殊教育学校师资力量薄弱②,美国一些公立学校的残疾学生更易遭休学、开除等惩戒③;医疗、养老、失业等社会福利保障体系也会区别对待不同基因层次的人群,倾向于服务优势基因群体人员,如一些银行会根据基因检测的报告或人身保险合同来推测贷款人在贷款期限内的健康状况,作为是否给购房者发放贷款的依据④,在"精神残疾人"争取福利第一案中,当事人因患有精神疾病申请经适房被一再驳回⑤。

如此种种不平等不公平状况,反过来又促进人们寻求基因增强,以进入优势群体层次获取较多的社会资源,即强大的社会竞争压力会增大社会对基因增强技术的需求。"现代医学研究证明人类的多种疾病包括孟德尔遗传病、多因素疾病和获得性遗传病肿瘤都直接或间接地与基因有关。"⑥人们利用基因增强技术使体内的这些致病基因排序断裂、拼接或突变,从而使该部分基因变得更为强大、更具活力,并在身体上表现为强大的疾病免疫力或高度的专注力等强大的体能或智能。因此,在未来社会,当基因增强技术得到高度发展,被安全应用并能获得社会认同时,这些含有增强基因的群体将成为社会优势基因群体,无论其人数是否占优势,其身体体能、智能及整体素质都高于自然基因群体和缺陷基因群

---

① 林洁.中国基因歧视第一案立案[EB/OL].(2010-01-06).中国青年报,http://zqb.cyol.com/content/2010-01/06/content_3016506.htm.

② 李统帅,王心融.问政济宁|残疾儿童入学难 学校何时"零拒绝"[EB/OL].(2019-09-26).济宁新闻网,http://www.jnnews.tv/p/720289.html.

③ 杨舒怡.美国多所公立学校涉嫌歧视黑人和残疾人被投诉.[EB/OL].(2016-08-26).新华网,http://www.xinhuanet.com//world/2016-08/26/c_129255109.htm.

④ Rothstein M A, Rothstein L. The Use of Genetic Information in Real Property Transactions [J]. Probate and Property Magazine, 2017, 31(3):13—16.

⑤ 闵杰."精神残疾人"争取福利第一案:申请经适房被一再驳回[J],中国新闻周刊,2013(34):56—57.

⑥ 邱仁宗.生命伦理学概论[M].北京:中国协和医科大学出版社,2003:172.

体,从而能够更加迅速地获取多方面资源,使得优势更优、劣势更劣的不同层次群体间不平等竞争的"马太效应"更加明显。不同基因群体间不公平不平等竞争在拉大群体间差距的同时,使相对劣势群体处于更加劣势的社会状态。相对劣势群体,特别是缺陷基因群体为了改变这种状态,就会寻求基因增强技术来改善自身身体功能。

总之,优势基因群体为了保持优势、劣势基因群体为了摆脱劣势,都会求助于基因增强,而该类技术在未被普遍推广之前是非常昂贵的,只有少数富人能够利用,付费困难者只好望洋兴叹了。这不仅加剧了社会贫富差距,与此同时也给人们的身体和心理带来一定的伤害。

二、基因增强社会层化会使人的身心健康面临危害

现有的基因增强还不完全成熟,基因增强的基因层化与人群层化又会激发人们运用这些具有潜在风险的基因增强。基因增强社会层化对其应用的激发,使得其对人们身体和心理健康的双重伤害更加深刻、更为迅速。

1. 加剧对基因增强者身体健康的侵害

"人类 DNA 修改就是一把钥匙,可以帮助我们找到许多疾病治疗方法,帮助人们提高健康和延长寿命",但是"无论科学发展到何种阶段,它始终是一把双刃剑"[1],包括基因编辑等一系列基因技术的基因增强在技术不成熟或人们认识不足、应用不当等情况下,会对接受增强者带来身心伤害。例如,"脱靶效应是 CRISPR 技术临床应用的最大挑战……在临床同时编辑数十亿细胞的情况下,产生的大量突变可能导致每例治疗

---

[1] 马中良.灵丹妙药还是潘多拉的盒子?——一篇 Protein & Cell 论文引发的争论[J].科学通报,2016(3):287—288.

第四章 案例研究二：基因增强社会层化的伦理风险及防治

方案中一个或多个细胞携带致命突变。"① 也就是说，基因增强存在风险，一旦被编辑的基因脱靶或突变，可能引发其他目标位置或者非目标位置的基因突变，对接受增强者身体造成无法挽回的实际伤害。

2018 年 11 月 28 日下午，在第二届人类基因组编辑国际峰会上，南方科技大学副教授贺建奎说，他们发现有一个潜在的基因间脱靶，15bp 的基因敲除可能破坏 HIV-1 结合位点附近的局部蛋白质构象。他们告知了参与实验的夫妇可能的安全风险，这对夫妇选择了植入这些胚胎。他最后表示，孩子出生后没有检测到脱靶活性。② 这表明，世界首例基因编辑婴儿是在存在巨大生命安全风险的情况下"平安"出生的。暂且不论贺建奎团队违反法律、政策、伦理规范的莽撞研究行为，CCR5 基因被编辑的双胞胎"露娜姐妹"父母明知脱靶风险存在，仍选择编辑胚胎，显然他们无视受试婴儿的生命健康安全，因为"Crispr-Cas9 还不是一项被认知充分的技术……其目前解决不了脱靶效应"，在修改目标基因时，可能会"误伤"其他基因，带来严重的后果③。此为其一。其二，即使不存在脱靶现象，这对婴儿在以后的成长过程中，仍然会出现新的疾病。"CCR5 基因是经过长期进化，在各种物种中高度保守的基因，在骨髓、淋巴组织和脑等多种组织中有表达，这提示 CCR5 对于维持正常生理功能有重要意义"④，已有研究证实，"CCR5 基因的缺失，会造成免疫缺陷，导

---

① 杨悦,高郡茹,杨柳. CRISPR 技术在生物学与医学中的研究进展[J]. 生物技术通报, 2020,36(3):38—44.
② 李晨阳. 贺建奎:已知有一个潜在脱靶,还是选择植入胚胎[EB/OL]. (2018-11-28). 科学网, http://news.sciencenet.cn/htmlnews/2018/11/420491.shtm.
③ 王珊. 疯狂的贺建奎与退却的受试者 [EB/OL]. (2018-11-29). 三联生活周刊, https://baijiahao.baidu.com/s? id=1618471475417466286&wfr=spider&for=pc.
④ 卢光琇. 通过编辑人类胚胎 CCR5 基因预防艾滋病事件的反思[J]. 医学与哲学,2019, 40(02):7—11.

致对其他病毒易感,容易引发心血管疾病和肿瘤"[1],即编辑 CCR5 基因会引发威胁人身体健康的多种疾病。其三,人们现在还无法得知被改造的基因是否会导致其他基因的突变而引发新的疾病或者缺陷等。尽管 2019 年 6 月 3 日在《Nature Medicine》上发表的《最新研究发现,贺建奎的"基因编辑婴儿",寿命可能变短》的文章,由于研究中的关键技术存在错误而于同年同月 8 号撤稿,但并不意味着人们可以对 CCR5 基因进行基因编辑,"CCR5 可能具有重要的功能,只是我们现在还不了解。对它进行基因编辑,看起来是非常不明智的。"[2]因此,表面上健康出生的"露娜姐妹"实际上仍存在着巨大的健康安全风险,可能会出现更为严重的疾病或肢体残疾、身体畸形,甚至寿命大大减少等,而非艾滋病人在防护得当的情况下不会轻易感染艾滋病,此项基因增强行为从健康视角来看不可能得到伦理辩护。

即使未来基因增强技术完全成熟、不存在任何客观风险,亦即基因增强不会给接受增强者带来类似上述疾病或残疾等的身体损伤,只会使接受增强者体能、智能以及精神更加高涨,基因增强所形成的社会层化仍会对人类身体造成重大影响,因为只要存在层次分化,其彼此间的竞争就不会消失,为了获取更多的社会优势,人们便运用成熟的基因增强技术不断地"改造"自己的基因,使得人类基因的性质和状态不断发生改变,不再仅是由自然发展演化而成的,而是更多地取决于人为干预基因的状况,久而久之,人类将会转化成为具有新的形态和特殊技能的"超人类"。换言之,从长远的观点看,随着基因增强的进行,人类种族的基因库不断地被改变,并通过遗传后代得到累计,当这种改变超过人种"度"

---

[1] 费鹏鹏,李才华. 人类胚胎基因编辑技术的伦理问题与监管对策[J]. 昆明理工大学学报(社会科学版),2019(4):29.

[2] EwenCollanag. 这项研究曾指出"基因编辑婴儿可能寿命缩短",但它本月撤稿了[EB/OL]. (2020-01-28). http://www.sohu.com/a/349065629_119097,20191023.

的范围时,彼时的人不再是此时的人类,而成为基因增强的产品"新型技术人",这种"新人类"所拥有的"质"不再与此时的我们人的质相同。因而,基因增强不仅仅是个人行为,更具有社会性和人类性,过度的基因增强具有改变或者消灭人种的风险。

2. 诱发两极矛盾的心理扭曲

基因增强社会层化会导致的最基本的最直接的风险,除了上述接受基因增强者的身体健康风险之外,还有与之相伴的优势与弱势群体人员心理上的两极扭曲。

在自然正常基因群体为社会主流的现阶段,该层次大多数人员不认可基因增强者的增强行为及价值观点,正如当前公众不认可整容性增强一样——假如公众认为某某明星整容了,该明星就会到相关医疗鉴定机构去进行鉴定以证明其没有整容。换言之,自然正常基因群体不能像看待普通正常人一样看待接受基因增强者(包括缺陷基因增强为正常人和正常基因增强为优势者),常常在心理上对他们存在偏见和歧视,在行为上表现出疏远和排挤,缺陷基因群体(不论是自然缺陷还是增强缺陷)更易遭受异样的眼光、刻意的回避与隔离,从而会导致社会心理出现两极分化的扭曲心理现象:前者表现出扬扬自得、趾高气扬、高人一等的自傲心理,后者则表现为怏怏不乐、垂头丧气、低人一等的自卑心理,严重的甚至会出现自闭症、抑郁症、焦虑症等心理疾病。这种两极矛盾的扭曲心理反过来会迫使优势基因群体与缺陷基因群体更依赖于基因增强来提高自己的情感满足,借此获得良好的身体素质以及自信乐观的心态,摆脱悲观心态。

在未来社会,当基因增强技术成熟、人们观念发生变化,即基因增强获得社会的普遍认同、人们将其作为实现幸福的关键举措的时候,优势基因群体将成为高高在上的社会主流,成为轻视、排斥自然正常基因群体、劣势基因群体等其他层次人员的主导群体。高傲自负与妄自菲薄两极对立的扭曲社会心理依然伴随着社会层化而存在,进而促使各层次人员依靠基因增强强化其心理适应能力。

不论是现在社会还是未来社会,基因增强增加社会层化,社会层化反过来成为各层次人员寻求、依靠基因增强塑造其心理适应能力的重要诱因,加大社会心理两极化扭曲的严重性,而基因增强的盲目依赖与过度使用不仅不能消除社会心理扭曲的两极化扭曲状态,还会加大社会层化差距、导致"歧视黑洞"持续扩大[1],使社会心理两极对立的心理扭曲更加严重,社会两极对立的扭曲社会心理副效应又推动人们求助基因增强。长此以往,基因增强与社会层化二者将陷入无节制的恶性循环,终将对人类的未来发展造成威胁。而且,"低人一等"的自卑心理阴影长期积累,还会使劣势群体人员质疑自身的能力、忽视其生命的价值与意义,严重时会激发他们作出反社会的过激行为,加剧群体间的矛盾冲突,引起社会不安与动荡。

社会两极化扭曲心理的出现,同时彰显了基因增强及其社会层化对接受基因增强者自主权的侵犯或漠视。

三、基因增强社会层化会导致接受增强者的自主权丧失

自我决定的自主权是人在社会生活中的基本道德权利。人的自主权在出生前表现为"免遭他人的掌控与支配",并且拥有"对未来生活模式以及与这种模式相系的善好生活的观念进行选择的可能性"即"开放的未来之权利"[2];在出生特别是成年后,人的自主性表现为人能够根据自己意愿来表达自己思想、选择自己行为等,因为此时其有意识、能思维,即德国哲学家康德所认为的人有理性和意志自由;因而,人在社会生

---

[1] 易显飞,万礼洋. 人脸识别技术的两类"集体力"及其价值活化[J]. 河南师范大学学报(哲学社会科学版),2021(04):88—94.

[2] 甘绍平. 对人类增强的伦理反思[J]. 哲学研究,2018(1):120.

活中拥有自我决定的自主权这项基本的道德权利,在基因方面表现为"自我决定基因的采集、保存、销毁等,还包括了基因信息的披露"等方面。[①] 不论基因增强是否是接受增强者自己选择的,基因增强及其相应的社会层化都会使他们的自主权遭受不同程度的侵犯与漠视,下文将从主动与被动两个方面进行论述。

1. "被动"增强者的自主权被剥夺

其一,当接受基因增强者的自我意识没有发育完全时,该主体的自主性被基因增强的决定者和实施者所侵犯或忽视。父母或长辈为了消除缺陷基因,"可以从许多基因组中进行挑选,使将出生的孩子能达到高水平的认知能力"[②],或者给孩子提供身高、肤色、性别、长相以及其他体力智力方面的起点性竞争优势,使孩子一出生便进入优势基因群体。这类"定制婴儿"的做法尽管可能有一定的爱和保护子女后代的正当目的,但是操纵、更改、支配了后代的遗传信息,使他们被动地接受出生前所增强的基因,也预先确定了他们的生命规划,干预、妨碍了他们从大量的未来其他生命规划中选择的机会。这种做法以父母或长辈所认为的在社会竞争中能够取胜的"好"代替了子女后代的意志,使他们在毫不知情、毫无表达自己意见的机会的前提下,被迫接受基因编辑的同时被迫接受了基因层次的划分。显然,基因被增强的子女后代的自主权受到严重的漠视和侵犯。

而且,这些被进行基因增强的孩子在出生之后很长时间,还不能完全享有自己的自主权,因为基因增强对其身体健康会造成何种影响,还需要继续接受"观测与监视"。例如,首例编辑婴儿的自主权,在其出生之前就被其父母和相关研究者剥夺了,而且贺建奎"计划在未来18年对

---

① 王康. 基因权的私法规范[D]. 上海:复旦大学,2012:153—154.
② Wolpe P. R.. Treatment, Enhancement and the Ethics of Neurotherapeutics[J]. Brain and Cognition,2002(50):387—395.

孩子进行监控,希望他们在成年后同意继续监督和支持"[1]。其实,这"成年后同意"仍然具有"被迫"的性质,因为基因编辑的最基本的健康风险潜在,是否会出现、何时出现以及如何出现等情况,现在还是未知数,为了避免更大更多的风险,他们只能"同意"继续接受观测与监视。

其二,当被进行基因增强的主体在社会上处于劣势状态时,即使其拥有发育完善的自主意识,迫于社会优势群体的压力,其仍然必须接受"被动"选择。例如,雇员不想被开除,须接受企业为了提高业绩对其某方面的基因增强;士兵不愿被惩罚,须接受军队或者国家为完成某些任务对其进行的基因增强;等等。不论该类基因增强目的是否正当,也不论这类基因增强是否能够提高接受增强者所处的社会群体层次,雇主、军队或国家的行为蔑视并侵犯了接受基因增强者的自主权。

显然,上述两类发生"被动"选择自主权的侵犯所在社会层次不同,前者是处在同一社会层次(优势或者缺陷)的父母或长辈对其子女后代自主权的漠视,后者是彼此存在相对优劣差异的优势群体对缺陷群体自主权的侵犯。

2."主动"增强者的自主权湮没

缺陷基因群体人员在不平等的社会竞争与不公正的资源分配中处于劣势地位,往往趋向于运用基因增强技术提高自己,以在竞争中取胜、获得更多的资源。例如,先天基因缺陷者在面对疾病的折磨、生活的不便、社会的歧视后,深知身处基因分化底层的痛苦,会渴望通过基因增强来改造身体,免去疾病,甚至变得更强。其他处于相对劣势群体的人,即使没有疾病的干扰,也会求助于基因增强来获得更敏捷的反应能力、更强健的体魄等,从而获取工作优势、获得更多的财富和较高的地位。身

---

[1] 郝翰,周梦亚. 贺建奎现场演讲及问答全文(现身人类基因组编辑国际峰会)[EB/OL]. (2018-11-29). https://www.cn-healthcare.com/articlewm/20181129/content-1041657.html.

处优势群体的人唯恐被超越而跌入劣势群体,也会利用基因增强不断增强自己的脑力和体力等。

从表面上看,优势基因群体与劣势基因群体进行的基因增强是出于他们自己的主观意志,是他们自己"主动"选择的。但是,从实质上看,他们这种"主动"选择行为是迫于社会层化带来的压力而进行的。换言之,基因增强造成的社会层化反过来又迫使不同群体层次人员进行基因增强,而不是他们真正的"自愿"意志的自由表达。正是"这种压抑性的社会化和压抑性的社会关系"在悄然损害接受基因增强者的自主,尤其是"塑造主体的意愿、信仰、情感和态度"等意识类的基因增强,更是以直接的干涉、约束和限制损害了接受基因增强主体的自主[1]。因此,缺陷基因群体、正常基因群体与优势基因群体等不同层次人员根据自身需求"主动"选择基因增强的实质,是对自己自主权的轻视、放弃与侵害。

在未来社会,随着基因增强技术的成熟与普及,人们将更加"主动"地追求基因增强,使得基因增强成为一种普遍的实践。特别是有经济能力的人,不论其先天基因是否健康,更倾向于将其基因编辑为"更强"的,为其获得社会竞争优势奠定基础。那时,基因增强"会导致一种强制性的'一致性',所有的人就会面临决策的压力:不接受增强,自己就可能受到歧视而处于不利处境;接受增强,自己就又必须承担药物或手术的风险"[2],因为技术的发展只能不断减少风险,任何时候都不可能达到绝对的安全。在基因增强普遍化的环境中,人们所面临的这种两难"抉择"困境,正是其自主性决断空间大大缩小、部分自主权丧失的现实展现。在这种貌似主体可以做出不受他人干涉和妨碍的"选择"面前,人们的增强抉择及行动并不能完全出自自己的真正本意,而是迫于群体层化的社会

---

[1] (美)汤姆·比彻姆,詹姆士·邱卓思. 生命医学伦理原则[M]. 北京:北京大学出版社,2014:62.

[2] 甘绍平. 对人类增强的伦理反思[J]. 哲学研究,2018(01):117.

压力,从而漠视、放弃了自己的自主权。

而且,被基因增强的主体的自主权遭受侵犯或者漠视后,主体往往会产生某些心理阴影。例如,基因被编辑的孩子出生以后会对自身发出"为什么是我被选中""我为什么天生就和别人不一样""为何要破坏我自然出生所拥有的随机性与偶然性""我永远都不能按照自己的意义去生活吗""基因增强会让我一直处于监视状态吗"等质疑。长期下去,其心理将会发生扭曲乃至出现严重的疾病。

上面论述的几种是基因增强及其社会层化将给个人及社会带来的比较普遍、比较直接的伦理社会风险。除此之外,还会造成基因信息泄露进而被滥用等风险,而且这些风险常常交织在一起,如果不在这些风险出现之前将其有效化解,会给人们的生活、工作和学习造成极大的伤害。因此,从多种不同的角度寻求策略与措施成为进一步发展和运用基因增强的当务之急。

第三节 基因增强社会层化风险的伦理调控

基因增强的发展和运用,在一定程度上会强化和彰显人们以其认为的基因状态优劣为标准划分社会层次的现象,从而使得社会层次分化更为加剧、更加复杂;而且,基因增强社会层化在公平、健康、自主等诸多方面所导致的种种社会伦理风险,在很大的程度上与该类技术的发展和完善没有直接关系,而更多的是源于其社会层化。因此,基因增强社会层化的伦理风险具有高度的隐蔽性、复杂的关联性和一定的独特性,对其防控不能仅仅依靠该类技术的完善和成熟,而是要以削弱或者杜绝其社会层化为中心采取妥善的措施。正是基于此,从哲学特别是科学技术与社会(STS)的宏观视角出发,本节认为完善相关法律法规制度及伦理规范,加强科技工作者的道德意识与伦理关怀,引导公众树立大局伦理观念、创建和谐生活氛围等举措,是较为合理有效的预警对策。

一、加强政府对基因增强研发的管控

在当今信息全球化的时代,技术的研发和应用具有国际化的性质,对基因增强社会层化风险的防控,不仅需要各国政府采取有力对策,而且需要各国联盟以及国际组织协商一致,为人们营造一个国际化的公平的生存环境,其中完善相关法律法规制度、构建相应的伦理原则摆在首要位置。第二届人类基因组编辑国际峰会上,专家学者们对世界首例基因编辑婴儿降生所表现出的震惊、惶恐与不安等态度已表明,相关法规制度与伦理原则不足状况的改善迫在眉睫。

1. 完善相关法律法规及制度

第一,目前国际上没有直接针对基因增强技术的法律法规条款,也没有直接规范的制度性文件,更没有直接化解基因社会层化的相关法规与政策性文件,《世界人类基因组与人权宣言》第 5 条第 a 款和第 8 条只是"提到了对基因组研究过程中的相关权益要予以保证"[1];各国内部的技术管理状况也是如此。例如,我国《基因工程安全管理办法》《人类遗传资源管理暂行办法》《人类辅助生殖技术管理办法》《人类辅助生殖技术规范》《干细胞临床研究管理办法(试行)》《干细胞制剂质量控制及临床前研究指导原则(试行)》《生物技术研究开发安全管理办法》《医疗技术临床应用管理办法》等,都是对人类基因技术相关研究进行监管的行政与法律规章制度,而且,这些规范性的条例位阶低、威慑力弱。在基因编辑婴儿事件之后,我国政府和人民积极应对,国务院公布《中华人民共

---

[1] 贾元.基因权利保护和基因技术应用行为的法律规制研究[J].北方民族大学学报(哲学社会科学版),2019(02):148.

和国人类遗传资源管理条例》于2019年7月1日执行①。"该条例的出台针对人类遗传资源管理上出现的情况和问题做了统筹和规范,其中专门用于此类技术的临床试验的国家登记册将促进更大的透明度"②,对于违反该条例的行为,第五章法律责任中提到将采取永久禁止相关活动的最严重惩罚。但是,我国还没有预先出台消解基因增强社会层化及其风险的法规和行政规章。因此,现有各国内部以及国际上的法律法规、行政制度与伦理原则,在面对基因增强这类新兴技术社会层化所隐含的伦理社会风险时,显得相形见绌,常常出现乏力甚至束手无策的状况。

第二,由于相关法律条例和行政规章的缺失,相关的科研活动便缺少了一道强有力的监管防线,一些伦理观念淡薄、忽视伦理原则约束的科研人员,往往会被自然或科技魅惑而进行超越伦理和法律限制的研究;一些别有用心的研究人员,则会钻法律的"空子",实现自己"所谓的突破与创新"。为了减少这些无意、有意行为对社会造成不良甚至恶劣的影响,为了对不当科技人员进行惩罚和制裁,更为了警惕"科技疯子"、建立起良好的科研秩序、保障正常科研人员的权益,各国政府以及国际组织应该出台或者完善一些针对基因增强技术研究和运用的法律法规与行政制度,对基因增强的研发行为与应用范围进行监督与限制。

第三,各国政府以及国际组织还应该构建专门的法律法规与政策,例如专门保护基因缺陷人群合法权益的法规,关于基因被增强者合法权益的法规,弱化人们基因社会层化意识的法规,关于基因增强的具体条件与程序等的法规,等等。专门的法规或政策的存在,能够更具体地规范人们的行为,也使得人们在生活和工作中能够有的放矢。鉴于胎儿性

---

① 中华人民共和国国务院令第717号,http://www.gov.cn/gongbao/content/2019/content_5404150.htm.

② Lei R, Zhai X, Zhu W, et al. Reboot ethics governance in China[J]. Nature. 2019, 569(7755):184—186.

别鉴定技术会导致严重的男女比例失调等社会伦理问题,我国出台了明确的法规性文件《关于禁止非医学需要的胎儿性别鉴定和选择性别的人工终止妊娠的规定》,医务人员不得进行非医学需要的胎儿性别鉴定或者选择性别的人工终止妊娠,否则就是违法的,要受到严厉的制裁。该项法规已经收到了明显的良好的社会效应。同理,也可出台关于基因增强科技工作者具体研究行为的法规,例如不可进行基因优劣以及优劣程度的检测、分析和讨论,以免导致在生活、工作、人际交往或受教育过程中基因缺陷群体都弱于其他群体以及人们非理性地争相增强的恶性循环。我国基因歧视第一案也是由于缺乏相应法规,才导致某些单位或者人群歧视先天基因缺陷人群。这从反面说明完善或出台关于基因增强的专项法律条例的重要性和紧迫性,要依靠法律法规的严肃性和强制性来警醒科研人员不得突破伦理底线,"任何在成人或胚胎中操纵人类基因的人都要对不良结果负责"[1];保障受试者权益;给予接受基因增强者同等的权利义务;告诫社会大众正确看待基因增强、避免产生错误认识等。

第四,国家及国际组织在制定法律法规政策时要把握好"度",即发展和监管之间的平衡点,实现监管有效又不过于呆板苛刻的"弹性机制"。如果监管过于宽松,则达不到监管目的,形同虚设,等于不管,技术研发可能越界,人们也可能随意滥用,对人类及其社会造成危害。例如,当法律法规政策制度监督不力时,遵照自主伦理原则也会出现"自我奴化"的情况——个人"自主地决断去做某种损害我们未来自由决断之能力的事情"[2],国家必须立法禁止"危害性自主"这类增强。如果过于苛刻,例如全面禁止基因增强,则有悖于公正原则,剥夺一些人追求发展和

---

[1] David Cyranoski. China set to introduce gene-editing regulation following CRISPR-baby furore [EB/OL]. Nature, 2019.(2019-05-20) https://www.nature.com/articles/d41586-019-01580-1.
[2] 甘绍平. 对人类增强的伦理反思[J]. 哲学研究,2018(1):118.

完善的权利,不论其处于劣势还是优势;影响劣势者获取社会资源的公平性,因为劣势者通过适当的基因增强获得较强的能力,可得到其增强前不能获得的资源,符合应得的公正原则。另一方面,全面禁止也会打击相关科研人员积极创新的信心,不利于该类技术的研究、发展和应用。所以,法律法规政策制度应具有"刚柔并济"的特性——既不全面禁止又要限制调节,实现限制中允许、允许中限制的功能,在禁止与抉择之间、社会的普遍诉求与民众的特殊需求之间保持一定的张力。

2. 构建相应的伦理规范,加强伦理审查

法律法规政策是以强制的方式从外部对科技工作者和公众进行一定的限制和约束,但是其不可能面面俱到,达到每一个细枝末节,还必须有相应的伦理规范成为人们遵循的内心信念,从内部对其操行进行约束和限制。内外结合、双管齐下,既能有效地防止科技人员被研究魅惑而闯入伦理道德和法律的禁区,又可避免有人利用法律空子或者存侥幸心理跨越法律边界。基因编辑婴儿事件的出现,与相关法律法规缺乏和伦理监管不足密切相关,从反面表明,国际社会及各国政府还须重视科研人员道德意识的塑造,根据社会和科技的发展,修改、完善已有的道德规范,以及构建更适合的新伦理原则,供科技人员和大众自觉遵守,防止再次发生危害人类及其社会的事情。

已有的涉及人体对象医学研究的《纽伦堡法典》《赫尔辛基宣言》《人体生物医学研究国际伦理指南(CIOMS)》《生物医学研究审查伦理委员会操作指南(WHO)》等国际性道德原则,以及我国的《人类辅助生殖技术和人类精子库伦理原则》《人胚胎干细胞研究伦理指导原则》《涉及人的生物医学研究伦理审查办法》等以规范性文件名义存在的伦理准则,对基因增强的研究和应用有较强的指导和规范作用。但是鉴于基因增强的技术复杂性、影响深远性以及人的伦理观念的多元性、时代性,国际社会及组织须构建基因增强专项伦理原则,以协调和指导各国基因增

第四章 案例研究二:基因增强社会层化的伦理风险及防治

强的研发。各国在遵守国际性伦理原则的前提下,可制定适合自己国情的具体的基因增强伦理规范,特别是关于基因增强社会层化的伦理规范的构建,是摆在各国政府和国际组织面前的当务之急。世界首例基因编辑婴儿事件让人们更清晰地认识到这种紧迫性——该类技术临床应用到了非伦理监管不可的时候了。2019年3月13日,美、中、德、法、意、加拿大和新西兰七国多名科学家和伦理学家共同呼吁全球暂停(但不是永久禁止)人类生殖系编辑技术的临床应用,即暂时禁止"改变可遗传的DNA(来自精子、卵子或胚胎)来制造转基因婴儿",为建立一个国际伦理监管框架提供时间,他们同时提出了一个刚柔并济的伦理监管模式:第一,一个国家要提前(可能是两年)在国际上公开其打算选择或者允许某个基因编辑的应用程序,并说明这样选择的理由,以便国际社会对其利弊进行广泛讨论;第二,该国要仔细和透明地评估该应用程序可能引起的技术的、医学的以及社会的、伦理和道德的问题,以确定该应用是合理的;第三,该国对于是否继续进行人生殖系基因编辑以及申请的适当性要有广泛的社会共识。只有这样做之后,该国才能允许这个特定程序在临床应用。[①] 同时,在该框架内,对于不满足这三个条件的临床生殖系基因编辑的使用,各国自愿承诺不予批准。显然,该框架使得各国既保留了一定的自主决定权,又受到适当的限制。除此之外,七国学者提出,在医学院、生物医学研究所、专业协会、医院和生育诊所等相关方面、相关领域工作的研究人员和医生要公开承诺,在没有预先通知、完全透明和相关法律法规的国家批准的情况下,他们不会启动临床生殖系编辑,并且他们将报告任何他们知道的未经批准的相关研究。其中,应设立一个国际小组作为协调机构,定期发表报告,向各国提供有关问题的明确、全面和客观的资料。由于一些国家或组织可能会支持"对那些没有其他办

[①] Lander E S, Baylis F, Zhang F, et al. Adopt a moratorium on heritable genome editing[J]. Nature, 2019, 567(7747): 165—168.

法生育生物学上相关(有血缘关系)的孩子的夫妇进行基因修正",但有朝一日,社会可能会认可有限地或广泛地使用基因增强。所以,七国学者不赞成构建"禁止所有临床种系编辑"的国际伦理条约,但主张要有一种解除特定应用禁令的机制:"每个国家都应自愿承诺,除非满足某些要求,否则不允许任何种系编辑的应用。"中国可制定发挥"以人民为中心"的社会主义制度优势的基因增强伦理原则,引导基因增强的研发和应用"增进人民福祉,符合社会公德和伦理"[①]。

良好的伦理规范还需要配备良好的监督机制,才能发挥良好的监管作用。国际组织与各国政府还应成立各级基因增强伦理审查委员会,并给予审查委员会足够的监督权限和较高的行政地位(当然也要受到其他部门的制约),对申请基因增强研究的机构以及意欲基因增强的个人加强伦理审查,严格按照伦理程序进行审批,并督促、监督相关单位及人员遵守伦理规范,促进其将伦理规范内化成内心信念并自觉地遵守。由此弱化基因社会层化的观念,应对可能出现的新的社会问题,让不同群体都获得同样的社会认可。

二、提升科技工作者与公众的伦理意识

1. 强化基因增强工作者的伦理意识,凸显其伦理关怀

"头上的星空和心中的道德定律"是德国著名哲学家康德所愈发惊奇和敬畏的两种东西,科技工作者不是为科学而研究,而是为人类而研究,基因增强的研究者和操作者等专家学者在遵循国家、国际法律法规制度和伦理规范的前提下,须将科学意识与伦理意识并重。如果伦理意识淡薄、伦理思想贫乏,科技工作者就会缺乏伦理约束,易被技术魅惑而对人类造成伤害,类似科学家弗兰肯斯坦对生命起源疯狂探索导致怪物

---

① 李宏伟,郝喜.算法监控的"行为剩余"资本谋划及其社会治理[J].河南师范大学学报(哲学社会科学版),2022(02):45—51.

第四章 案例研究二：基因增强社会层化的伦理风险及防治

诞生进而报复人类的科幻恐怖画面，将会真实地呈现在人们面前。有调查显示，贺建奎的人类胚胎基因编辑活动是源于其追逐个人名利、蓄意逃避监管、违反国家命令而进行的。[①] 基因增强相关工作者的思想行为，特别是伦理观念在极大程度上关乎着基因增强技术的完善程度、应用的精准得当状况等，他们的道德意识与伦理关怀如何，关系着基因社会层化及其风险的化解状况。因此，增强科技人员的道德意识和伦理关怀，是从"源头"上防控风险的重要举措。

首先，基因增强的研究者和操作者在探索科学奥秘时要自觉遵循伦理规范，接受相应伦理道德的限制，在现有的伦理许可范围内研究和运用基因增强。基因增强是一项与人体直接相关的高端复杂的新兴技术，专家们在探索中会发现令其欣喜若狂的新突破，此时更需要保持清醒的伦理意识，冷静地进行伦理反思，而"不能被胜利冲昏头脑"。该项研究应用是否会带来伦理冲突？如果继续研究，下一突破是否会触犯现有的伦理道德？如果与基本伦理原则相悖，则须停止研究。如果无限制地研究和应用基因增强，会使社会上拥有优越功能的人越来越多，一方面加剧社会分层以及群体间的不平等不公正等社会伦理风险，另一方面加大缺陷基因群体、正常基因群体对其的恐惧、厌恶或者敬而远之等种种不友好态度。当社会各层次群体间的对立与冲突发展至彼此仇恨时，"弗兰肯斯坦"式残杀悲剧极有可能上演。所以，有限度地研究和应用基因增强，避免大幅度增强基因而造成巨大层次差异乃至社会动荡等一系列伦理社会问题的产生，是科技人员须肩负起的责任，这种责任要求他们自愿地限制自己，以防止人类获得的巨大科技力量最终摧毁我们自己或者我们的后代[②]。

---

① 肖思思，李雄鹰. 广东初步查明"基因编辑婴儿事件"[EB/OL].(2009-01-21).环球网，https://baijiahao.baidu.com/s?id=1623253570595987695&wfr=spider&for=pc.
② 甘绍平. 忧那思等人的新伦理究竟新在哪里？[J]. 哲学研究,2000(12):53.

其次，科技人员要保持伦理风险意识，做好风险评估，保护接受增强者的身体健康。基因增强专家们的工作对象是和他们一样的人，这要求他们要具备仁爱的道德理念，尊重、爱护接受基因增强者。尊重受试对象是伦理道德对医学科研人员的要求之一，《世界医学协会赫尔辛基宣言》强调"必须尊重研究中所使用的动物的福利"，那么，对人类受试者更应该给予最大限度的关怀和尊重，无论何种情况下都不应该将人类受试者置于科研实验的巨大风险之中。贺建奎研究团队利用CRISPR/Cas9第三代基因编辑技术对双胞胎的CCR5遗传基因进行编辑，期望其一出生就拥有免疫HIV病毒的功能。但是，受试夫妻中女方并没有感染HIV病毒，男方使用的精子经过清洗已不携带HIV病毒，即培育的受精卵本身已没有病毒。而且，采取药物隔断等现代医学技术，也可以让这对夫妻生出一对健康的孩子。所以，贺建奎等人进行的基因编辑不是唯一可行的、不可代替的途径，其在明知有更好的替代方案的情况下仍然进行了这项对双胞胎及其后代有巨大风险的实验，显然其伦理风险意识淡薄。第二届人类基因组编辑国际峰会主席、诺奖得主David Baltimore 听完贺建奎的报告后表示："人类胚胎编辑一定要注重安全性、符合伦理、公开透明，研究者需要有责任感。这次的结果在婴儿出生后才为人所知，且医学上属于不必要的医疗需求。"[①]研究探索基因增强的道路崎岖不平、荆棘丛生，科技人员要慧眼识别，不研究对人类及其社会有严重危害的"课题"；要利用自己渊博的专业知识，尽最大可能地预测所研究技术隐含的种种风险：近期的与长远的、技术的与伦理的、身体的与心理的等，并采取相应预防措施或者多种途径并施，尽可能减少风险，甚至杜绝。例如，临床试验中，如果出现影响受试者生命健康的苗头或趋势，科研人员便有权利有义务及时终止实验，进行调整。

---

① 黎方宇，唐云路.贺建奎在人类基因编辑大会的回答回避了最重要的问题[EB/OL]. (2018-11-28). 新浪科技，https://tech.sina.com.cn/d/f/2018-11-28-doc-ihmutuec4410968.shtml.

最后,基因增强研究者和操作者应在日常工作中彰显伦理关怀。基因增强科技工作者是技术实施者、风险把控者,是公众特别是接受增强者最信赖的权威人士,其较强的道德意识和热切的伦理关怀,在很大程度上有助于减少基因增强及其社会层化所造成的伤害。例如,在严格进行科学规划的前提下,科研人员可针对不同的受试者设计不同的实验方法和手段,使临床试验人性化;科研人员可主动提供实验相关信息,由受试者自己选择增强项目、选择实施增强的专家及所用器材等,维护受试者自主权,如出现受试者无法选择的情况,可在法律和道德允许的情况下帮助受试者做出最佳选择;仔细了解、检查接受基因增强者的身体状况,告知其增强的详细过程,建立跟踪联系档案,实施者和受试者双方共同签订具备法律效力的知情同意书,相关报告备份签字并选择性公开,以便受到监督;有些受试者在实验前和实验后出现一些紧张焦虑或恐惧心理,科研人员应及时给予关心并形成心理评估报告,必要时与专业心理咨询机构联合进行心理疏导,或者创建心理健康平台,方便与接受增强者沟通,尽快将其恢复到健康心态。诸如此类亲情般的伦理关怀,在使科技人员赢得更多信任与尊重的同时,相关风险得以控制或解除。

2. 引导公众树立平和、公平的伦理意识,创建和谐生活氛围

当代关于基因的研究取得了一系列重大突破,使得人们非常重视基因的作用,基因增强的发展和应用强化了这种思想倾向与观点,以至于人们在社会生活与工作中自觉不自觉地将基因视为"人为其是"的决定因素,根据基因状态对人群进行层次划分。基因功能的强弱对人的存在和发展有重大影响,但是,它不能成为"人为其是"的决定因素,更不是唯一因素,人不是纯粹的自然生物,人更多的是社会生物,人的能力、人的发展趋势以及人的社会生活状态等是由基因与地质资源、气候、法律、教育、伦理道德、社会组织等众多自然因素和社会因素共同作用下形成的。长期生活在沿海地区与草原地区的人相比,前者擅长捕鱼、后者则善于骑射;不同政治制度、不同道德观念下成长的人,其思想、性格和能力也有很大差别。"环境的改变和人的活动或自我改变的一致,只能被看作是并合理地理解为革命的实践。"①显然,仅以基因状态作为层次划分的标准是片面的、不科学的,其实质早已被证明是错误的基因决定论的伪装表现形式,是我们在研究和发展现代生命技术及其伦理问题时需要警惕和矫正的思想观点与行为方法。而且,这种隐蔽的"基因决定论"有碍于社会大众正确认识和对待基因增强,不利于该技术的发展和其为人服务功能的发挥,甚至会造成社会动荡与分裂。故此,务必纠正这种错误认识,引导社会大众保持"平和"心态,树立平等的大局伦理意识,为消解基因增强社会层化及其风险提供必要而且充分的条件。

首先,引导公众正确认识基因增强的作用,以信任但不迷信的"平和"心态泰然处之。自20世纪90年代第一代基因编辑技术——锌指核酸酶技术(zinc finger nucleases,ZFNs)问世以来②,基因编辑技术突飞猛进。2015年中山大学生命科学学院教授黄军就发表了全球第一篇有关利用CRISPR技术修改人类胚胎基因的论文③,2016年四川大学卢铀教授团队完成了世界上第一例体细胞基因编辑人体试验④,2018年美国FDA第一次通过了体细胞基因编辑人体试验⑤,最新第三代crisp/cas9技术使得基因编辑技术的发展有了质的飞跃并走向临床应用。2019年7月15日,我国科研团队在"Nature Biotechnology"上发表了Leaper新型

---

① 李爱华. 马克思主义经典著作导读[M]. 北京:北京师范大学出版社,2008:6.

② 卢俊南,褚鑫,潘燕平,等. 基因编辑技术:进展与挑战[J]. 中国科学院院刊,2018,33(11):1185.

③ Liang P., Xu Y., Zhang X., et al. CRISPR/Cas9 - mediated gene editing in human tripronuclear zygotes[J]. Protein & cell, 2015(6):363—372.

④ Cyranoski D. CRISPR gene-editing tested in a person for the first time[J].Nature, 2016, 539(7630):479.

⑤ Editas Medicine Inc. Editas Medicine Announces FDA Acceptance of IND Application for EDIT-101. [EB/OL]. http://www.globenewswire.com/news-release/2018/11/30/1659958/0/en/Editas-Medicine-Announces-FDA-Acceptance-of-IND-Application-for-EDIT-101.html.

RNA编程编辑,能够精确、高效地编辑RNA,广泛适用于治疗和基础研究[1]。基因编辑技术取得的一系列成果为基因增强提供了新工具。技术发展得越迅速,公众越需要保持清醒的大脑、理智地看待,避免盲从的不当后果。早在17世纪,经典力学迅速发展,其他学科相对落后,人们仅用力学观点和思维方式看待一切问题,出现了具有严重局限性的"机械决定论"式认识。历史已为人类留下明鉴,今天的人们须吸取教训,且不可再次走入实为"机械决定论"的"基因决定论"沼泽。国家可通过媒体加强宣传,引导以"平和"心态正确认识和对待基因增强,即理性地对待基因增强技术的应用及可能存在的风险,既不狂热信仰、盲目追求,也不全盘否定、恐惧抵制,或者冷眼旁观,而是理智地审视、冷静地对待。公众这种"平和"心态要求个人综合多方面因素尽可能获得基因增强及其价值的客观认识,特别是对基因增强相关收益与风险的评估要客观,既不夸大也不缩小,实事求是;也要求个人谨慎对待自身基因增强,权衡自身身体素质、心理素质状况以及需求之后,再进行定夺,即使面临基因社会层化的压力,也不冒着生命健康等风险去攀比追逐,从而确保基因增强源自接受基因增强者的真实自主意愿,就像人们留长短头发一样的完全出于个人选择。显然,公众对基因增强的"平和"心态有利于防止、遏制盲目追风造成社会基因分层的现实化,也可避免公众技术恐惧心理被建构和放大而阻碍该项技术的研发,促进人们合理地进行基因增强。

其次,引导公众树立人人平等的伦理意识,构建和谐社会关系。人是高级动物,不仅具有自然属性,更具有社会属性,"社会关系实际上决定着每个人能够发展到什么程度"[2]。人类社会愈是向前发展,愈呈现出"高度复杂性和高度不确定性",人愈来愈处于共生共在的紧密社会联系

---

[1] Qu L., Yi Z., Zhu S., et al. Programmable RNA editing by recruiting endogenous ADAR using engineered RNAs[J]. Nature Biotechnology,2019 (37):1059—1069.
[2] (德)马克思,恩格斯. 马克思恩格斯全集(第三卷)[M]. 北京:人民出版社,2008:443.

中,人们之间的合作行动将成为人们把握和解决共同命运问题的第一位路径①。因此,国际社会必须高扬平等、反对基因歧视的伦理价值理念:不分社会地位、经济状况、职业种类,不论性别、年龄、地区、民族、种族以及基因等,人人皆平等,并通过媒体各种手段加以传播,使得人人平等的伦理理念在公众的心灵深处真正扎根发芽。思想是行动的指南,国际社会以这种平等伦理观念为指导,进一步引导公众理性地认识和对待基因和群体的层化:人的基因都是平等的,无优劣高低贵贱之分,基因的层化及群体的层化都是特定时间、地点的人们根据自己嗜好所作出的主观评判;当人们的价值观念发生改变时,对同一事物可能给出完全相反的判断。例如,干旱时节下场雨,人们会夸赞这雨为及时雨,而造成洪涝的雨则被人厌恶,被认为是坏东西。基因的分层,也是人们根据自己的嗜好进行评判的结果。而且,已有研究发现,在某人种身上为优的基因,到另外一个人种身上则成为致病的因子;同一基因在某方面为劣在另一方面为优,携带地中海贫血基因的人能够免疫疟疾。对于这类情况,又岂能以个人或绝大多数人的喜好为基因定优劣? 人的基因种类及其功能是不同的,不论是天然形成的还是后天基因增强造成的,但是,任何基因都是平等的,无优劣高低贵贱之分。退一步而言,即使在同一时间、地点以及评判基因优劣的观点相同的条件下,个人能力强弱的形成也不能仅由基因决定,而是由诸多自然和社会因素共同相互作用形成的。作为社会生物的人,其幸福生活不仅靠其强大的个人能力作为个人保障来争取,更需要法律法规政策制度以及伦理规范等社会条件为其幸福生活提供更为有力的社会保障。所以,端正、提高人们对基因及其社会层化的正确认识,树立人人生而平等的理念与价值取向,反对各种基因歧视、侮辱

---

① 张康之. 论风险社会中个体性的消解[J]. 河南师范大学学报(哲学社会科学版),2020(03):26—33.

基因缺陷群体的思想和行为,从而缓解缺陷基因群体的心理压力,使基因增强社会层化及其风险在思想乃至行动上得到消解。

最后,国际组织及各国政府须从全局高度平衡社会各层次利益,努力营造利于基因群体公平生存的友好社会环境氛围。首例编辑婴儿露露与娜娜的父母之所以冒着巨大风险选择编辑胚胎基因,就是迫于社会层化的压力,他们不希望自己孩子先天携带艾滋病毒而处于社会的劣势群体。为了消除这种社会层化强加于"内心不愿意"而选择基因增强的人的"专制性"压力,为了使基因增强真正出自自我本意,即为彰显自主性本质之真义,国家各项社会事务,例如福利待遇、教育资源、职业职位等各方面,在对所有社会大众一视同仁的前提下,向劣势群体倾斜——给予资金补贴和帮助,"在与正义的储存原则相一致的情况下,适合于最少受惠者的最大利益"[①];或者为劣势群体免费开设相关课程,便于其及时查阅,准确、全面地了解相关信息;或者向有能力的人征税;坚决杜绝商品经济中诱导与胁迫性基因增强消费行为,如有出现,必将对其采取加倍罚款等处罚措施。如此多种措施并举,各级政府努力营造利于各基因群体公平生存的友好社会环境氛围,促进各基因群体和谐生活、共同发展。

第四节 联合防控治理,保障基因增强利于人类

基因增强使得人们可以利用技术手段来实现自身基因方面质的提高与完善,获得更强的身体功能,满足更高级别的需求。在价值多元化、需求复杂化、信息即时化以及竞争激烈化的时代,人们利用基因增强符

---

① (美)约翰·罗尔斯.正义论[M].何怀宏,等,译.北京:中国社会科学出版社,1988:292.

合"应得"的公正原则。但是,基因增强是对人体进行深度的科技化操作,会对我们同代、未来多代乃至人类发展的趋势产生诸多影响,因而引发了人们对其的热切伦理关切。其中,关于成人个体层面的基因增强和对未来子女遗传干预的基因增强的伦理论争,颇为繁多和激烈。

基因增强和其他高新科学技术一样也是一把双刃剑,对其恐惧或者狂热都会给人类带来危害,必须冷静下来以理智的态度对待。从哲学、特别是STS的视角,前瞻性分析基因增强对社会层化的加剧及其风险,并寻找预警措施加以防治,有助于基因增强走向有效性与合理性相统一的健康发展道路,更好地为人类服务。

在社会资源不足或稀缺的时代,人们会对基因增强产生偏差甚至错误的主观认识,将基因"人为"地划分优劣等级,人群也被相应地层化,从而引发社会不公平加剧、损害身心健康、侵害自主权等伦理风险。而且,这些风险常常交织在一起、相互叠加,严重威胁到人类生活及其未来发展。换言之,与人们使用斧头、火车、电脑等技术产品一样,基因增强也是人们提升自身能力的一类技术手段,其本身并没有也不可能预设人的基因优劣,基因层化、人群层化以及相应的系列伦理风险等是基因增强在社会资源匮乏时期应用的不良后果。

在社会朝向"精神境界极大提高"和"物质产品极大丰富"的共产主义社会发展的过程中,对基因增强社会层化伦理风险的防治,发展和完善基因增强技术是减少其对接受增强者身心伤害的关键举措。但是,对由于基因增强而加剧的基因层化和人群层化的防治,从社会伦理的角度采取对策,才更为可行、更见成效。各国政府和国际组织完善相关法律法规制度、构建相应的伦理规范、加强伦理审查,提升科技工作者伦理关怀意识、实施伦理关怀,引导公众树立平和的、基因平等的大局伦理意识,促进公众正确认识和理性对待基因增强等,是遏制基因增强社会层化、化解其相应伦理风险的关键出路。政府、科技专家、公众三方相互支持配合、联合防控现代高新技术风险治理模式的有效性,已被我国抗击新冠疫情的成功事实所证实。2020年1月23日,新冠疫情在湖北武汉暴发,武汉"封城"。面对人传人迅速、潜伏期长、危害身体严重等问题,我国党和政府领导人民筑构起一道坚固的防线,采取了建立专门救治医院、疏散密集人群区域、接触者隔离观察、社区管控人员进出、必要外出时必须佩戴医用口罩等措施。在这一系列的法规制度、伦理规范、技术措施、公众参与的多管齐下、共同作用下,我国取得了抗击新冠疫情的胜利。同理,该政府、科技专家、公众联合防控治理模式,也会使基因增强的研发和应用受到合理的规范和限制,并保障其始终在有利于人类长远发展的大道上阔步前进。

第五章 案例研究三:延年益寿类人类增强的哲学考量

自人类诞生以来,长寿乃至长生一直是人们孜孜不倦的追求。人们不断发展多种多样的活动,研制工具、预防和抵御野兽的攻击,提高医疗水平、治疗与减少疾病对身心的困扰,发展生产、改善饮食等,提高自己的生活质量与生活水平,维护和提升人身体的素质与能力,进而延长自己的寿命。可以说,人类发展的历史就是一部人类平均寿命的不断提高史。近年来,高新科技的飞速发展,为人们延年益寿提供了新的途径,使得人们可以利用这些新兴科技直接地、迅速地延长自己的寿命。显然,这类延年益寿途径完全不同于人们依靠的饮食、体育锻炼、良好生活习惯等方式,存在着诸多相关问题,例如,从哲学的视角看,人们是否可以毫无限制地利用高新科技来延年益寿?如果可以在一定程度上或范围内使用,又将会给人类及其社会带来哪些影响?其是否具有社会伦理合理性?……诸如此类问题引起了学者们的热切关注,提醒人们需要对这类人类增强加以全面的考量。本章不妨从以下几方面展开探索,以期对该类技术增进人类社会的健康发展有所裨益。

第五章 案例研究三：延年益寿类人类增强的哲学考量

第一节 延年益寿类人类增强概述

在地球条件一直适合人类生存的条件下，人类可以通过生殖的世代繁衍方式而实现生生不息式的永恒存在，而作为人类个体的个人生命却是有限且短暂的。因此，自古以来，"长生不老"一直是人们孜孜不倦的追求。我国古代的许多神话故事，都从侧面反映了现实社会中人们追求个人长寿的夙愿。例如，《西游记》描绘了唐僧经历九九八十一难取得真经，终于获得"永生"的艰难过程，各种"妖怪"想吃"唐僧肉"也是为了达到长生不老的目的。基督教、伊斯兰教、佛教等是在世界影响较为广泛的宗教，它们是从另一追求"灵魂不死"的侧面来实现个人在现世与来世的转化中永生。人们的这种长生愿望也反映于人们的实践行动中，秦始皇派徐福东渡寻找长寿不老药，并寻找"方士"炼制长生不老丹药，汉武帝、隋炀帝、唐太宗、明世宗等多位皇帝也炼制丹药并服用。但由于当时人类认识的缺陷以及科技的落后，他们所炼制的丹药中含有较多的汞、金等重金属，不仅没有让"仙丹"服用者实现长寿的愿望，而且使其遭受慢性中毒、提前死亡。随着人们种植庄稼、采集草药等生产生活经验的积累，随着科学技术的发展，人们认识水平不断上升，可以更多地依靠医学药学科技来增强自己治疗和预防疾病的能力，与衰老、疾病和死亡进行顽强的抗争，从而使人类的寿命不断地得以提高。当代新兴科学技术的研发和应用，使得人们更有能力、在更大程度上与"生不需要理由，死不可抗拒"相抗衡，通过干预个人的生老病死来延长人的寿命。这类直接干预人体并能够使其延年益寿的新兴科学技术，就是延年益寿类人类增强。当前已经可以，以及在最近的未来有可能被人们使用的延年益寿类人类增强，概括起来有9大类。

1. 治疗性克隆技术

治疗性克隆技术可以修复和重建人体缺失或者衰老的器官,即当某人的某个器官功能衰竭的时候,他可以利用治疗性克隆技术为其克隆一个"新"器官,并请医护人员为他进行更换。由此,治疗性克隆技术可以有效地预防器官的衰老,在一定程度上延长人的生命,还能有效地提高患者的生活质量。人们长生不老、青春常在的梦想,似乎可以通过治疗性克隆技术逐步走向现实。

2. 抗衰老药物

旨在延迟或预防慢性病和其他与年龄有关的疾病发作的药理学干预措施的研究,一直处于衰老研究领域的前沿。"1999年9月,美国FDA批准将雷帕霉素作为免疫抑制剂用于肾移植抗排异治疗,商品名为Rapamune",以防止移植器官的排斥反应[1]。后来,科学家们发现,雷帕霉素可以延长酵母菌、蠕虫和老鼠等短寿命物种的寿命[2]。它是否能在人类身上起到同样的作用?目前还没有严格的方法来检验。但是,研究人员已经将注意力集中在"衰老"的一个重要方面——免疫功能下降——来观察、模仿雷帕霉素类药物是否能增强老年人的免疫功能。此外,RTB101是一种前沿的候选药物,用于减缓与年龄相关的免疫反应下降,目前正处于临床试验阶段。[3] 还有其他一些抗衰老药物,如端粒激活剂,可以避免端粒磨损、选择性地消除衰老细胞;美容除皱类药物,可延缓眼角、额头等面部组织细胞衰老。

从总体上看,"抗衰老药物大致可分为中药类(如当归、人参和蜂王浆等)、小分子类(如二甲双胍、白藜芦醇、原花青素和雷帕霉素)和多肽

---

[1] 史清文,顾玉诚. 天然药物化学史话[M]. 北京:科学出版社,2019:140.

[2] Johnson SC, Rabinovitch PS, Kaeberlein M. mTOR is a key modulator of ageing and age-related disease, Nature. 2013,493(7432):338—345.

[3] Hall S S. Is an anti-aging drug around the corner? [J]. Technology review:MIT s magazine of innovation,2019(5):122.

类(如大米多肽、大豆多肽和人工合成多肽)"①,其抗衰老作用的分子作用机制有待进一步阐明,但其抗衰老效果已经通过构建不同的生物模型得到了证实,可缓解或延缓人体的衰老过程,增加健康和寿命。二甲双胍可通过改善营养感知、增强自噬和细胞间通信、保护机体免受大分子损伤、延缓干细胞衰老、调节线粒体功能、调节转录、降低端粒磨损和衰老等途径,来减弱衰老特征及其相互连接的机制。这些特点使二甲双胍成为一种很有吸引力的抗衰老疗法药物,可用于人体试验。②但要注意的是,关于药物干预的开始时间和维持治疗时间以及剂量等都是因人而异的变量,需要在有经验的医师指导下进行。

3. 抗衰老免疫技术

免疫医学技术的发展,使人们口服或者注射疫苗,免除感染传染病的风险,从而相对延长了人类的寿命。例如孩子在小时候口服"糖元"、接种天花病毒疫苗、注射狂犬病疫苗等,可以分别增强抵御脊髓灰质炎、天花病、狂犬病的能力。而且,现代免疫医学正在朝着提高健康人寿命的方面努力,有学者通过长期试验发现,"把淋巴细胞注射到一种缺乏生长激素的短命小鼠中,结果使其寿命延长了3—4倍;向衰老的鼠移植胸腺和骨髓,促使其免疫能力恢复到年轻鼠的水平"。③ 该类研究在人身体上是否有同样的作用,还需要进一步的、反复的临床试验研究,但其至少为增长人类寿命提供了一定的启发和借鉴。现代科学研究发现,当人的年龄增长到老年阶段以后,人体细胞的免疫能力、免疫协调能力都逐渐降低,这与人的衰老关系密切。如果将来某一天,人们解开了衰老的秘密,那也就同时揭开了人类在细胞水平或者基因水平的长寿秘诀,将会

---

① 何晨,刘晶晶,陈楠,等.抗衰老药物的研究进展[J].西北药学杂志,2020,35(01):154.
② Kulkarni A S, Gubbi S, Barzilai N.Benefits of Metformin in Attenuating the Hallmarks of Aging[J].Cell Metabolism,2020,32(1):15—30.
③ 郭德信.名人长寿秘诀[M]. 武汉:武汉出版社,2001:318.

促进更多的人实现其长寿的梦想。

4. 基因编辑技术

从一般的意义上讲,人的生老病死最终都是由基因控制的。基因编辑技术的进展近年来更加突飞猛进,不论从理论上还是从实践上讲,人们利用该技术延缓衰老已经具备了一定的可行性。通过剪切掉衰老基因、插入减慢衰老速度的基因或者长寿基因等,可以减弱甚至阻止人体的衰老进程,使基因被编辑者实现长寿的目的。我国学者刘光慧、汤富酬、曲静的研究组通过联合研究得出,"通过靶向编辑单个长寿基因,产生了世界上首例遗传增强的人类血管细胞……这种增强干细胞不但可以抵抗衰老,还可以抵抗癌基因诱导的细胞恶性转化"[①]。我国科学院研究团队通过全基因组筛选,发现两个保守的表观遗传调控因子,其能够减慢与年龄相关的行为退化,阻止健康衰老[②]。而且,当某些通过基因编辑技术获得的抗衰老功能随生殖细胞遗传给后代后,其后代也能够长寿。"在不久的将来,对抗衰老的另外两种主要策略可能会出现:防止端粒磨损的基因干预和肠道微生物群的改变。"[③]

基因编辑技术还可以被人们用于治疗某些遗传疾病,即基因治疗,能使这方面患者免于该疾病缠绕而相应地增加了他的健康与寿命。

5. 人体冷冻技术

人体冷冻技术(cryonics)是在有"冷冻"意愿的人合法死亡后,冷冻技术工作人员"立即"利用冷冻技术尽可能将其身体的血液和水分排干,

---

① 中国学者获得世界首例遗传增强人类血管细胞[J]. 中国肿瘤临床与康复,2019,26(12):1520.

② Jie Yuan, Si-Yuan Chang, Shi-Gang Yin, et al. Two conserved epigenetic regulators prevent healthy ageing[J]. 2020,579(Suppl 1):118—122.

③ Ros M, José María Carrascosa. Current nutritional and pharmacological anti-aging interventions[J]. Biochimica et Biophysica Acta (BBA)—Molecular Basis of Disease,2020,1866(3):165612.

同时注入防冻保护液,在此过程中使之逐步降低温度。然后将经过此处理后的遗体放置在充满液氮的不锈钢高罐容器内保存,温度控制在零下196℃[1],待相关条件成熟时再进行解冻,从而使得该人实现"起死回生"的目的。美国的一位名为詹姆斯·贝德福德的胃癌患者于1967年首先进行了人体冷冻,成为"全球第一例冷冻人";我国重庆女作家杜虹,患有胰腺癌,于2015年在美国接受"大脑冰冻",成为"国内第一位冰冻人";我国山东因肺癌去世的普通义工展文莲,于2017年在山东进行"人体全身冷冻术",成为"中国首例本土冷冻人"。"在世界范围而言,已经有300多人加入人体冷冻计划。"[2]这些被冷冻保存的人,大多是因患有某种疑难杂症、难以治愈而死亡的,他们有着基本一致的遗愿:待未来技术发展到能够治疗其所患疾病之时,对其进行冷冻的人体冷冻机构就将其解冻复苏,然后其再进行相应疾病治疗、实现痊愈而健康生活。但是,到目前为止,还没有出现"冷冻人"解冻复活的案例,因为治疗其所患疾病的医疗技术和人体冷冻解冻技术都有待于进一步发展。如果未来某一天这些技术得以实现,那么"死而复生"不再是奇迹,将有助于人类实现"永生"的夙愿。

6. 降低人体体温技术

与在极低温度下保存人体、等待条件成熟时再使其获得再生的人体冷冻技术相比,人们更希望自己一直保持着鲜活的生命状态,于是降低人体体温、减慢代谢速度的延年益寿方法便成为人们一直不断探求的课题。一般来说,在寒冷地区生活的人的平均寿命比在炎热地区生活的人的平均寿命要长,因为运动需要能量,当人体温度降低时,心脏、脉搏跳

---

[1] 杜海涛.死亡的深度技术化:人体冷冻技术在死亡问题上的哲学话语[J].东北大学学报(社会科学版),2018,20(02):118.

[2] 孔睿.人体冷冻技术:科技真的能给死亡按下暂停键吗?[EB/OL].(2017-08-31).科普中国,http://www.kepuchina.cn/qykj/yxqy/201708/t20170831_221933.shtml.

动的频率下降,人体的新陈代谢变慢,心脏等器官的细胞凋亡速率降低,由此可相应地增长人的寿命。据有关研究推测,"如果使温血动物(其中也包括人)的体温下降2℃—0.5℃,其寿命可延长一倍,即可能从70岁延长到150岁左右。"①但是,如何"降低人体温度",仍然是当代科技专家们探索的延长人寿命的关键问题之一。

7. 脑机接口技术

脑机接口技术(Brain-Computer Interface,以下简称BCI)是利用计算机等电子设备采集并分析大脑生物电信号,构建与人脑交流与控制的直接通道,从而使外周神经或者肌肉受损的患者能够与外界交流或控制外部环境。② 换言之,BCI技术是能够使患者直接用意念或思想来控制或者指导外部设备工作,而不需要使用者进行语言表达或肢体动作的通信控制系统。如图5-1所示,在2014年的足球世界杯开幕式上,一位高位截瘫患者依靠BCI技术,即神经生物学教授Miguel Nicolelis团队开发的机械外骨骼,成功开出第一球③。BCI技术在健康被试者身上也同样有效④⑤,帮助人们实现交流、控制外界设备、增强认知等能力。

目前,BCI技术已经从单项、侵入式发展为双向、非侵入式的脑机接口技术(BBCI)。该领域的有关专家预测,在不久的将来,BCI技术可以发展为利用类似"小纽扣"的装置,贴在人的太阳穴或头皮上就能对人脑进行刺激,获得人脑电波,然后被上载到电脑等机械装置。这不仅可使

---

① 高峰. 降低体温 益寿延年[J]. 中国检验检疫,2013(10):63.
② Burwell S, Sample M, Racine E. Ethical aspects of brain computer interfaces: a scoping review[J]. BMC Med Ethics,2017,18(1):60.
③ 李佩瑄,薛贵. 脑机接口的伦理问题及对策[J]. 科技导报,2018,36(12):39.
④ Power S D, Falk T H, Chau T. Classification of prefrontal activity due to mental arithmetic and music imagery using hidden Markov models and frequency domain near-infrared spectroscopy[J]. Journal of neural engineering, 2010, 7(2):026002.
⑤ Naseer N, Hong K S, Bhutta M R,et al. Improving classification accuracy of covert yes/no response decoding using support vector machines: An fNIRS study[J]. IEEE,2014:6—9.

其个人的体能超越人类限制,而且可使其意识获得某些超人类主义者所认为的"人的永生"——人的意识获得永生。

图 5-1　2014 年巴西世界杯足球赛开幕式上
高位截瘫患者身着"机械战甲"开出第 1 球

8. 高科技保健食品

随着高新科学技术的日新月异,高科技保健食品也层出不穷。"保健食品"是我国特有的称谓,国外没有这个名词,与之对应的是"膳食补充剂"。从目前国内外市场上销售的这类产品来看,其作用可概括为两大方面。其一,是调节人体新陈代谢的作用。每个人的 DNA 生物大分子包含了其所有的生命信息,可称之为生命信息天书,人的基因分布其上、分管着人体的各项功能。如果有些功能基因老化、处于休眠状态,或者有些基因的开关暂时闭锁等,那么人身体产生不健康的异常状态——患某种疾病,或者至少处于亚健康状态,或者衰老加速。假如某人长期摄入过多的动物脂肪和蛋白,造成体内"三高",就会使其身体里的一些细胞失去活力,或进入休眠状态,从而对人体健康造成威胁。服用适量的有激活作用的高科技保健食品,可以促进体内脂肪和蛋白的消耗、激活细胞活力,改变人体的亚健康状态或早衰现象,也就相对地延长了人的寿命。其二,是保健食品起强效作用,即提高人体细胞里酶的活性。酶是人体内各种生物化学反应的催化剂,在人体的各种新陈代谢,如分解食物、吸取养分、排除毒素中起重要催化作用;是细胞保持活力的必备物质,有的酶帮助消化,有的酶帮助分解,有的酶促进物质合成,每种酶都有自己的特殊功能、不可或缺。但由于年老、疾病、营养、精神、外伤等因素造成人体某些方面的代谢酶出现障碍或者缺乏时,服用以多种生物活性酶为主要成分的保健食品,对身体就会产生事半功倍的保健作用。某种高科技保健食品能够增强人体某种或者某些生物酶的活性,也就提高了人体内代谢的效率,从而促进了人寿命的延长。例如,高科技保健食品代表之一的汤臣倍健,正在积极开发个性化的健康食谱。基于已有的数据库,根据不同人的需求,通过个性化的评价给予建议,如健康管理的方案,或保健食品精准化饮食的建议等,通过分析与干预饮食和生活方式,管理人体健康。汤臣倍健认为"精准营养"可以防控糖尿病、心脑血管疾病及肿瘤等重大慢性病,甚至可以"饿死"癌细胞。众多医学与营养学专家一致认为,通过直接调控膳食中的相关营养成分,的确能起到阻止或延缓肿瘤细胞增殖、转移和促进凋亡而达到治疗的作用,进而实现增加人寿命的目的。美国南加州大学的 Pinchas Cohen 等人发现,动物线粒体内的一种多肽"humanin"是寿命和健康的调节因子;humanin 与机体衰老密切相关,机体的 humanin 水平通常随着年龄的增长而下降,humanin 水平较高者可能更长寿;humanin 还能够预防阿尔茨海默氏症等与年龄有关的疾病、增强机体对毒性物质的抵抗力。[1] 抗衰老的营养干预措施可概括为:热量限制、时间限制饲喂(TRF)、间歇性禁食(IF)、模拟禁食(FMD)、某些营养素含量有限的饮食以及含有植物化学物质和必需脂肪酸的饮食几个方面。[2]

---

[1] Yen K, Mehta HH, Kim SJ, et al. The mitochondrial derived peptide humanin is a regulator of lifespan and healthspan[J]. Aging (Albany NY) 2020,12(12):11185—11199.

[2] Ros M, José María Carrascosa. Current nutritional and pharmacological anti-aging interventions [J]. Biochimica et Biophysica Acta (BBA)—Molecular Basis of Disease,2020,1866(3):165612.

第五章 案例研究三：延年益寿类人类增强的哲学考量

烟酰胺单核苷酸（nicotinamide mononucleotide，简称NMN），是近十年来得到迅速发展的高科技保健食品。哈佛大学David Sinclair科研团队指出，将NMN注射到小鼠体内，可提升其NAD+水平，将年老小鼠粒线体的功能恢复至年轻时状态，整体寿命出现了近乎三分之一比例的延长。David Sinclair等学者在2013年将此实验的详细结果在权威刊物《CELL》发表。[①] 2016年，日本庆应义塾大学和美国华盛顿大学联合在全球首次开展NMN的人体临床试验。[②] 2016年12月，美国华盛顿大学医学院等的研究表明，NMN是NAD+的前体物质，通过NMN可以补充NAD+。[③] 换言之，补充的NMN会在人体内迅速转换为NAD+，NAD+增加人体活力、延缓衰老。2019年1月，华盛顿大学医学院的Grozio等人进一步研究发现，细胞膜表层的转运蛋白Slc12a8在钠离子的帮助下能将NMN直接运输到细胞中，并迅速促进NAD+的生产。[④] 2019年，Zoltan Ungvari教授在国际学术期刊《Redox Biology》发表论文，揭示出NMN能让大脑更年轻的重要功能。[⑤] 日本东京大学Masaki Igarashi等学者近年来关于NMN人体临床试验的结果表明，20位65岁以上康健男性老人进行NMN补充后，血液中NAD+的水平明显提升，并且，这些受试者的肌

[①] Gomes A., Price N., Ling A., et al. Declining NAD+ Induces a Pseudohypoxic State Disrupting Nuclear-Mitochondrial Communication during Aging[J]. Cell, 2013, 155(7):1624—1638.

[②] 新华社. 日美开展抗衰老物质人体临床试验[J]. 广州医科大学学报, 2016, 44(04):60.

[③] Mills K F, Yoshida S, Stein L R, et al. Long-term administration of nicotinamide mononucleotide mitigates age-associated physiological decline in mice[J]. Cell metabolism, 2016, 24(6):795—806.

[④] Grozio A, Mills K F, Yoshino J, et al. Slc12a8 is a nicotinamide mononucleotide transporter[J]. Nature Metabolism, 2019(1):47—57.

[⑤] Tarantini S, Valcarcel-Ares MN, Toth P, et al. Nicotinamide mononucleotide (NMN) supplementation rescuescerebromicrovascular endothelial function and neurovascular coupling responsesand improves cognitive function in agedmice[J]. Redox Biology, 2019(24):101192.

肉力量和运动能力也得到大幅改善。[①] 目前市场上已经出现了"迈肯瑞尔NMN"产品,但是其具体效果如何,还有待于更多消费者的反馈。

9. 高科技的医疗技术与设备

新的医疗技术与设备能够在某种疾病暴发的初期或者前兆期将其识别,并进行治疗,避免该疾病进一步损伤人体,从而提高人体的健康与寿命。例如,胎儿各个时期的检测及保健技术,能够及时关注胎儿的健康状况,以确保宝宝健康出生;各单位每年或者每两年进行一次的全面体检,所采用的医疗检查技术和设备都是比较先进的,可以在较大概率上实现早发现早预防疾病、促进人体健康的目的。Karaseva等人的研究发现,非侵入性骨科康复治疗方法,已经成为老年癌症患者的一项长寿技术[②],换肾等器官移植技术、心脏血管搭桥术等增加了患者活得更久的机会[③],天花、百白破等各种疫苗的研制和应用,更是预防和杜绝了某些疾病的发生与传染。自2020年1月开始发生并在人群中传播的新冠病毒,由于没有针对性的药品治疗以及对其强传染性认识的滞后,导致很多人被感染,其中不少患者死亡。后来,几种新冠病毒疫苗,分别被多个国家的医药研究机构加紧研制出,对防治、消除该类疾病对人体健康的侵袭起到了重要作用。

迅速发展的人工智能(AI)和大数据技术(Big Data),已经被应用到医疗保健领域,为人们的健康长寿保驾护航。例如,IBM公司开发的Watson人工智能软件,已用于医药研究领域,将在决策治疗方案、发现药

[①] Igarashi M, Nakagawa-Nagahama Y, Miura M, et al. Chronic nicotinamide mononucleotide supplementation elevates blood nicotinamide adenine dinucleotide levels and alters muscle function in healthy older men[J]. npj Aging,2022,8(1):5.

[②] Karaseva V V, Elovikova T M, Zholudev S E,et al. Orthopedic rehabilitation of elderly cancer patients as a technology of longevity[J].BIO Web of Conferences,2020,22(4):01013.

[③] Ewa Wojtaszek, Jolanta Małyszko, Agnieszka Grzejszczak, et al. A chance to live to a ripe old age with a transplanted kidney[J]. Polish Archives of Internal Medicine,2019,129(7—8):551—553.

物等方面发挥愈来愈重要的作用①。大数据(Big Data)能够对实时的、松散的、深度的和多样化的生物数据进行处理,发现某些隐含关系,进而促进与延年益寿相关的各科学假设的提出与临床检验。

第二节　延年益寿类人类增强的社会效应

自人类产生以来,衰老伴随着每一代人,成为摆在人们面前的不可避免的难题。人们没有灰心丧气,一直不断地努力寻找与衰老抗争的各种方法。体育锻炼、饮食营养、情绪调节、改善睡眠与生活环境等,都是有助于人们减缓衰老、促进长寿的传统方法。但是,由于这些传统方法的效果比较缓慢且往往不是很理想,在当代,人们又更多地倾向于依靠高新科学技术直接作用于人体,从而相对快速地实现延年益寿的梦想。那么,事实果真如人们所愿吗？这些延年益寿类人类增强会对我们当前的人类社会造成哪些影响？本节将从正负两方面对其进行探索。

一、延年益寿类人类增强的社会正效应

1. 有助于医学和医疗技术的研究和发展

对衰老机制及如何防止衰老问题的研究,有助于进一步揭开人体细胞活动的秘密,为医学和医疗技术的发展奠定基础。例如,延长寿命的化合物对神经退行性疾病具有缓解或抑制作用,并为这类毁灭性疾病提

---

① Castaneda C., Nalley K., Mannion C., et al. Clinical decision support systems for improving diagnostic accuracy and achieving precision medicine[J]. Journal of clinical bioinformatics, 2015, 5 (1):4.

供了一种新的治疗策略①。郑州大学研究者通过对山药多糖(CYP)的抗衰老活性及其对小鼠 Klotho 基因表达调控的研究,发现山药的抗衰老作用可能是通过 CYP 修复小鼠器官功能和提高 Klotho 基因的表达来实现的,因为他们发现 CYP 不仅能增强小鼠的学习能力,而且能减轻小鼠的空间记忆损伤,CYP 能增强小鼠脑、肝、肾组织超氧化物歧化酶、过氧化氢酶和谷胱甘肽过氧化物酶活性,可"上调"脑和肾中抗衰老 Klotho 基因的表达。② 中美学者联合研究,首次发现体内谷胱甘肽还原酶基因的 AAV 传递,可"下调"小管上皮细胞中谷胱甘肽还原酶(GR)的表达和活性,从而减轻抗衰老基因 Klotho 缺失引起的肾损伤。这一发现意义重大,因为它为理解肾脏衰老的发病机制指明了一个新的方向:携带 GR 全长 cDNA 的腺相关病毒(AAVi-GR)可能是一种有效的治疗老年肾损伤的方法。③ 其他各种延年益寿技术的研究,例如清除体内衰老细胞,④同样有助于提高或者改善人类某些疾病特别是与老年有关的疾病的检查和治疗,促进医学及医疗技术的发展。

2. 丰富个人阅历、增加其享受自然与天伦之乐的时间

其一,延年益寿类人类增强使得个人寿命增加、生活时间更长,从而使得长寿者能够更多地丰富自己对自然和社会的阅历,能够欣赏更多的自然美景、听到更多的新鲜事物,即见多识广;其二,长寿者有机会吃到

---

① Soo S K, Rudich P D, Traa A, et al. Compounds that extend longevity are protective in neurodegenerative diseases and provide a novel treatment strategy for these devastating disorders[J]. Mechanisms of Ageing and Development,2020,190(2):111297.

② A X W, A X Z H, A Z L, et al. Investigations on the anti-aging activity of polysaccharides from Chinese yam and their regulation on Klotho gene expression in mice[J]. Journal of Molecular Structure,2020,1208:127895.

③ Gao D, Wang S, Lin Y, et al. In Vivo AAV Delivery of Glutathione Reductase Gene Attenuates Antii-aging Gene Klotho Deficiencyi-induced Kidney Damage[J]. Redox Biology, 2020(37):101692.

④ 陈祥宁,刘洋,纪俊峰. 清除衰老细胞在衰老与老龄化相关疾病中的研究进展[J]. 生物化学与生物物理进展,2019,46(12):1150—1161.

更多更营养的食品,或许能够吃到新科技加工的新食品,即多口福;其三,长寿者在有生之年不仅能够见到自己的孙子辈、曾孙子辈,而且有可能见到自己的玄孙子辈,甚至六世同堂都非常可能,实现我们中国传统文化特别是儒家文化所推崇的多代同堂、阖家欢愉的幸福美满大家庭梦想,即多代子孙同堂;其四,长寿者使得后代子孙有时间和机会去看望和照料他/她,从而可以得到后代子孙更多的尊敬和关爱,更多地享受与亲人相聚的愉快时光,即多亲情。

如果延年益寿类技术成熟并得到社会的普遍认可,那么社会每个人的寿命都可以得到延长,人人都能成为长寿者,人人都能够享受到更多的自然与天伦之乐。其乐融融的幸福生活,岂不美哉？快哉？

3. 延长个人劳动时间,促进社会发展

其一,一般来说,热爱生活、热爱人生、有理想有追求的人更期望长寿,以获得更多的时间去实现自己的抱负,反之亦然,长寿者往往愿意利用自己的退休时间去做自己喜欢的事。我国在位时间最长的"千古一帝"康熙皇帝,仍想"再活500年"。一些人员退休后发现自己的潜能,成为另一行业的专家能手的现象,已成为当前现实生活中屡见不鲜的事实。因此,利用延年益寿类人类增强促进个人长寿,可以增加其为社会工作的时间,特别是那些道德品质高尚的科技专家与职业能手长寿,不仅可以多为社会做贡献,而且能够在社会某一方面起引领作用。"宇宙之王"霍金身残志坚,一生都在探索伟大宇宙的奥秘,取得了辉煌的成果,如果利用延年益寿类人类增强提高霍金的健康与寿命,相信他会破解更多宇宙之谜。

其二,长寿者能够增加其家族成员的凝聚力,促进多代家庭成员之间的交流、团结与合作。这种团队协作精神可以促进其家族集中力量办大事,也可促进其家庭成员与他人合作完成人生的更多梦想。

4. 缓解老龄化带来的劳动力不足等社会矛盾

20世纪以来,法国、瑞典、美国、英国、日本等大多数国家相继进入人口老龄化行列,"我国在2000年也进入了人口老龄化国家行列,并且我国的人口老龄化呈现出加速发展伴随高龄化和空巢化的特点"。① 低出生率与低死亡率等原因造成的老龄化难题还会导致劳动力缺乏、劳动力成本提高、家庭及社会养老负担加重等一系列的社会问题,这已引起了国际社会的广泛重视,包括我国在内的许多国家将"延迟退休"作为应对老龄化问题的关键举措。而身体健康且高寿是"延迟退休"顺利实施的前提条件,延年益寿类人类增强恰能够促进人体健康和长寿,使原本该退休的人员可以留在工作岗位继续工作,从而在一定程度上缓解了劳动力不足等社会矛盾。

此外,延年益寿类人类增强大大增加了人在世的生活时间,老年人的生活用品和社会服务需求增大,这将在一定程度上能够推动社会经济的发展。

但是,任何事情都具有一定的两面性,延年益寿类人类增强也不例外,其在给个人和社会带来积极作用的同时,也会导致一些社会困境。

二、延年益寿类人类增强的社会负效应

延年益寿类增强技术大多数正处于研究和开发阶段,但是,采取哲学前瞻性研究的方法对其进行预测,发现其可能在生命伦理、社会伦理和生态伦理等方面导致风险与困境,主要表现在如下六个方面。

1. 身体健康与安全风险潜在

延年益寿类人类增强在社会上获得普遍应用之前,尽管要经过多次的动物实验与临床试验,而且无论这些实验多么成功,且不论由于每个

---

① 曹琛琪. 延迟退休方案国际比较及启示[J]. 合作经济与科技,2020(16):165.

人的身体具有特异性,在某个人身上起到某种增强作用却在另一个人身上不一定也起这种增强作用,都不可能完全保证其真正用于人体时会万无一失,存在着伤害人体的健康与安全风险。例如,入侵式脑机接口技术存在着人头部开口会破坏脑部的天然防护,还存在几乎无法完全愈合的健康问题;非入侵式脑机接口技术采集到的信息的精度和区分度都远不如入侵式脑机接口技术,存在着恶意信号输入或信号阈值更改等引发脑部混乱的健康问题,严重的可导致大脑受损乃至危及生命。人体冷冻技术存在的风险也很多,其中"玻璃化"冷冻风险需要首先考虑,"从0℃到-130℃的冷冻应快速实施,以将冰晶形成的可能性降至最小。而当从-130℃冷却到-196℃时,热应力会导致玻璃化样品的开裂。虽然在理论上缓慢地冷冻到-196℃应该可以避免开裂,但必要的冷却速率仍是未知的。"[①]冷冻后如何解冻恢复,以确保冷冻者健康、安全地复原,即"苏醒",目前尚不确定。基因编辑技术存在着脱靶或突变风险,对抗衰老者及其后代会造成身体上的健康伤害,甚至危及其生命安全。Daghlas 和 Gill 对48972个人的遗传数据进行研究发现,较高的全身铁含量可能会降低预期寿命。这一发现的临床意义值得进一步研究,特别是在铁正常状态的个体补充铁的情况下[②],该研究暗示了高科技保健品潜藏着健康风险。同样,抗衰老免疫技术、药物以及其他延年益寿类人类增强,也都存在着一定的健康和安全风险,在此不再一一详细列举。

2. 人的生存尊严困境增加

人的生命只有一次,这使得生命显得非常宝贵且神圣,人们在社会生活中也由此而形成了"恶死而乐生"的生存伦理观。人一定要尽力地

---

① Best B.P.. Scientific Justificantion of Cryonics Practice[J]. Rejuvenation Research,2008,11(2):494—501.

② Iyas Daghlas, Dipender Gill. Genetically predicted iron status and life expectancy[J]. Clinical Nutrition,2020.

活着,俗话说"留得青山在,不怕没柴烧""好死不如赖活着"等,都是强调人生命的重要价值与意义。可是,人在社会上生活,不仅要活着而且要有尊严地活着,才能更好地显示生命的重要价值与意义,俗语"人争一口气,佛争一炷香"要表达的大概就是这个意思。所以,人们总是努力学习、克服困难、奋勇前进,力争使生活拥有"福、禄、寿、喜"般的更加美好。人们常常祝愿老人"福如东海长流水,寿比南山不老松",也就是希望她/他既"长寿"又有"福气"、能够享有幸福的生活。可见,身体健康是"福"与"寿"的基础,健康并幸福的长寿者,才是人们所期望的真正长寿者。那么,那些缺乏健康甚至处于昏迷状态、依靠科学技术例如呼吸机等而苟延残喘者,其生活有没有尊严?其是不是长寿者?也许有人认为只要有一口气活着,就是长寿;也许有人认为这种生活缺乏尊严,宁愿借助于安乐死结束自己的生命,"宁愿有尊严地死,也不愿苟且偷生"。事实上,随着年龄的增长,人体各个器官组织逐渐老化、走向衰竭,是目前人们必须遵循的自然规律,只是人们老化速度不同而已。在人体老化过程中会出现各种老年疾病,进而加快其老化过程,人体的体力、智力的各项功能下降,使人产生"老不中用"的尊严失落感。因此,人的长寿过程中或多或少地存在着"活得长"与"保持生命尊严"之间矛盾对立的生存尊严困境。

延年益寿类人类增强旨在弱化、消除或者阻止人体老化过程中老年疾病的出现,或者直接阻止人体衰老,从而实现延长人们寿命的目的。但是,只要这类技术的健康安全风险潜在,其就同时存在着加剧人生存尊严困境的风险。因为技术所带来的健康损害和安全危机是在人自然老化过程之上额外加之于个人的,需要被人照顾,使人产生无用感、累赘感和焦虑感,加速降低人的尊严。其次,对于未出生的后代、未成年的孩子、精神病患者或者神志不清的老人等,延年益寿类人类增强在他们身上的应用还涉及如何获得他们的知情同意问题,按照目前的惯常做法,是由他们的监护人或者赡养人代为做出决定。那些思维欠缺或者糊涂的老人,自己不会意识到"尊严被剥夺"的问题,但是对于行动不便、思维缓慢的老人来说,如果在其采用某项延年益寿增强技术时也被要求由其赡养人辅助或者替他做决定,他就会产生"尊严被剥夺"的意识以及沮丧的情绪。这种代替老人做决定的行为,貌似"善良",实则冒犯了这些老人自己独立享有知情同意的权利、降低了他们的自主尊严感。

此外,即使延年益寿类增强技术发展完善,不会给使用者带来健康安全风险,也会因为其在就业、养老等方面导致的困境(详见下文)而加剧了人们的生存尊严困境。

3. 加剧社会的不平等与不公平

在社会资源相对短缺的现代社会,本来就存在着经济、教育、就业等方面的不平等和不公平现象,延年益寿类人类增强的出现与应用将在一定程度上使这些现象更加突出。

其一,富人由于其经济条件优越,有能力担负起该类增强技术的昂贵费用而能优先享用延年益寿的硕果。例如,NMN 抗衰老药物,仅在动植物中存在且含量极少,不可能大量提取;该药的制造过程又相当复杂,也很难进行大规模的批量生产,从而成为价格昂贵的奢侈品。到目前为止,仅有极少数参与研究的科学家因为研究的需要,以及顶尖富豪才有机会服用 NMN。一些比较富裕者不惜花费重金、辗转几道途径才能购买到,经济一般的人和贫穷者,则望尘莫及。因此,一些价格不菲的延年益寿类人类增强,从其问世之日起就进一步扩大了富人与穷人之间的不公平鸿沟。

其二,优先享用延年益寿人类增强的富人有更多的时间去利用更优越的教育资源,接受更好的教育,了解更广的信息,扩充自己的见闻,赚取更多的财富;并且,这些富人可以将其受到的诸多优秀教育优先传递给自己的子孙后代,使其子孙后代站在优先的起跑线上。显然,这种种情况都会加剧人们享受教育资源的差异性。

其三,增大了人们的社会就业竞争压力。科学技术的发展,特别是机械化技术和智能化技术的发展,加速了农业和工业由劳动密集型向知识密集型转变,农业和工业领域需要的工作人员越来越少。作为服务行业的第三产业以及行政事业管理部门随着科技的发展,特别是互联网技术、通信技术和人工智能技术的发展,所需要的办公人员亦逐渐减少,例如银行的存取业务可由 ATM 机和网上银行自助进行,餐馆服务员可分别由机器人、洗碗机代其传菜、洗碗。延年益寿类人类增强同样减少了就业机会,只是换成了另一种方式,即增加了就业人员的数量。延年益寿类人类增强提高了人的健康、延长了人的寿命,也就延长了其工作时间——不退休继续占据工作岗位或者退休后另谋职业,都使得社会就业难度"更上一层楼"、就业机会更少。

4. 削弱或者降低社会的生机和活力

其一,长寿者的社会适应性落后,减弱了社会的生机与活力。在人类生活的四维时空中,时间的流逝具有不可逆转的一维性,使得人的社会生活不断前进而具有不可重复性。自 20 世纪以来,随着现代科学技术日新月异的飞速发展,人类社会不再像农业社会那样相对稳定,而是进入了"变动不居"日益加剧的信息社会。这要求人们思想活跃、与时俱进,跟上时代发展的步伐,乐于接受新鲜事物,否则就会被社会淘汰。延年益寿类人类增强虽然能够在一定程度上延缓衰老、延长人的寿命,但是老人毕竟是老人,其思想相对保守、行为相对守旧,接受新鲜事物的能力、范围及速度远不及儿童和青少年。因此,长寿的老人们不愿意或者即使愿意也很难跟上时代发展的步伐。特别是"冷冻人"经过几十年甚至几百年后解冻复活,其意识能否完全恢复到其冷冻时社会的意识水平,目前技术上还不能确定;即使其意识能够完全复活,其也不能立即拥有复活时社会的意识水平,因为此时的社会已经远远超前于其冷冻时的社会,他只能像婴儿一样开始学习、逐渐适应社会,重新构建新的社会关系。这表明:利用该类人类增强技术的长寿者既是该类技术的享用者,也是被该类技术甩在社会后面的落后者。如果社会上绝大多数人都使用该类长寿技术,长寿老人增多,将会大大减慢社会的发展节奏而使社会缺乏生机与活力。

其二,社会和长寿老人子女后代的养老负担加重,阻碍了社会生机与活力的提升。延年益寿类人类增强的应用将会造成社会上老年人的绝对数量增多,社会负担的养老保险、医疗保险以及住房保障的支出都将增加,社会的老年抚养系数会持续上升;家庭及其子女后代的赡养压力加大、护理负担加重,一代子女将会面临着照顾其上多代长寿老人的义务与责任,不仅使经济的支出增多,而且需要日常的照顾和陪伴。这将大大地增加社会青壮年后代的压力,使得他们喘不过气来,使得他们的生活陷于疲惫状态,因为他们在飞速发展的现代社会中生活,工作节奏与生活压力本来就远比以往社会更快、更大,他们还要养育自己的孩子,再加上赡养多代老人的烦琐家务,更使得他们焦头烂额、忙于应对各种事务,而缺少时间和精力去充实和发展自己,难以打造理想的生活品质。家庭是社会的细胞,久而久之,整个社会将会陷入平静如水、缓慢发展的泥潭,缺乏朝气蓬勃、欣欣向荣的发展前景。

退一步而言,假如有人设想延年益寿类人类增强不断发展、完善,能够使人保持在青壮年这个人生最美好的状态,自己一直能够工作而且不需要人赡养,就可以减轻年轻人的养老负担……这类设想听起来很美好,有点类似陶渊明的世外桃源般的美好生活,或者神话小说中所描绘的"仙人境界"。可是,如果事实真如上述假设一样,仍会削弱社会的生机与活力,因为这样,这一代或者其下一代"年轻长寿者"就不再需要通过生孩子繁衍后代的方式来保存和发展人类了,即人类的繁衍停止,而这些一直存活下来的"年轻长寿者"其创造创新能力远不及下代新出生的婴儿,因为婴儿不仅是人类的延续,而且是人类大脑的更新,正如美国科学家阿西莫夫所说,"婴儿拥有的不仅是年轻的脑子,而且是新生的脑子。每一个婴儿在遗传特征上,不同于前所生存的任何人类个体。幸亏婴儿,才不断有新鲜的遗传组合注入人类,从而打开通向改进和发展之路"。而没有婴儿出生的社会是由"有同样的脑子组成的社会"[1],缺乏发展的内在动力,将不再产生重大的创新而是处于"年年岁岁花相似"的相对稳恒与停滞之中。显然,这不利于社会的发展和人类的进步。

5. 歪曲应用、扰乱秩序,不利于社会的和平与稳定

一般情况下,一个家庭的赡养压力主要由青壮年夫妇担负,过大的养老压力不利于家庭的和谐稳定、不利于社会的和平安定。除此之外,延年益寿类人类增强还存在着以下两方面被歪曲应用、增大社会不稳定因素的风险。

其一,冠以虚名,影响市场正常运行。在此不妨以高科技保健食品为例进行论述。在科学技术取得巨大成功的时代,人们对高新科技更加信任,利用高新科学技术研发保健食品既能满足人们当前的需求,又可促进消费市场的发展。但是,这也使得心术不正的某些人能够借用高科技之名制造、宣传、销售"伪劣高科技保健食品",例如所谓的青蒿素保健食品和端粒酶保健食品。自2015年屠呦呦获得诺贝尔奖之始,"青蒿素热"迅速全城来袭,各种青蒿素保健食品一夜之间涌向大街小巷。这些青蒿素保健食品,无一例外都被宣称具有抗肿瘤、改善心血管功能、可治肺病、缓解腰酸背痛等功效。但是,目前为止,青蒿素并没有被证实在临床上具有抗癌等功效,青蒿素唯一被证实的功效是治疗疟疾,吃青蒿素保健食品抗肿瘤,是没有科学依据的。而且,如果没病硬吃药,非但身体没得到保健,反而可能会伤肝。同样,端粒酶保健食品也是假借高科技的幌子而出现的。从理论上来讲,细胞内的端粒长度对人的健康状态和

---

[1] (美)阿西摩夫.人体和思维[M].北京:科学出版社,1979:52.

寿命长短起决定作用。当细胞内的端粒长度逐渐变短的时候,人开始逐渐变老,各种老年疾病不断出现,直至端粒消失,人的一生也就走到了尽头。但是端粒酶能够修复、延长细胞内的端粒,从而延长人的寿命。于是,市场上就出现了所谓"端粒酶保健食品",该产品宣称其能刺激、促进端粒酶的合成,具有延年益寿的功效。然而,"端粒酶保健食品"的这种"神奇"功能到目前为止还没有被科学家们所证实。这种假冒高新科技之名、制造伪劣高科技保健食品的行为,显然会使高科技保健食品市场产生混乱,再加上商家以利为先的欺骗性宣传,往往会促使消费者失去理性判断、盲目购买,不仅严重扰乱保健食品市场秩序,而且违背诚信经营、以人为本等伦理原则和市场销售相关法规,为社会的和谐稳定发展埋下隐患。

其二,使用对象难以确定,潜在社会动荡因素。在人类的精神文明建设还没达到极高境界的情况下,人的思想千差万别、良莠不齐。有勤奋、认真、敬业的工作者,以自己的辛勤劳动为社会的发展添砖加瓦;也有不劳而获、袖手旁观的懒散者;还有唯恐世界不乱、制造麻烦的捣乱者……在如此形形色色的人群中,谁该应用延年益寿类人类增强呢?谁能掌握此种决策大权?区分的标准如何制定和检验呢?又需要采取哪些措施确保这类技术仅限于"好人"使用?诸如此类,是在人们广泛应用该类技术之前必须解决的问题,否则,该类技术被"坏人"应用而得到长寿,例如希特勒、法西斯主义者,或者不顾社会秩序、伦理道德的科学疯子,其长寿的结果将是使得人类社会面临动荡、分裂甚至走向毁灭性的灾难。从延年益寿类人类增强的长远发展和应用来看,这种预测绝不是耸人听闻、空穴来风,人们在研发和应用这类科技的同时还应未雨绸缪、多加警惕。

6. 加大环境资源压力,破坏生态平衡

其一,地球自然资源是我们人类得以生存和发展所必须依赖的条

件,延年益寿类人类增强的广泛应用将会使地球上的人口数量剧增,所需消耗的地球资源亦随之剧增,严重威胁地球自然资源的生态循环。煤、石油、天然气等不可再生资源将首先由于大量消耗而更为稀有,甚至枯竭;耕地面积将随着建筑面积的不断扩大而逐渐减少;淡水资源也会由于大量人口的使用而严重缺乏;森林及野生动物也将由于大量的人的活动而锐减;人遗留在地球上的废弃物品(如废水、废气、废渣、废弃建筑)或者垃圾(包括生活垃圾等)也随之增多,将超越地球的消解能力;人类的工农业活动对大气、水、土等地球自然资源的污染和破坏所造成的大气污染、温室效应、水体污染、土壤污染、土壤沙化、耕地减少等也会日益增多;如此等等。显然,超量人口的所有生产生活活动都将大大增加地球的负荷,甚至严重超过地球生态系统的承载能力,减弱乃至破坏地球的生态循环能力,引发生态危机。而生态危机反过来又会对人类的生存造成不利影响。

其二,地球上很多地方非常寒冷,或者过于炎热,或者极度干燥,或者极为潮湿,或者氧气相当稀薄,或者淡水缺乏,等等。这些苛刻的自然环境,根本不适合人类生活。而且,地球上陆地面积只是较少的一部分,这其中仅有约五分之一的面积可供人类居住。延年益寿类人类增强的广泛应用,将使人口数量大量增多,相对减少了人们的生活区域,为人们争夺适合生存的地理环境而彼此攻击甚至发动战争埋下隐患。这将不仅破坏人类社会的和平,而且大面积毁伤地球自然资源、引发环境危机。战争是自然环境最大的、最恐怖的破坏者,尤其是现代战争的破坏力更大,其对地球资源及环境的损害往往需要几十年甚至几百年的时间才能被修复。"二战"期间,美国向日本的广岛和长崎分别投放一颗原子弹,爆炸中心一切化为灰烬,稍远一点的地方也尸横遍野、建筑物及树木等被烧毁殆尽……巨大毁损迫使日本无条件投降。被战争破坏的自然环境,战后需要投入更多的时间、精力及大批的物质资源,才能逐渐得以恢复。也许有人认为,人们可以通过签订协约合同、制定法律法规,可以通过科技工程例如建立更高的大楼供人们居住、办公和休闲等方式解决争端,但是,这仅是应对一时的权宜之计,不能解决人口长期持续增长所造成的地球生存空间及环境自然短缺问题,除非借科技之力,人类开拓另一个适合生存的星球。

不论何种方式,大凡过度破坏自然资源、污染自然环境的行为都会给人类生存命运带来严重的挑战与威胁,人类孜孜追求的延年益寿类增强技术终将反过来成为人类灭亡的推手,岂不悲哉?因此,延年益寿类增强技术必须接受人类社会的合理调控,才能为人类的长期生存与发展开出艳丽的花朵、收获丰硕的果实。

第三节 延年益寿类人类增强的风险调控

延年益寿类人类增强,既能给人类带来诸多福利,又潜在着多重风险与困境,可以说,是机遇与挑战并存。能与不能做是技术的事情,可不可行是社会的事情,技术上能做的事未必在社会上就是可行的。为了该类技术风险的规避,为了该类技术的发展和完善,为了促进该类技术扬长避短、成为更好地发挥为人服务功能的可行事物,可从政府建立相关法律与行政管理制度、科技工作者加强伦理道德建设、社会公众树立正确的生死价值观三方面,对其进行社会调节和控制。

一、政府充分发挥宏观调控功能,建立相关法律与行政管理制度

规避延年益寿类人类增强对人身心、对人类社会以及对自然环境的风险,政府发挥宏观调控功能、建立相关法律与行政管理制度是首要的应对策略。

尽管已有明确的法律规定,对于给人体带来巨大损害的或者弊远大于利的或者未经过三级临床试验的科技产品,不论其可能的效果多么诱人,都不可直接用于人体,但是,仍有人贪图利益,铤而走险违反法律法规或者钻法律的空子,私自滥用某项延年益寿增强技术。各国政府部门须加大监管和惩戒力度,成立专门的监督与执行机构进行调控,杜绝此类事情发生。对于延年益寿增强的科研试验或产品,政府须根据其特殊情况及社会的现实状况,建立专门的组织部门或科研沟通平台,及时了解延年益寿增强科技研究的前沿动态,始终保持与科技界的平等"对话",在与科技专家们进行充分探讨、分享思路与心得之后,完善相应的法律法规与政策制度、规则条例等。例如,认真甄选延年益寿增强研究项目,慎重确立其相关评价程序与评价的具体指标,严格校检每一项研究成果,明确支持延年益寿增强产品去干预、救治因年龄增长而发生的老年疾病,减轻患者难以煎熬的精神与肉体痛苦,延长他们的寿命,坚决禁止、杜绝由此而给使用者带来更大的健康伤害与威胁,使管理发挥实效,具有针对性与可操作性,从而尽可能严格地预防延年益寿类增强技术可能风险的发生、发展,达到政府管理与科技研究合作共赢之目的。

再者,对于在地球自然资源相对短缺且人的精神文明相对落后的人类社会、延年益寿类人类增强可能导致的本章第二节所分析的社会风险和危害,各国政府可出台相应的专项配套法律法规、政策制度与行政管理条例进行防治。例如,如果由于延年益寿类人类增强的应用而导致老年人口增多,引起家庭结构和家庭规模的变化、传统的家庭养老功能将不能胜任繁重的养老任务,那么政府可出台相关养老优惠制度与政策加以减弱、消解;构建多元多层次的养老保险制度,建立长期的养老体系与机制;提高养老金的发放额度;开办养老院制度,各级政府组织建立公办养老院,同时鼓励、支持各种形式的民办养老院;成立老年协会,及时了解和解决老年人的相关问题等,促进养老向社会转化,并形成"老有所

第五章 案例研究三：延年益寿类人类增强的哲学考量

为,老有所靠,老有所乐"的良好社会养老机制。对于其他的享用不平等、就业不公平、环境资源压力等问题,各国也可以根据自己国情出台相应的合理的具体政策与制度,从宏观的视角进行消解。

二、科技工作者加强伦理道德建设,前瞻性地预防延年益寿增强的风险

科学作为探索自然与世界奥秘的知识体系是没有范围、没有限制的,即科学无国界。但是,专家学者们进行科学技术的研究活动是有禁区的,即存在着科研活动不可进入的领域或者某个领域不可进行某项研究,如同红灯不可通行一样,以保障科研的求真向善、有利于人类的发展。延年益寿类人类增强的研究亦是如此。延年益寿类人类增强的研究者首先应该遵循学术界公认的科研原则和伦理道德规范,在不违背人类利益、不超越其所在社会伦理道德规范许可的领域内进行研究。1942年,默顿在他发表的著名论文《民主秩序中的科学与技术》("Science and technology in a democratic order")一文中,明确提出了"科学的精神气质"或作为惯例的行为规则,后来以《科学的规范结构》为题被收录于《科学社会学:理论研究和经验调查》一书中。默顿的"四种制度上必需的规范——普遍主义、公有性、无私利性以及有组织的怀疑态度,构成了现代科学的精神特质"。[1] 为专家学者的科研行为方式提供了基础性的、规范性的指导原则。不论科学家的权威、地位如何,也不需要考虑其身份、国籍、民族等,其关于科学真相的断言是否正确,必须以其是否与客观事实相符合为标准进行判断,只有那些与客观事实相符合的科学断言,才具有真理性;在科技专家们确认自己做出了某项科学发现或技术创新之时,必须要将之公布于世,不可隐匿或者牟取私利,但科技专家是可以以"申请专利"的方式确保自己的发明专利权,同时使自己的成果被公众利

---

[1] (美)罗伯特·R.K.默顿.科学社会学[M].鲁旭东,林聚任,译.北京:商务印书馆,2003:365—376.

用;科技专家要将其进行科技研究与创新的出发点建立在推动科学技术发展、惠利人们生活的基础上,而不是出于其个人的私利目的;科技专家要将勇于合理质疑、大胆创新的进取精神贯穿在其日常的科学研究活动之中,而不是拘泥于"权威"或者已有的"圈子"。这些"科学的精神气质"已被科技专家们认可,成为学术界共同遵守的科研道德原则。延年益寿类人类增强的研究人员同样需要将这些道德共识内化成自己的"科学良知",对自己的各项研究活动进行指导和规范,为促进人类社会的和谐发展贡献最大力量。

科技工作者的伦理道德责任不仅在于其对自身研究活动的约束与限制,而且在于其在研究伊始就对自己研究成果的应用效果以及可能导致的伦理社会问题的理性预测与防治,因为即使研究的出发点是造福人类这样纯粹、善良的愿望,也不能确保其研究成果的应用一定是"善"的。爱因斯坦生前就多次为原子弹爆炸给人类造成的巨大损伤深表痛心和后悔,因为他曾经为了与德国法西斯研制原子弹的计划相抗衡、为了抢在德国之前研制出原子弹而参与了申请美国加速研制原子弹的倡议;代孕技术、人工流产技术的研究初衷也分别是为了帮助自然生育有困难的夫妻、受孕妇女减轻减弱受孕困苦,但是这些技术后期在社会的应用过程也引起了大量的伦理问题与纠纷。故此,延年益寿类人类增强的科技工作者,绝不能把目光局限在知识发现与技术发明的相关研究本身,而要更多地放远眼界,秉承人性化的理念,予以他人更多的关怀与善意,在研究的同时,甚至在研究之前,就要尽可能全面地预测所研究的科技产品在未来社会运用在哪些方面可能是"为善"的、在另外哪些方面可能是"作恶"的、是否可以被扬善避恶,以及如何将其发扬精华避免糟粕等问题。对于在研究过程中可以避免的问题,研究者应及时采取措施进行阻止;对于在研究时期可以预见到但科技人员无法运用技术手段进行消解的后期问题,诸如本章第二节所探讨的生存困境问题、社会稳定问题、环境资源压力增大问题等,研究者要积极与科技管理者联络、共同商讨专业化的应对策略或者社会伦理化的完善路径,使得该类后期问题在成果应用之前得到克服或消解,从而让更多人享受到他们的研究成就,让人类及其社会得到更多的惠益。早在1931年,爱因斯坦对青年学子演讲时就强调了科技人员对研究成果应用的社会伦理价值关注的重要性。"如果想使你们一生的工作有益于人类,那么,你们只懂得应用科学本身是不够的。关心人的本身,应当始终成为一切技术上奋斗的主要目标;关心怎样组织人的劳动和产品分配这样一些尚未解决的重大问题,用以保证我们科学思想的成果会造福人类,而不至于成为祸害。"[①]

除了这些普遍性的科研原则之外,延年益寿类人类增强的相关研究人员还需认真履行自己的职业伦理道德职责与义务,其中,"不伤害原则"应为重中之重。由于延年益寿类人类增强既能延年益寿,又潜藏着巨大风险,这就使该类高新科技研究陷入两难境地,研究人员需要特别谨慎,在进行某项技术产品设计研究之前以及研究过程的每一环节,都要尽可能全面地预测或者评估自己所进行的研究可能对受试者、使用者及人类社会带来的收益与风险。如果评估的结果是风险大于收益,或者是收益大于风险但是其中某项风险却无法规避,会给人类及其社会带来难以消除的损伤,那么该研究者应该果断放弃、立即终止该项研究;当且仅当收益大于风险且风险可以规避或者消解的时候,该研究者才可以继续研究,并且不断提高自己的研究能力与水平,不断发展和完善自己所研究的某项技术,降低风险,减少对人体的伤害,绝不将不成熟的技术投入人体实验,更不可公开让人们使用,以防其在身体或者精神或者心理或者经济等其他应有权益方面对人造成损害。同时,延年益寿类人类增强的科技工作者不断加强自身道德修养,努力学习和掌握尊重原则、公

[①] (美)爱因斯坦. 爱因斯坦论文集(增补本)第3卷[M]. 许良英,赵中立,张宣三,译. 北京:商务印书馆,2009:89.

正原则和有利原则等伦理原则与道德规范,在研究中加以严格地贯彻执行,充分尊重受试者、使用者等相关人员的自主权、知情同意权和隐私权等权利;坚守人类社会的正义和公平信念,在资源分配、利益分享和风险承担三个层面,努力实现公平公正,资源、利益绝不向少数人或利益集团"倾斜",更不会将风险转嫁于某些弱势群体;高度重视人的价值,促进人的健康,延长人的寿命,让自己的研究始终保持在有利于人类发展的方向上不断前进。

三、社会公众树立正确的生死价值观,合理规划幸福人生

人的生命只有一次,一旦失去便不再拥有,是人最为宝贵的财富。自古以来,人们都非常珍视和爱护自己的生命,唯恐失去生命,对死亡充满恐惧,努力探寻各种方法寻求长生不老。人类发展的历史,可以说是一部与死亡抗争、追求长寿的奋斗史。在人类发展的历史长河中,每个时代的人们都在前人实践的基础上继续努力,采取农业生产的、食物营养的、运动锻炼的、工业制造的和科技发明的等各种方法保护人的生命、提高人的寿命,已经取得了良好的效果,不仅人们的生活质量得到普遍提高,而且人的寿命一代更比一代长。时至今日,人们追求长生不老的热忱只增不减。人们对高新科学技术的研究与发展,使得科技与死亡的关系在当代比历史任何时期都更加紧密,死亡成为现代性"祛魅"运动的重要对象之一,其面纱逐渐被揭开,特别是近年来对延年益寿类技术的迅速研究,使得人类在寿命延长方面,百尺竿头更进一步。目前,人们已经研发并掌握了多种减少与延缓死亡的技术和方法,依靠这些科技方法,可以在一定程度上掌控人自身寿命的长短。换言之,一些延长人寿命的高新科技方法,已成为人类可以自主控制的项目;似乎在不久的将来,人类可以利用这些高新科技完全解除死亡对人的终极威胁。然而,人寿命的延长是否就意味着其生活幸福呢?如果科学技术能够将人的

寿命无限延长,那么人们是否要无限制地延长其寿命呢?诸如此类问题值得人们深刻思考。

幸福是人对自己生活状况比较满意的一种主观感受,源自其内心的体验与感受,"总是基于感受主体的价值体系和标准,而不是基于他人的标准"[①]。不论其贫富如何,也不论其寿命长短或者身体高矮胖瘦,人们都可以拥有自己的幸福。关于幸福的具体内容是什么,不同的人的理解和感受不同,答案自然不同,自古至今没有完全一致的幸福概念。生活在同一环境的人,其对幸福的认识和理解不一定相同,有人认为很幸福,有人却觉得很痛苦;生活在不同的国家、地区、民族、文化中的人,也可以有相同的幸福感。显然,高寿命与幸福生活二者之间并不存在着一一对应的必然关系,人们往往期望既高寿又幸福的生活,但是高寿不一定就等于其同时拥有幸福的生活。如果某人利用某项延年益寿人类增强,让其父母或者祖父母得到高寿且并未征询他们的同意,那么这种寿命增强不仅违背了知情同意的伦理原则,更是导致了生存尊严困境等社会伦理问题。因此,尽管人的生命伟大且珍贵,也不可无条件无限制、肆无忌惮地被延长,社会公众应该理智地看待生死、合理谋划高寿且幸福的人生。

现代以来,科技对生命奥秘的揭示、对死亡的"祛魅"、对人寿命的延长,虽然能够使人们更理性更客观地认识人的生死现象,但同时会让人们失去对生命的敬畏之心、敬重之情。人对其生命的敬畏与尊重是其生活不可或缺的部分,这种敬畏之心、敬重之情会让人更加珍惜其有限的生命,并积极努力生活,使自己生命富有价值、绚丽绽放。因此,公众需要建立与当代科技研究和发展相适应的,特别是能够协调延年益寿类增强的新的死亡观,既有所期盼与憧憬,又不乏忌讳与敬重。海德格尔将死亡看作一种"悬临",颇具启发意义。他认为,"死亡不是尚未现成的东

---

① 刘次林.幸福教育论[M].北京:人民教育出版社,2003:32.

西,不是减缩到极小值的最后亏欠或悬欠,它毋宁说是一种悬临"[1],即死亡不是现成的东西,也不是人生的最后"虚无"归宿,却是使人时刻感觉到它存在的"悬临"。海德格尔没有盲目否定或者肯定"死亡",而是将其视为"悬临"的存在。这既可提醒、加深人们对人生命有限性的意识与观念,从而重视生命、发展生命;又可淡化人们对生命死亡的恐惧,不再把死亡当成人生的终极威胁而消极厌世、碌碌无为。处于当代科技迅猛发展背景下的公众,面对延年益寿类增强的发展,不妨借鉴这种"悬临"死亡观,建立起自己的积极、正确的死亡观,合理规划幸福人生。一方面,不要畏惧死亡,不要为了盲目地完全排除死亡、消极地避免死亡而一味地利用延年益寿类人类增强无限制地延长人的生命;到死亡最后不可避免地来临时,坦然接受、回归自然。这种淡化死亡的思想意识与价值观点,有助于避免那类仅仅依靠技术手段(例如呼吸机)而无尊严或者无意识的植物式活着的延年益寿现象出现,避免给个人肉体与精神带来巨大的痛苦和压力,避免社会出现过多虚弱、衰老的老人而缺乏生机;而且,这种死亡观在一定程度上有助于个人生存尊严困境和环境资源压力剧增、社会不公正现象等社会伦理问题的缓解或者减少。另一方面,人们要积极地善待生命、有理智地延年益寿。在日常生活中,人们可合理地进行卫生保健,例如注意营养均衡、保持适当运动和睡眠,增强人身体自身的免疫力,使自己的生命健康且充满活力;也可以适当地运用延年益寿类人类增强,例如注射疫苗、抵抗某些病毒或者细菌的侵袭,提高人自身的身体素质,从而能够以健康旺盛的精力积极投身于对社会有意义的工作,为社会为人类的发展添砖加瓦,贡献自己一分力量。这种合理延年益寿的思想意识与价值观点有助于人们实现其身心和谐发展、生命延

---

[1] (德)海德格尔. 存在与时间[M]. 陈嘉映,王庆节,译. 北京:生活·读书·新知三联书店,2000:287.

长的愿望,彰显长寿的"福寿安康"本真意义:长寿者"老而不衰",继续为提升社会的活力与生机发挥自己的生命价值,不再感到孤独和无意义,精神生活丰富而高雅。

综上所述,自文艺复兴以来,人的主体性地位和本质力量不断得到彰显,关于人类死亡的终极问题也随着科学技术的发展逐渐被"祛魅"。但是,人的衰老和死亡仍然不可避免,人类依然存在着追求长生的热忱与愿望,人类依然孜孜探寻延年益寿的方法与途径,其中不断增长的针对与衰老有关的疾病的研究一直在试图进行延缓、阻止甚至逆转人的衰老过程,以增加人的健康寿命。令人欣慰的是,一些延年益寿类人类增强已经取得了突破性进展,为人们实现长寿梦想奠定基础,也对人自身及其社会的发展产生积极作用。然而,任何事物都是一分为二的,近几十年来兴起的延年益寿类人类增强也存在着不足之处:该类技术有待进一步完善,其应用还会导致一些生命伦理、社会伦理和生态伦理等方面的风险与困境。而且,自现代科技革命爆发以来,科学技术前进的步伐和推广蔓延的速度均难以阻挡,延年益寿类人类增强的发展速度亦为迅猛,其现在被预估的或者已经出现的任何一个微小的潜在风险,经过世代的累积或者社会的扩散,都可能会引起或者导致巨大的问题,给人类及其社会发展造成无法挽回的损失。如果因噎废食、强行阻止该类技术的研究与发展,不仅不能解决问题,而且会从反面刺激该类技术走向畸形发展,是得不偿失的不明智之举。

因此,为引领和规范该类人类增强、促进其健康可持续发展、促进其有益于人们过更好的生活,政府、研究者和公众各层次需要采取应对策略,提前尽可能全面地规避、防止该类技术的风险及其"蝴蝶效应"的出现。从哲学、特别是伦理学的视角对延年益寿类人类增强进行思考,以理性自觉探求消解其风险与困境的路径是行之有效的良策。具体而言,政府充分发挥宏观调控功能,建立相关法律与行政管理制度;科技工作者加强伦理道德建设,将自己的专业知识技能与高尚的道德情操结合起来,前瞻性地预防延年益寿增强的风险;社会公众树立正确的生死价值观、合理规划幸福人生。从法律和伦理道德两个层面多管齐下、相辅相成,社会各界共同规范、"守护"和"保卫"延年益寿类人类增强的研发和应用,确保其以人为本、以德为先,既不损害自然环境,又不导致种种社会风险与困境;使其在人与自然相互促进发展的天人和谐、人与人彼此团结互助的人际和谐、人自身的身体和心灵健康快乐的身心和谐的共生中,为人们增加以幸福为基础的长寿发挥良好作用。

第六章　人类增强对人"进化"影响的哲学探究

在新兴科学技术背景下,人类增强具有用技术直接干预人体的特定内涵。其中,一些类型的人类增强能够急剧地干预人的自然进化过程,而具有明显的"目的性"意图。因此,对人类增强的"进化"进行探讨具有十分重要的意义。本章从生命伦理学的视角,以对哪些类型的人类增强会干预人的遗传因素以及其如何可能影响人的进化的分析为切入点,探索人类增强可能导致的对人的自然进化的影响。在此基础上,本章进一步对人类增强的"进化"意图是否能够得到辩护,具有"进步"意义的人类增强"进化"是否会导致一些社会伦理问题,是否具有理论和实践依据,以及人类增强的"进化"与人的自然进化能否实现协同发展等问题进行了反思。

第一节　人类增强的"进化"意含

当代人类增强具有特定的内涵,是指人们利用技术手段干预和操纵健康人身体的某微观结构或功能,使其获得逾越健康的能力而变得更聪明、更强壮、更持久的过程[1]。人类增强有多种类型,可以从被增强的对

---

[1] 冯烨,王国豫.人类利用药物增强的伦理考量[J].自然辩证法研究,2011(3):82—88.

象、所采用的增强途径、增强获得的效果以及增强的目的等不同角度,对其进行多种不同的分类。在此,我们以"所采用的增强途径"为标准,对人类增强进行分类,以考察其是否会干预人的遗传组成、是否会促进人的"进化"等议题。

目前,人们所采用的增强技术途径主要有8种:改变大脑状态或情绪的心理药物学、改变身体(生理)外形和功能的其他药物、改变面部或身体外表的整容外科手术、为了选择特殊基因性状的胚胎植入前基因诊断、改变细胞基因结构的基因工程、在人体内植入器械或电子设备的控制论工程、纳米技术以及延长人寿命的多种汇聚技术。Paul Miller 和 James Wilsdom 在《更强壮、更长寿、更聪明》一文中,对人类增强的这些技术途径进行了概括[①]。据此,我们认为人类增强的类型主要包括:利用药物进行的人类增强、利用外科手术或植入手术进行的人类增强、利用基因工程进行的人类增强、利用纳米技术进行的人类增强以及利用多种技术的整合而进行的人类增强五种类型。为了简便起见,我们将其分别简称为药物增强、植入增强、基因增强、纳米增强和汇聚增强。"人类不仅有传统意义上的技术客体,人类本身也成为集体或个体技术操纵的对象。"[②]在某种程度上,这五种主要的人类增强都能够直接或间接地对人的自然进化过程产生重要影响。为此,需首先说明科学意义上的进化概念及进化机制[③]。

---

① Paul Miller, James Wilsdom. Stronger, longer, smarter, faster[J]. Better Humans? The Politics of Human Enhancement and Life Extension, DEMOS,2006:16.

② 伦克. 发展的概念和传统技术与新技术的特性[J]. 载于:王国豫,刘则渊. 科学技术伦理的跨文化对话[M]. 北京:科学出版社,2009. 参见冯烨,王国豫. 人类利用药物增强的伦理考量[J]. 自然辩证法研究,2011(3):82—88.

③ 目前,"进化"一词已经泛化,成为人们日常语言的一部分,例如"生活进化""文化进化""社会进化""宇宙进化"等。这些用法显然不能表达进化的科学含义,而本书所采用的是科学意义上的"进化"概念。

第六章 人类增强对人"进化"影响的哲学探究

达尔文最早建立了科学的进化理论,但他仅在第一版《物种起源》全书的最后一句才使用"进化"一词:"在这个行星按照引力的既定法则继续运行的时候,最美丽的和最奇特的类型从如此简单的始端,过去曾经而且现今还在进化着;这种观点是极其壮丽的。"①在该书第六版中,达尔文虽然较多地使用了"进化(evolution)"一词,但其仍未给"进化"一个科学的界定。随着生物学的发展,特别是遗传学和分子生物学的发展以及它们的交叉、渗透与融合,人们逐渐能够从分子水平上比较精确地揭示出"进化"的科学内涵。生物学家 Laurence Moran 认为:科学意义上的"进化"概念是指"在一个种群中导致延续多代的可遗传变化的过程"。②因此,生物进化是针对种群而非个体而言的,个体发生的变化不能被称为进化即孤立的生命体不存在"进化"现象,只有种群通过遗传物质从一代传给下一代的变化,即必须被传递到下一代的生物种群性质的变化才能够被称为生物的进化。例如,从生物进化论的视角看,人和黑猩猩是由共同祖先进化来的,因为自从二者分离之后,这两个不同的种群都发生了延续的可遗传变化。通常,遗传变化(一个种群中基因频率的变化)是生物学家由可遗传的表型变化推断出的。若从生物进化的机制看,"进化可以精确定义为:一个基因库中任何等位基因频率从一代到下一代的变化"。③遗传物质的突变和重组为生物进化提供了原始材料,也成为生物进化的主要机制。

突变可分为基因突变和染色体畸变两大类。基因突变是指 DNA 分子结构即基因内部的脱氧核苷酸的排列顺序发生了改变,包括 DNA 序列中一个碱基发生改变(如一个碱基被另一个碱基所置换)、DNA 碱基

---

① (英)达尔文. 物种起源[M]. 周建人,等,译. 北京:商务印书馆,1995:557.
② Laurence Moran. What is Evolution? [EB/OL]. (2010-12-19). http://www.talkorigins.org/faqs/evolution-definition.html.
③ Curtis H., N.S. Barnes. Biology[M]. New York: Worth Publishers, Inc., 1989:974.

序列中增加或减少一个碱基而导致该位置后的一系列编码发生变化、某些序列被重复复制以及"转座子"(transposon)序列位置的转移。其中,有些是细胞在正常活动时即与环境正常相互作用的情况下随机发生的自发突变,有些是环境中物理性、化学性或生物性因素诱导的诱发突变。染色体畸变是指染色体的结构或数量的变异。生物的正常染色体缺少某一个片段或多出某一个重复片段,染色体内部结构的顺序发生颠倒或断裂,以及断裂的染色体片段被错误地接到非同源染色体上,都导致了染色体结构畸变。染色体数目畸变主要包括个体染色体数量的增加或减少(非整倍数变化)和成倍地增加或减少(整倍数变化),例如,二倍体细胞中某同源染色体缺少一条,二倍体细胞中缺失一对同源染色体或含有三倍甚至更多倍的整套染色体组。

重组是指染色体间基因的交换和组合,即由于在减数分裂过程中同源染色体非姐妹染色单体进行交叉互换、非同源染色单体进行自由组合而形成的DNA片段交换(连锁与互换)和自由组合。有性生殖的个体在形成生殖细胞时,染色体只复制一次而性细胞连续分裂两次,结果形成了染色体数目减半的单倍性生殖细胞,然后来自父母的单倍性生殖细胞再融合而形成二倍体的受精卵细胞,从而产生了大量与亲本不同的基因组合类型的配子,使种群出现了大量的可遗传变异。

可见,基因突变能够产生新的等位基因,染色体整倍数的变异能够加强生物体的某些生命活动[1],基因重组能够产生众多新的等位基因组合。这些都为生物进化提供了更丰富的基因材料,对进化的发展特别是某些新物种如多倍体物种的形成有一定的意义。然而,突变和重组所产生的变异是不定向的,它们只是给生物进化提供了原始材料,而不能决定生物进化的方向,是否对生物有利取决于环境对变异的选择。

---

[1] 一般认为,染色体结构畸变与非整倍数畸变由于破坏了生物体内遗传物质的平衡,对生物的生命活动不利,有时甚至致命,在生物进化过程中的意义不大。

第六章 人类增强对人"进化"影响的哲学探究

达尔文进化论的核心内容"自然选择学说",从生物个体水平上解释了环境如何对变异所导致的不同表型进行选择的问题。个体的变异是无规则的,但自然选择总是按照"让最适者生存,让比较不适者灭亡"[①]的规则发生作用。自然选择过程是保存有利变异和淘汰不利变异的过程,只有那些与环境相协调的变异(有利变异)类型才能得以保留下来继续进化或成为新物种的基础。自然选择是一个长期的、缓慢的、连续的过程,经过无数代的生存环境的选择作用,该区域某物种的有利变异基因逐渐得到加强、不利变异基因逐渐被清除,从而使物种变异被定向地向着一个方向积累,于是性状逐渐不同于原来的祖先,而成了新的物种。因此,根据达尔文进化论,自然选择是定向的,其最终结果是适者生存、不适者被淘汰,只有那些有利于个体适应环境的变异才是能够遗传的,才具有进化的意义。随着经典遗传学和群体遗传学等的发展,遗传学家们(例如杜布赞斯基)将基因学说和自然选择学结合起来,进一步从基因水平和分子水平更精细地解释生物的进化:自然选择使那些对生物体生存具有优势的基因突变逐渐累积下来,经过足够长的时间而扩散到整个群体,导致该群体内部基因频率的改变(当基因频率的改变达到生殖隔离的程度时,便形成新物种),即群体遗传学所定义的生物进化。分子生物学自1953年沃森和克里克提出DNA双螺旋结构模型诞生以来,获得了迅速发展,其研究成果从分子水平上解释和支持了达尔文进化论。例如,分子遗传学的"中心法则"揭示了遗传信息只能从核酸传给蛋白质而不能从蛋白质传回核酸的单向传递过程,从根本上否定了后天获得性遗传的可能性。总之,无论从个体水平还是从分子水平上看,都是自然选择决定着不同类型变异的命运,决定了生物进化与物种形成的方向。

---

① (英)达尔文.物种起源[M].周建人,等,译.北京:商务印书馆,1995:214.

上述科学意义上的进化概念和进化机制,为我们探讨人类增强的"进化"意含提供了理论基础和依据。在人类增强的五种主要类型中,植入增强一般不会导致人体基因的变异,它主要是利用美容外科手术改善人的体型外貌或将器械、电子设备植入人体以增强人的某种功能,基因增强则最为明显地干预了人体的基因组成。为了获得某些理想性状,人们可以利用基因增强技术对人体的某些基因直接进行变更,例如置换、剪切掉某些控制不合意性状的基因,或增添与合意性状有关的基因,或者对 DNA 碱基序列中的某个碱基进行移位以获得某些表型,从而人为地使基因发生变异。药物增强、纳米增强以及汇聚增强也会导致人体基因的变异,例如人们可以利用药物、纳米技术以及其他技术手段诱导基因突变或染色体畸变,甚至影响人生殖细胞的减数分裂过程,使生殖细胞基因发生连锁或互换。但是,这些能够对人基因进行变更的人类增强,是否对人的自然进化有意义,还要取决于其是否是对生殖细胞的基因进行变更、是否能够导致人类种群的基因频率发生改变。换言之,只有那些使人的生殖细胞的基因发生变更的人类增强才可能会对后代人产生影响,否则,对人的自然进化没有意义。例如,利用药物诱导人脑神经细胞的某些基因发生变异或删除使人遗忘的基因,来增强人的记忆力。诸如此类的人的体细胞基因变异不会遗传到下代,不影响人的自然进化过程;而利用植入前基因诊断技术检测胚胎的基因,用决定理想性状的基因置换胚胎中所谓的"不合意"基因,则人为地改变了后代的遗传物质、选择并决定了胎儿的发展,久而久之便人为地变更了人的自然进化。总之,那些使人的生殖细胞基因发生突变、重组甚至染色体畸变的人类增强,能够为人的自然进化提供原材料,常常与优生、缔造"完美的"人等有关,将会对人的自然进化产生重大影响。

后人类主义对人类增强的这种"进化"作用"显示了浓厚的兴趣……

希望人类将能够代替自然的盲目演化概率,而依靠自我导向的人类重组工程"①,特别主张对人体进行急剧的变革以形成新的人种。后人类主义的这些主张是否具有可行性?人类能否利用增强技术人为地改变人的自然进化?回答诸如此类问题,必须考察人类增强"进化"的目的性,并对人类增强"进化"进行比较全面的反思性分析。

第二节 人类增强"进化"的目的性

上文对人类增强"进化"意含的探讨表明,有些类型的人类增强能够变更人的生殖细胞基因,进而对人的自然进化的过程和方向产生重大影响。这也同时表明:人类增强"进化"不同于"盲目"的人类的自然进化,而具有强烈的目的性。人类增强的主体、对象、途径、过程、动力、所遵循的规律以及人们对增强效果的预期和把握等方面,都明显地体现出增强"进化"的目的性特征。

第一,从人类增强"进化"的主体和对象看。人的自然进化是自然界——人生存于其中的自然环境——对人产生的遗传变异和选择的过程,无意识的自然界是自然进化的主体,人类是被动地、无条件地接受自然盲目进化的对象。而人类增强"进化"则是有意识、有思想的人对自身生殖细胞遗传物质进行变更,使后代获得更强、更完善的基因型和表现型的过程,其"进化"的主体和对象都是当代人。具体而言,人类增强的"进化"是实施增强的人对被增强的人的遗传物质进行的"优化"干预,增强"进化"的主体是实施增强的人,增强"进化"的对象是希望增强的人。

---

① Christopher Coenen. Deliberating Visions: The Case of Human Enhancement in the Discourse on nanotechnology and Convergence, in M. Kaiser, et al. (eds.). Governing Future Technologies, Sociology of the Sciences, Yearbook 27, Springer Science+Business Media B.V. 2010.

第二,从人类增强"进化"的途径看。人的自然进化的途径是适应、选择、积累和扩散的自然手段。那些与自然环境相适合的人的变异被选择,通过遗传而保留下来,逐渐得到积累并向种群扩散,最终成为该种群的新的稳定性状。而人类增强"进化"所采用的途径则是新兴的科学技术手段,如基因技术、信息技术、纳米技术、认知科学、神经科学等所提供的各种条件和措施。通过这些新兴的科技手段和措施,被增强者直接、迅速地得到了"合意"性状。

第三,从人类增强"进化"的过程看。人的自然进化过程是缓慢的、长期的,进化的结果需要很多代的积累才能表现出来,有些甚至需要上千、上万年的时间才能完成,而人类增强"进化"是迅速的、短暂的,一般情况下,对当代人进行的基因变更,在下代人甚至在其本人身上便能获得增强"进化"的效果。

第四,从人类增强"进化"的动力及其所遵循的规律看。人的自然进化是在相对稳定的遗传因素与变化的环境之间的张力的推动下前进的,即人类自产生以来,一直是人自身的遗传因素与外界环境共同作用的产物,其必须遵循自然选择的规律。而人类增强"进化"则是人类自主选择的结果,其实施过程所要遵循的规律是由增强专家们来设计的技术程序。因而,人的欲望和追求是人类增强的不竭动力和源泉。

第五,从人们对人类增强"进化"的预期和把握看。人的自然进化的结果完全是偶然的,也就是说,"自然"将对人产生何种进化结果是人们根本无法预测、更不可能把握的,可能是人们所期望的,也可能完全超出人的期望和想象之外。而人类增强"进化"的结果则带有很大程度的必然性,人们在一定程度上能够对其进行预期和把握。一般在实施增强之前,增强者和被增强者都基本上能够预知该种增强将会产生的增强效果。换言之,除了极少数由于偶然因素而导致出现的意外之外,人们能够实现自己所预期的增强结果。

综上所述,人类增强不是人盲目地、消极被动地适应自然,而是基于一定愿望和设想的条件下所进行的一类有目的地、积极主动地选择与自然抗衡的能力,带有明显的"合人意"的目的性"进化"意图。可以说,"目的性"贯穿于整个人类增强过程的始终,是人类增强的突出特征。尽管被增强者有时候也可能在被迫的情况下进行增强,例如国家令其士兵服用增强体力或兴奋性等的药物,学校让学生服益智药,家长改变遗传基因以获得"理想"孩子,等等,但是从人的"类"角度看,增强是一种主动的行为方式,是人有意识地改变自身的某些结构,以获得更优越功能的人为规划和创造活动过程。"蜜蜂建筑蜂房的本领使人间许多建筑师感到惭愧。但是,最蹩脚的建筑师从一开始就比最灵巧的蜜蜂高明的地方,是他在用蜂蜡建筑蜂房以前,已经在自己的头脑中把它建成了。"[①]最蹩脚的建筑师之所以比最灵巧的蜜蜂高明,就在于人的活动具有一定的目的性和计划性,人在进行某项活动之前,不仅预先规定了活动的目标,而且预先规定了实现这一目标的实施步骤。有目的性正是人类增强的高明之处。人在增强之前,在自己的头脑中已经对增强所要达到的预期结果、所要采取的具体途径等进行了有目的的设计。所以,人的目的性不仅是人类增强"进化"的主要动力,而且使人成为人类增强的主体;人也正是根据自己的目的,针对性地选择增强技术手段,迅速地实现预期的增强"进化"效果。

那么,有目的性的人类增强"进化"是否能够成为人类主动进化自身的重要途径?人类增强能够在多大程度上改变人?其是否能够与人的自然进化实现协同发展,共同推动人的进化?尚需要进行进一步的反思性分析。

[①] (德)马克思,恩格斯. 马克思恩格斯全集(第23卷)[M]. 北京:人民出版社,1975:202.

第三节　人类增强"进化"的反思性分析

一、人类增强"进化"意图的伦理学分析

人类增强利用技术手段人为地干预人类的进化,带有强烈的"改善人"的目的性。从生命伦理学的视角看,人类增强这类具有很强实践意义活动的"进化"意图主要有两类:其一,提高或扩展人的能力;其二,延长人类个体的寿命或力图克服死亡极限。显然,人类增强的"进化"意图不完全是为了促进人的自然进化的"适应"环境,而在很大程度上是要获得与自然环境相对抗的更大的自由,是朝着"更好的"有利于人的方向变化,以满足人的社会需要。这类"进化"的含义超出了其指向某类自然现象演化方向的基本内涵,而具有"进步"的意义[1],其所依据的评价标准是"更好""更完美"的人类价值标准。然而,这种以人的价值标准评判自然现象,容易形成并助长了"人类中心主义"或"自我中心主义"的思想观点,从而导致人类"扮演上帝"、忽视周围自然环境(包括其他生物、其他人)的"不当"行为出现。由于"遗传基因的操纵直接影响到人类个体的生理组织,人特有的记忆和基因的未来,也就是影响到人类'最自然'的实体和本性"[2],因此,人类增强触及"会在多大程度上改变人类的自然本性""会将人类带向何方"的核心问题,人类增强应该有一个不可逾越的、合理的"底线",否则,按照超人类主义的设想增强人类,必将对传统的"人的概念"造成严重冲击,使得人们对"什么是人"的自我理解产生重大

---

[1] 进化是物种的一种自然现象,而进步是人类的价值标准,达尔文对"进化是否进步"的问题持保留和怀疑的态度。

[2] (法)贝尔纳·斯蒂格勒. 技术与时间:爱比米修斯的过失[M]. 裴程,译. 南京:译林出版社,2000:102.

第六章 人类增强对人"进化"影响的哲学探究

分歧①。

即使我们权且认为,人类增强是在一定限度内进行,不会实施诸如将鸟翅、鱼鳃等基因移植入人体使其具有空中飞翔、水中呼吸功能的超人类主义所主张的急剧增强行为,不会导致人自然本性的聚变,人类增强"进化"也带来一些伦理困境。例如,移植外来基因可能会打破被增强者体内的细胞平衡,从而导致细胞的快速衰老甚至死亡;基因增强将按照父母的意愿"设计婴儿",即使父母的主观意愿是为了孩子获得优势,这也严重地蔑视了后代人的自主与尊严。尽管在自然生殖的状态下,孩子的遗传物质和性状由偶然因素决定(不是其父母决定),他也不是自由人,但至少他在出生前是平等的,有人据此批评基因增强是"当代人对未出生的人的暴政"。这还可能导致父母将孩子视为人工产品,根据质量标准对孩子进行评估,从而改变了传统的父母无条件接受孩子、爱孩子的父母与子女的关系。显然,父母的这种"完美"子女追求是以高额的文化和道德成本的付出为代价的。一些人还认为,人类增强进化会增加社会的不平等不公正现象,尤其可能加剧社会对残疾人、"无能力者"的歧视。还有一些批评家指出,人类通过技术得到的任何能力会制约我们通过自然进化得到其他能力,即优化人的一些能力将是以他的其他能力和人类的整体表现为成本的。②

这些伦理分析表明,需要为人类增强设定一定的底线原则。但是,如何设置人类增强底线?是伦理底线还是人之为人的本体论底线?那些失忆者、精神病人不能对增强干预给出知情同意,谁能代表他们做出变革遗传物质的决定?其父母或医院或国家是否能为他们做决定?理由是什么?等等问题尚待人们进一步的深刻反思,以应对或避免由于人

---

① 超人类主义的增强"进化"将会带来毁灭性的严重后果——使"传统的人"的概念支离破碎,代之而起的是对因增强进化而产生的"新人"的纷繁界定。

② Farah M.J. Emerging ethical issues in neuroscience[J]. Nat Neurosci,2002(5):1123—1129.

类增强对人类基因组的设计而可能出现的奥尔德斯·赫胥黎(Aldous Huxley)小说《勇敢的新世界》(1932)所描绘、幻想的恐怖情景;人类像机器一样被设计并且必须接受社会安排的角色,促进人类踏入最可行的美丽、祥和、自由、幸福的未来世界。

二、人类增强"进化"的理论和实践依据

尽管存在着一些伦理方面的分歧和困境,但人类增强"进化"不是无源之水、无本之木,在理论和实践方面都有一定的依据。下面主要从进化论和技术实践的角度作简要分析。

从进化论的角度看,自然进化的无目的性并没有完全排除人的有目的的干预。达尔文在《物种起源》(1859)以及后续出版的《动物和植物在家养下的变异》(1868)、《人类由来及性的选择》(1871)等书中,都阐释了自然状态和家养状态下的物种变异。尤其是他关于人工选择的系统阐述,明确显示了人的行为在很大程度上能够改变某些生物(包括人种)的自然进化过程,家养动物和栽培植物便是最有力的例证。"就较古的栽培植物和家养动物来看,把它们的同一变种或亚变种的诸个体进行比较,最引起我们注意的要点之一,便是它们相互间的差异,一般比自然状况下的任何物种或变种的个体间的差异为大。"[①]达尔文以家鸽为例进行了详细的分析,证明家鸽的祖先是岩鸽;现代家鸽品种之间之所以在性状上出现了巨大的差异,是由于人工选择促进了连续微小的变异积累的结果。他还研究了性选择对性状进化的促进作用:更有进攻性的雄性、更有挑剔性的雌性获得更多的交配机会,从而更好地繁殖后代。人类选择异性的标准(如好趣味等美的标准)和生存利益(如身材姣好、体格矫健)通常也是一致的,这在人类早期表现得更为明显。人类建立在

---

① (英)达尔文. 物种起源[M]. 周建人,等,译. 北京:商务印书馆,1995:1.

主动择偶基础上的性选择在总体趋势上使种群更多样化、繁殖更有利。可见，人类的有目的的人工选择及性选择能够在一定程度上改变物种（包括人种）的进化进程，自然选择不是唯一的进化动力。达尔文在《人类的由来》结尾一节中对此感叹道："人类对于自己上升到生物阶梯的顶峰（虽然不是通过他自己的努力）而感到有些骄傲，这是可以原谅的；而他已经上升到那里而不是最初被安置在那里的这个事实，可能使他希望在遥远的将来会更上一层楼。"人的有目的性干预，在人的自然进化过程中起着重大的促进作用。

从技术实践的角度看，人们对高新科技的利用能力日益提高，从作为人体器官延伸和补充的工具性外用逐渐发展到直接提高和扩展人体能力的内用——人类增强。今天，人们不仅能够从分子水平认识物种（包括人种）的遗传特性，例如人类于2003年4月完成了人类基因组的全部测序，并进入了研究基因在人体内如何作用，如何影响人的生长、发育、衰老、死亡等基因功能的后基因组计划，而且已经能够利用多种技术手段和方法（使人类生殖细胞核内的DNA片段被置换、重组或突变，甚至创造新基因等）改变自身的遗传物质，使后代更健壮、更聪明、更英俊、更长久。因此，高科技的利用使得人类更有能力、更主动地选择和干预其自身的进化，甚至可能改变和创造新的人种。如果说人工选择和性选择是人类"影响"了生物进化过程的话，那么从第一个克隆哺乳动物——多利绵羊出生时，人类就开始了"操纵"生物进化的技术实践步伐。也从多利绵羊出生之时起，有些科学家就欲从事克隆人的研究，但限于人类伦理法律等的约束而被迫停止。目前，克隆人已不是一个技术难题，而只是时间问题。2010年5月20日，美国科学家宣布"世界首例人造生命诞生"，并将这个完全由人造基因控制的单细胞细菌命名为"人造儿"[①]。

[①] 美国研究人员首次合成人造单细胞生物[EB/OL]. 2010-05-22. http://news.sina.com.cn/w/2010-05-22/014620322585.shtml.

尽管这种技术目前仍处于实验阶段,但是该项实验具有里程碑的意义,它表明新的生命体可以在实验室里"被创造",并非一定要通过"进化"来完成。但这究竟是福音还是恶兆？或许在未来的某一天,时间能给我们解答。还有一些增强技术正处于积极研发阶段,据专家预测,大约30~50年能够实现,例如美国耶鲁大学哲学系教授 Nick Bostrom 认为,计算机硬件、软件和输入/输出机制所需的"后人类"人工智能形式50年后将出现[①]。这些技术的研发成果表明,人类已经有能力而且将来会有更大的能力改变或加速人类的自然进化进程,实现迅速的"人为进化",而不必全然"听命"于千百年来缓慢进行的自然进化。但是,关键在于人类必须决定其是否希望这种改变,以及是否需要使用这种能力。

三、人类增强"进化"与人的自然进化的协同演进

人有意识和思维,有理性能力,人能够通过文化或科学技术等方式提高自身的能力、干预自身的自然进化进程。随着科学技术的发展,人类增强技术日益走向成熟,将会强有力地支撑人类增强的"进化"。然而,人类是否需要以及能否实现人类增强与人自然进化的"协同演进"？

首先,人的自然进化过程是微小变异累积的过程,极其缓慢。而且,人的自然进化并没有使人达到完美的结果,人的很多性状存在着不足,如奔跑不如野兔快速、嗅觉不如狗灵敏等。因此,人类需要人类增强与人的自然进化的"协同演进",以促进人自身的自然进化。

同时,人类增强利用新兴技术提供的诸多人工方法,有目的地选择符合人类意愿的物种性状,保存对人有利或符合人愿望的变异、淘汰对人不利或厌恶的变异,从而迅速地提供了人类进化的变异原材料,而不必等待几代人甚至几千代人的缓慢自然变异。因此,人类增强"进化"在

---

① Paul Miller, James Wilsdom. Stronger, longer, smarter, faster[M]//Better Humans? The Politics of Human Enhancement and Life Extension. London:DEMOS,2006:16—17.

很大程度上促进了人"被"环境选择的自然进化进程。但是,这类按照自己的愿望、喜好而产生的后代人,未必是生存能力最强的,即不一定是环境的"最适者";而且,这类生殖细胞的基因变异仍是不定向的,是否能够遗传、延续下去而形成稳定的性状类型,还必须经过长期的自然选择的保存和积累。在自然选择的变异—遗传—选择这三个重要的进化环节和要素中,人类增强最多是在"变异"和"遗传"前两个环节起作用,这种变异和遗传下来的性状,是否在通过与无机环境斗争之后继续获得生存的机会而成为最适合环境的类型,最终需由自然选择来决定——自然选择对变异类型的生存或淘汰起定向作用。因而,人类增强的"进化"不可能脱离人的自然进化而独立地起作用,其必须与人的自然进化相整合才能发挥长期的作用。这也是我们将人类增强"进化"加上引号的原因。

国外有学者认为:"我们设想,人希望建造一个人工智能,只要他依靠对智力自身的认知,就能做到。然而人本身并未创造出自身的智能,而是从自然界(上帝)那里获得了现成的这种能力。因此,我们有权认为,自然比人本身曾拥有过并且现在仍然拥有更多的有关人的智能的信息。如果这一假设是正确的,那么按定义称呼的人永远也创造不出来,也不可能创造出等同于自身智能的智能,因为他不可能掌握创建者在支配自身的智能时所曾拥有的全部信息。"[①]这种观点不是认为人类无法超越自身目前的智能水平,而是表明人类不能超越自然而创造出可与人类智能媲美的、独立存在的人工智能。这种观点也表明,人类增强在一定程度上受自然条件的限制,其必须与自然进化协同才能发挥优势,超人类主义所强调的人类利用增强技术能够"从其生物学限制中获得解放"的观点过于夸大了增强技术的作用。

其次,人类能够实现人类增强与人的自然进化的"协同演进",以更好地促进人的发展。一方面,与其他物种相比,人不只是自然进化的结

---

① (俄)A.H.帕夫连科,张晶."生态危机":不是问题的问题[J]. 国外社会科学,2004(1):42—47.

果,还是社会文化(包括科学技术)的产物,后者对人自然进化的改变,是以缓慢的、连续的、人在短时间内不易觉察的方式发生的。人类发展的历史已经表明,其大部分历史是由社会文化和自然进化的相互作用加速推动的。上文关于人类增强进化的理论和实践依据的分析也证明了这一点。这亦足以显示出人在进化方面的能动性,为迅速、直接、间断性地使人发生遗传变异的人类增强"进化"提供了可靠的基础和依据。另一方面,人们可以利用政策、法律等手段对人类增强进行相应的管制与调节,使人类"适度"地利用增强技术去发现、改良、加强自身身体和大脑的"优势",以将人的潜力逐渐推向极限而且有所超越!

当然,这其中还有许多问题,例如,何为"适度"? 如何使人类增强技术既能为人类发挥最大效益,又不激化社会伦理矛盾、不导致人种的聚变? 等等问题有待于进一步的研究,以促进二者的"协同演进"早日实现。

第七章　人类增强与人的尊严的"德""福"相关性

当代新兴科技背景下人类增强的出现,凸显了当代科学技术已经由前科技时代和科技时代的被人创造、被人支配利用去改造自然的阶段"升级"进入后科技时代的"改造人""支配人""塑造人"的阶段。科技地位的"升级"伴随着科技本性以及其与人关系的变化,特别是人类增强的发展与应用直接关乎着人的尊严的状况。那么,在效果论和道义论的道德理论视角下,人类增强与人的尊严的"德"与"福"的相关性如何?本章将从人类增强与人的尊严两个概念切入,对这一生命伦理学课题进行探析,以期抛砖引玉。

第一节　重要概念的厘定

一、人类增强的界定

"人类增强"是个外来词,与英文词 human enhancement 相对应,我国生命伦理学开创者邱仁宗研究员最早将之引入我国,并进行了阐释:"人类增强是用人工的手段即技术克服人体的目前限制,使得人比目前更健康和幸福。"[①]著者在读博期间查阅中外相关系列文献,对人类增强概念进行了比较研究,然后将之定义为"为了过更好的生活,而利用技术手段对人的某种正常的微观结构或功能进行变更,使人体在该方面具有超越现有水平的更完善的微观结构或更高更强的能力"[②],突出了人类增强目的的非医疗性、手段的技术性、对象的正常性。从字面意义上看,人类增强是功能性概念。事实上,人类增强是一系列新兴医学手段的总称,有学者在其后添加"技术"二字,似乎更为明确,但是遗漏了其中的"科学知识体系",因为认知科学(包括认知神经科学)、纳米科学与技术、生物技术(包括生物制药及基因工程)、信息技术(包括先进计算与通信)以及以这四大门类为基础的 NBIC 汇聚技术,还有药物、植入前遗传诊断、美容外科手术、控制论方法等,都是人类增强的重要组成部分,它们其中的一种或者几种的联合运用,可以取得强大的增强效果。所以,著者的"人类增强"概念更为全面、内涵更为丰富,其所采用的科学技术具有功能逾越性、前提预设性、工具植入性三大特征[③]。

二、人的尊严的内涵

人的尊严是个古老而又年轻的话题,其内涵一直处于争议之中,古今中外的学者们仁者见仁智者见智,至今仍没有形成一个统一且明晰的内涵。人们在生活中使用的"人的尊严"内涵也不尽相同,直到目前尚未完全达成共识。尽管如此,但是人们关于人的尊严的基本认识是一致的,例如人们都不否定人有尊严,都认可人有生命尊严、人性尊严与社会尊严。下面将从这些基本共识来剖析人的尊严所包含的内涵。

人的生命尊严是人的尊严的首要且基本的表现,是因人具备区别于

---

① 邱仁宗.人类增强的哲学和伦理学问题[J].哲学动态,2008(2):33.
② 冯烨.基于纳米技术的人类增强的哲学探索[D].大连:大连理工大学,2012:25.
③ 冯烨,王国豫.人类利用药物增强的伦理考量[J].自然辩证法研究,2011(3):82—83.

第七章 人类增强与人的尊严的"德""福"相关性

其他生物物种的特性而配享的高贵和不可侵犯。从当代生物学的研究来看,人有特定的基因组及相应的人的生命特征,因而,生命尊严是人作为人类而享有的类尊严,每个个体人仅因为其是人,具备人之为人的本质潜能,便拥有最基本的、与他人平等的生存价值,而不论其身体状况、身份、地位以及财富如何。例如人的胚胎、残疾人、植物人、穷人,均享有生命尊严。人的生命尊严与人的生命安全、生命健康等相辅相成,维护人的生命安全与健康是生命尊严的价值旨归,尊重人的表现首要是保护和促进人的生命安全与健康。

其二,人具有人性尊严,人因具有区别于动物的人的理性与自由意志而享有人性的绝对价值。德国著名哲学家康德高度重视人的理性,认为人是"按照对我也适用的同一个理性根据来设想其存在的"理性存在者。人有理性、有自由意志,能够为自己的行为立法,即按照道德法则而行动,或者说,出于善的动机而行动,从而享有人性尊严。"只有有道德以及与道德相适应的人性,才是有尊严的东西。"[①]人性尊严要求把人当作目的,而不能仅仅作为手段。"理性存在者就被称为人格,因为他们的本性已经凸显出他们就是自在目的的本身。"[②]康德的人性公式"你的行动,要把你自己人身中的人性,和其他人身中的人性,在任何时候都同样看作是目的,永远不能只看作是手段"[③],已成为人们实现平等与自主的实践原则。显然,康德是从普遍性视角论述人性尊严的[④],在其尊严观中,人的尊严既是绝对的、平等的,又是至高无上的,没有对等物,不可用于交换。"一个有价值的东西能被其他东西所代替,这是等价,与此相

---

① (德)康德.道德形而上学原理[M].苗力田,译.上海:上海人民出版社,2005:55.
② (德)康德.道德形而上学奠基[M].杨云飞,译.北京:人民出版社,2013:62—63.
③ (德)康德.道德形而上学原理[M].苗力田,译.上海:上海人民出版社,2005:48.
④ 康德是从一般人性的角度来说明,人作为理性存在者不同于无理性的存在者,享有绝对价值的尊严,而没有从个体角度论述人的尊严,所以没有特别说明缺乏理性和自由意志的植物人、精神病人是否和健康人拥有同样的尊严。

反,超越一切价值之上,没有等价物可替代,才是尊严。"①

生命尊严与人性尊严是"一切人,作为人来说"都拥有的共同点,是人之为人的重要属性,"在这些共同点所及的范围内,他们是平等的"②,无等级之分。反之亦然,生命尊严与人性尊严是人的"同等本质"的确证。除此之外,人还具有存在个体差异性的社会尊严。

其三,人具有社会尊严,是人在社会生活中因个人的能力、贡献、地位、财富、身份等而获得他人认可、敬佩的社会道德价值。人是具有社会性的高级动物,社会性是人生活的根本属性,人的生命特征与人性也依赖于其社会性得以更好地展现,离开了社会,个人的生存将遭受严重威胁,更不可能期望幸福、优雅的生活。因此,人的社会尊严的实现程度,既依靠其个人的努力程度,又依赖于社会的经济、政治、科技等条件,只有具备社会认可的道德善的人,才配享社会尊严。社会尊严是人受到的一种社会尊重的性质,个人不会因其获得较多的社会尊严就具有较高的道德地位,但是社会尊严获得的多寡会对其个人生活产生重要影响。马克思致力于无产阶级社会尊严的实现,呼吁他们觉醒个体尊严意识,联合起来反抗资产阶级,体现自己的价值、提高自己的尊严。"马克思所设想的共产主义及其初级阶段——社会主义社会,历来以实现真正的人的尊严为己任,以实现人的尊严所崇尚的人的解放为目标。"③

三、"德"与"福"的相关性

"福"是与人可以获得的幸福、快乐、福宁(well being)、利益等相关的精神与物质福祉的简称,"德"是与人的品德、尊严、权利、完整性以及其行为本身的正当性等相关的道德品性的简称。效果论道德理论,特别

---

① (德)康德. 实践理性批判[M]. 关文运,译. 北京:商务印书馆,1960:47.
② (德)马克思,恩格斯. 马克思恩格斯全集(第20卷)[M]. 北京:人民出版社,1971:113.
③ 李怡,易明. 论马克思的尊严观[J]. 马克思主义研究,2011(10):95.

是以杰里米·边沁(Jeremy Bentham)和约翰·穆勒(John Stuart Mill)为代表的功利主义遵循用"幸福"来衡量"道德"的基本价值趋向,可称之为"以福论德";道义论,特别是以康德为代表的义务论则用"道德"衡量"幸福",可称之为"以德论福"①。尽管两大道德理论论证路径大相径庭,但论证结果具有一致性,即"德"与"福"彼此间存在着关联性。

若仅从人类增强本身的效果来讨论其是否合道德性,是功利主义"以福论德"的路径;仅从人的尊严的道德角度来讨论维护和提高人的尊严的方式,是义务论"以德论福"的路径。两种路径均无法克服其单一性和片面性的缺陷,而且人类增强的"德""福"与人的尊严的"德""福"彼此间存在着错综复杂的联系。鉴于此,本章意在将两种路径相结合,来分析人类增强的"福"对人的尊严的"德"的益损、人的尊严的"德"对人类增强的"福"的导引。

第二节　人类增强对人的尊严的益损

人类增强"使得人比目前更健康和幸福",或者"为了过更好的生活",人们选择进行人类增强,不论从人类增强的结果还是目的来看,人类增强似乎要带给人们"幸福",这是从效果论道德理论出发所得的道德判断的观点。但是,这类幸福包含人的尊严的不受侵犯或者得到提升吗?关于人类增强对人的尊严会产生怎样的影响,技术乐观主义者和技术悲观主义者得出的一些截然相反的观点,不仅彼此存在着矛盾性而且有失公允,但是二者相持不下的论争反映出这样一个事实:人类增强对人的尊严存在有益有损的双重效应。

---

① 田海平.人为何要"以福论德"而不"以德论福"——论功利主义的"福—德"趋向问题[J].学术研究,2014(11):15.

一、人类增强的合理应用提升人的尊严

1. 人类增强维护人的生命安全,保障人的生命尊严

从人体自身来看,人类增强通过提高个人的身体功能,保障和增进了其生命安全能力,提升了其生命尊严。新型冠状病毒(新冠)防控战自2020年初开始在世界范围内打响,耗费了人们大量的时间、精力和物资,一些医生、护士、病人、管理者为此付出了自己宝贵的生命,令人惋惜、哀痛。防控初期,由于医护人员没有针对性的药物救治新冠患者,新冠严重损害患者身体乃至危及其生命,在这种情况下,相关科技人员加紧进行了新型冠状病毒疫苗的研制工作。在此,可以设想一下,如果药物增强、基因增强等人类增强完善成熟,人们可以利用这些增强技术来提升正常人的免疫能力,从而使人体"自然"抵御该病毒。

生命安全不单关涉个人身体状况如何,更多是与体外环境状况相关联。从人体的外部生存环境来看,合理利用人类增强能够提高安全率,遏制身体意外事故的发生。最初用于治疗嗜睡症的莫达非尼,有让人保持清醒和精力的作用,已被军队、航空、医院以及高危作业等行业的一些正常工作人员自愿服用,以增强他们的注意力和警觉性、减少风险、保障相关人员的生命安全,从而保障了这些相关人员的生命尊严。例如,在坚持自主原则的基础上,医生可自由选择服用诸如莫达非尼的药物,来增强自己的专注度,降低医疗事故概率,在维护患者生命安全的同时,捍卫了患者的生命尊严。在当今的科技和社会环境下,Julian Savulescu 和 Ingmar Persson 认为,人们之间互相伤害比互相获益来得容易,伤害一个人比拯救救治一个人更容易。[①] 尽管各国的法律和道德极力保障人的生命安全,但是仍不乏出现故意伤害他人生命的事件,因为法律和道德规

[①] Persson I., Savulescu J.. Getting Moral Enhancement Right: the Desirability of Moral Bioenhancement[J]. Bioethics,2013,27(3):125—126.

范的制裁和警示只有被人们内心认可才能发挥良好作用,可以应用某些增强技术来增强个人的善良仁慈等道德情感,例如,使用一定量的后叶催产素,可以促进人与人之间的信任与合作①,血清胺水平得到提高的人拥有更多的公平意识②,从而减少人与人之间的摩擦与攻击,保护人的生命安全。

2. 人类增强保护和提高人身心健康,维护和实现其个人尊严

身心健康是人生命尊严的本质潜能的体现,是人性尊严和社会尊严实现的基础与前提,人的尊严也只有在其身心健康或者高于健康的状况下才能更好地得以展现,而增进人的身心健康恰是人类增强的目的,二者不谋而合。例如,增强人的记忆力,需要研究与记忆相关的基因、神经细胞的结构与作用,以及其与人体其他系统的相互关系等,这些研究将进一步揭开人脑的秘密,既能够提高正常人的记忆力,也可用于预防和年龄有关的认知衰退,以及预防和治疗与认知衰退有关的疾病,从而可维护和促进人的认知健康,实现其生命与人性尊严,并为其获得更多的社会尊严创造一定的条件。对于目前世界上尚无法完全、彻底治愈的某些疑难杂症,例如艾滋病(HIV),设想通过药物、基因等增强方法提高人体免疫系统功能,或许可以解除此类疾病对人类的困扰。

同理,一些人类增强可用于增强正常人的心理抗压能力,缓解其紧张情绪,减少其患精神或心理疾病的风险,特别是在当前生活节奏加快、压力加大、竞争加剧的状况下。早在2003年,著名伦理学家利昂·卡斯(Leon R. Kass)就肯定了药物增强的积极作用,他认为,药物增强可减轻

---

① 叶岸滔. 道德增强:问题的提出与正反论证[J]. 自然辩证法通讯,2016,38(05):114—115.

② Savulescu J., Persson I.. "Moral Enhancement, Freedom and the God Machine"[J]. The Monist,2012,95(3):399—421.

人的心灵痛苦,使其产生短暂快乐感或保持持久愉悦等①。同理,药物增强也可用于减轻疾病对患者的消极影响,改善其情绪。显然,这类避免痛苦的人类增强在促进人精神、心理健康的同时,可使精神疾病类患者免遭曾在中西方文化中出现的道德污名,使其尊严和权利免受威胁与侵犯。

3. 人类增强推动人本质潜能的实现,提升人的社会尊严

亚里士多德认为,"潜能的最严格解释当限于有关动变的范围","总是指某些动变渊源"②,即引起或者被引起变化的能力;现实是事物的存在方式,该物以这种方式能够产生出其他种种事物或者为它们所产生;"作为原因而论,潜能先于实现"③,潜能在具备条件之后才能转变为现实,现实亦不能割断潜能而单独存在,"实现事物产生潜在事物,而这潜在事物又成为实现的事物",所以把具体事物的具体过程放在整个运动链条上看,现实又先于潜在。亚里士多德还从公式、时间、本性三方面论述了现实的先在性,认为各种事物均处于潜能与现实的转换之中。亚里士多德关于潜能和现实的哲学思想,为探索人的社会尊严的实现提供了理论基础。人的生命尊严、人性尊严是与人的本质潜能相一致的绝对价值,是平等的,而个人的本质潜能,这个"动变渊源"能否以及如何发展出理性思维与行为等现实实践,与其所在社会制度、所受的教育程度、所生活的自然与人文环境以及科技发展水平息息相关,从而出现个体潜能发展参差不齐的状况,个人获得社会尊严的程度也存在着相应的差异性,即人的本质潜能实现的多寡决定着其享有社会尊严的高低,其社会尊严依据其行为或增或减。人类增强能够在一定限度内增加、提升人的本质

---

① Kass L.. Ageless Bodies, Happpy Soul: Biotechnology and the Pursuit of Perfect[J]. The New Atlantis,2003(1):17.
② (古希腊)亚里士多德. 形而上学[M]. 北京:商务印书馆,1983:171.
③ (古希腊)亚里士多德. 形而上学[M]. 北京:商务印书馆,1983:255.

潜能及其实现机会,促进增强者获得更高的社会尊严,主要表现在两方面。(1)提高增强者的理性潜能:通过增强认知的药物、嵌入人脑的超微型芯片或传感器、脑外科手术、遗传基因选择等人类增强手段,扩大人脑容量、提升人脑接收和处理信息的认知能力等。(2)促进人的道德行为潜能实现:用于调整人与人、人与社会之间关系的道德规范,是依靠传统习惯、社会舆论和内心信念来使人们履行的,不具有强制性。这使得个人对道德规范实施有选择自由,虽然不影响其生命尊严、人性尊严的平等性,但是其社会尊严会因其道德高低而呈现出增减的差异性,换言之,在其他条件相同的情况下,道德水平较高者获得更多的敬重。鉴于道德行为对于个人及社会发展的重要意义,学者 Harris 指出,可利用一些高科技方式提升人的道德水平[1],例如,运用某些人类增强手段强化公平、平等等核心道德情感,或者弱化不良情感,增强良好的道德行为动机,从而推动人的人性尊严和社会尊严更多地得以实现。

4. 人类增强保障个人享有机会平等,促进其社会尊严的实现

"正义是社会制度的首要价值,正像真理是思想体系的首要价值一样"[2],公正的社会赋予每个人"平等地"享有赢得社会尊严的机会以及实现该机会的过程,但是限于种种主客观因素,每个人并不能获得同等的社会尊严,人类增强的合理应用能够促使此类不平等得到一定程度的改善。植入式人类增强可为一些身体残缺人士提供某些发展个人潜能的途径,帮助他们实现尊严,例如双臂缺少者大脑正常,可利用植入式脑机交互方法,用意念控制机器运转,从而恢复到正常甚至比健全人更好的操作状态;美容外科手术、微整形等人类增强可让健康、无缺陷但容貌

---

[1] Harris J.. "Ethics is for Bad Guys"! the "Moral" into Moral Enhancement[J]. Bioethics, 2013,27(3):169—173.
[2] (美)约翰·罗尔斯. 正义论[M]. 何怀宏,何包钢,廖申白,译. 北京:中国社会科学出版社,1988:3.

或者体态一般者"锦上添花",在一定程度上弱化他人所谓的"外貌歧视",增加其实现尊严的机会。

二、人类增强的不当运用贬损人的尊严

人类增强同其他技术一样是一把双刃剑,如果对其风险评估不充分、运用不当,不论其目的是否正当,都会侵犯人的尊严,降低或者阻碍人的尊严的发展。

1. 损伤人身心健康,引发生命安全问题,侵犯人的生命尊严

人类增强是一系列复杂的高新技术,大多数处于研发阶段,仅少数进入应用层面,还不能对其建立起集聚性的大数据分析,从而难以预测和把控其可能存在的种种风险,其不确定性和风险令人担忧;而且,人类增强的客体是高度复杂的人体,人体生命还存在着诸多有待探讨的秘密,所以,当应用高风险的人类增强操作复杂人体时,意外出现的概率大大增加。例如,药物增强的副作用、经颅磁刺激(TMS)的触电问题、基因增强中被干预基因其他功能的诱发问题、植入增强的材料安全问题,都会对人的身体和心理造成伤害,严重的还会危及生命,侵犯人的生命尊严。

人类增强应用的某些人为因素,如植入增强的某些植入物所积累的增强者及其家人朋友的信息数据被别有用心者滥用,或者受利益诱惑,增强技术被某些人不择手段地、毫无节制地付诸实践,都会对人的尊严造成损伤。

2. 损害人类物种的完整性,侵犯人的生命尊严

完整性的本体论的意义是,事物成其所是的内在界限或内在规定性,是事物变化发展的"度"。当事物的变化超过这个"度",该事物就失去了其完整性而转变成他事物。由此,人类物种的完整性就是人之为人的内在规定性,即人类自我的本质潜能,亦可用生物学术语"人类基因

组"表示。人类个体不论其存在状态(婴幼儿、成年人、老年人等)、身份地位如何,因拥有人类基因组分化而成的不同"基因条形码"而成为本质相同又相互区别的个体。正是因为自身特有的本质潜能(人的特殊基因组、人的理性与自由意志等),人类才享有生命尊严、人性尊严;对该本质潜能不同程度的发展,人类个体才获得不同程度的社会尊严,所以,人的尊严与其物种的完整性息息相关。

人类增强这类高新生物科技对人体的改造,有点类似西方基督教中"上帝"操纵人类的角色,使"人类处在对自身做根本改造的边缘"[1]。人生命的神圣性遭受挑战,其生命尊严的严肃性又在哪里?人的生命尊严还能得到保障吗?如果作为人类增强始基的生命尊严受到质疑,那么又如何能够考量人的自我存在呢?

当某些人类增强对人类的内在规定性的相关基因的操作超过一定限度,就损害了人的完整性,侵犯了人的生命尊严,而无论该项人类增强的效果如何明显、目的如何正当、操作如何安全。例如,通过基因工程的人类增强向人体添加异源物种基因或者大幅度编辑、修改人的基因超过"人种"限度时,该增强者就变成了弗兰肯斯坦式的另类"人",丧失了其人种的完整性。从生物学角度看,该增强者生命尊严的根基被摧毁,其已经不再属于人类,不能再被称为"人"了,也不再享有人的生命尊严。当此类增强者的基因不断遗传给后代,混入人类"基因池",由起初的个体层次逐渐扩展到整个人类时,不仅严重降低人类基因组的纯洁度,而且会使人类进入"超人类主义"(transhumanism)所谓的 2.0 版后人类——"human 2.0"[2][3]。尽管"超人类主义者"对"人类 2.0"持技术乐观

---

[1] 张祥龙. 复见天地心——儒家再临的蕴意与道路[M]. 北京:东方出版社,2014:193.
[2] Bostrom N. In Defense of Posthuman Dignity[J]. Bioethics,2005,19(3):202—214.
[3] Coenen C.. Deliberating Visions: The Case of Human Enhancement in the Discourse on Nanotechnology and Convergence, in: M. Kaiser, et al. (eds.), Governing Future Technologies, Sociology of the Sciences [M]. Yearbook 27, Springer Science+Business Media B.V. 2010.

主义态度,但是,不可否认,人类2.0与我们当前1.0版的人类是完全不同的两类人,或许今日之人与后人类互视对方为"非人"。显然,对我们当前人类的自然物质基础"基因"的"过度"增强,会破坏我们当前人类的完整性,是对当前人的尊严的忽视与侵犯,最终导致当前整个人类生命尊严完全丧失。"如果从技术的无穷无尽的推陈出新及技术甚至科学之'不思'或者'非思'的征候看,现代技术对这个世界的'引领'更像是一个'疯子'领着'盲人'在行走。"①因此,如果以人类增强的"祛魅"力量过度干预人类的生命内在规定性,终将会呈现"人类灭亡"的系列不良后果,还岂能奢谈人的尊严之提升?如何在保持人的同一性基础上提升人类的生命尊严,是人类增强研发和应用需要解决的瓶颈之一。

3. 加剧社会的不公平、不平等状况,阻碍人尊严的实现

"人的本质不是单个人所固有的抽象物,在现实性上,它是一切社会关系的总和"②,人与人之间的社会关系状况如何,影响到人的尊严的产生和获得程度。在一个不公正、不平等的社会里,人们很难公平地"挣取"到实现社会尊严的机会,甚至本来平等的生命尊严都难以得到事实上的维护。只有公平、平等的社会才能支持、保障人们的尊严,促进人的本质潜能向现实转化,提高人的社会尊严。尽管人类增强的合理利用可以促进社会公正,但是,由于某些自然和人为因素,人类增强也会加剧社会的不公正不平等现象,对个人尊严造成损害。一是人类增强会导致社会资源分配的不公正。例如,人类增强在其研发初期就显示出其增强优势,吸引更多的资源投入其中。社会卫生资源在相当有限或者短缺的情况下,过多地倾斜于人类增强,既不利于医疗卫生水平的提高,又会加重民众的医疗费用;人类增强的最新研究成果往往被那些能够负担起巨额费用的富人优先采用,富人由此会变得更加富有,相对贫困者则不能够

---

① 田海平. 生命伦理如何为后人类时代的道德辩护[J]. 社会科学战线,2011(4):21.
② 李爱华. 马克思主义经典著作导读[M]. 北京:北京师范大学出版社,2008:8.

享用人类增强带来的"益处",从而加大社会的贫富差距。二是人类增强的"非普遍性"应用会加剧社会的不公平竞争,增强者和未增强者间的能力差距将进一步使得他们在社会资源获得、地位提升等方面的竞争不公平。诸如此类种种情况,都不利于人们,特别是未增强者的尊严的实现和提升。增强者的超越能力也可能使其产生一种优越感,伴随这种优越感的是歧视和厌恶正常人,进而使社会分裂为优等人与劣等人,类似"二战"时纳粹人无情残杀犹太人的状况可能再次出现,严重威胁人的生命尊严。这种情况看似危言耸听,却并非毫无根据,人们还是对此保持警觉为好。

4. 蔑视或者侵犯人的自主性,损害人的人性尊严

人的自主性的一般表现是,人能够按照自己的意愿进行思想和行为,而不受他人影响和限制。人也正是由于有自主性而有别于一般动物,能够"为自己立法"而成为道德人,享有尊贵、独立的人性尊严。因此,捍卫人的尊严与维护人的自由意志或自主性是一个问题的两个方面。人类增强有促进人自主性发挥的积极作用,但其应用也会直接或者间接地侵犯人的自主性。例如,增强者主动选择某项药物增强项目之后而出现的心理或者身体"成瘾"情况,即增强者一旦停止服用该增强药物,心理便出现自己无法控制的强烈增强欲望,或者身体出现抽搐、疼痛等各种不舒服症状,这是人类增强对其自主性的直接侵害。对于一些婴幼儿、发育14天后的胚胎等拥有潜在理性思维的特殊人群,若其家长或其他监护人按照自己的愿望对他们进行增强,即使这些增强会使他们获得更高智力、更美外貌等正当目的,也侵犯了这些被增强的子女后代的自主性。因为这些子女后代的增强项目不是自己选择的,而且他们长大以后的"自由选择"还必须受到其长辈对其增强之后所体现出来的能力范围的限制,与自然状态下出生的孩子的自由选择有着根本上的不同。某行业工作者为了更好地完成工作、某学生得知别的同学服用了认知增强药物等迫于工作压力、社会氛围而选择进行的增强,实则是对增强者自主性的间接侵犯。不论直接的还是间接的轻蔑或者侵犯人自主性的增强,都是对其人性尊严的轻慢、冒犯与贬低。

5. 削弱人的尊严价值的激励作用,阻碍人的人性尊严与社会尊严的提升

人的尊严与人的一生相伴,维护人生命的存在,激励人们提升自己的内在素养,克服困难不断前进。但是随着人类增强的研发与应用,人们转而依靠"人类增强"提升自身能力,使得尊严观念的积极精神作用逐渐被削弱,传统的通过自身努力来提升自身素质与能力的价值观受到前所未有的冲击,正如弗朗西斯·福山所指出的,人类增强使得人们倾向于将生活中出现的种种问题归结为生理问题[①],如将多动症、抑郁症患者的病因归为神经性问题,而不被认为是由个人性格缺陷或者意志薄弱等因素造成的,从而会加重社会的医学化、消解社会对尊严价值等精神力量的重视与培育。这将加大人们对人类增强的依赖性,降低其主观能动性作用的发挥,严重阻碍个人尊严的提升。

第三节 人的尊严对人类增强的伦理导引

技术是"对具体存在者领域的开拓"[②],否则便失去了其存在的逻辑根据和尺度,现代以来技术以指数速度使世界发生了翻天覆地的变化,似乎是"支配对敬畏的绝对胜利"[③]。然而并非如此,因为并非一切可能

[①] (美)弗朗西斯·福山. 我们的后人类未来——生物技术革命的后果[M]. 黄立志,译. 桂林:广西师范大学出版社,2017:51.

[②] (德)海德格尔. 面向思的事情[M]. 陈小文,孙周兴,译. 北京:商务印书馆,2011:69.

[③] (美)迈克尔·桑德尔. 反对完美:科技与人性的正义之战[M]. 黄慧慧,译.北京:中信出版社,2013:97.

的"存在者领域",技术都可以对其进行"不受限制"的开拓,否则,会偏离技术为人服务的本性和初衷。现代技术给人们带来的环境污染、生态失衡、资源短缺以及人类对科技的过度依赖而形成的精神困惑与异化等负面效应,已是充分的证明。因此,作为现代技术加强版的人类增强,其发展和应用应该受到人类伦理价值的指引,特别是人的尊严的伦理导引。这是根据道义论伦理理论,从道德义务或道德责任,在此即为人的尊严本身"德"出发,来看待和衡量人类增强之"福"的道德合理性。

一、人的尊严对人类增强研发的规引

人的尊严,从本体论意义而言,是个人及其群体社会的关于自我和他人的高贵、不可侵犯的价值意识。该类价值意识经过系统化、理论化之后形成相对稳定的价值观,并以此形式展现出来,对人的行为及社会的发展产生影响,包括对人类增强研发方向、深度和广度的影响。千百万年来,不包括人在内的纯粹的自然界自身从来没有、也不可能创造出任何技术,这一事实也向人们证明:技术是人们为了实现自己的目的而发明的改造和利用自然的中介,技术在一定程度上要受到人的尊严等人类意识的支配,没有绝对意义上的自主技术,人类增强也不例外。

1. 可左右人类增强的研发方向

人的尊严内涵着维护人生命存在的核心价值,引导人类增强的研发朝向有利于保护和促进人生命存在和发展的方向。人的生命是人的尊严价值的载体,生命失去或者受到威胁,人将不能享有或者很好地享有尊严。马克思对工人生命尊严的高度重视也正是基于此,"工人首先就是在生物学及社会学意义上作为生命而存在,我们应该对他们的生存状况和生命价值给予深切的关注"。[①] 按照人的尊严价值的要求,人类增强

---

① (德)马克思.1884 年经济学手稿[M].北京:人民出版社,1985:52—54.

的研发必须定位在保障人生命的存在和发展的基础之上,至少不能对人的生命存在造成损伤与威胁。近年来,人类增强的研发,例如微整形美容技术促进了医学对人体的认识与尊重,CRISPR/Cas9基因编辑技术的研发及其对基因表达与调控研究的促进,将大大促进对与基因有关的一些疾病的治疗与预防,有助于提升人们的尊严,促进其更健康更长寿地生活。

"尊严带给我们好好利用它的责任,好好利用它意味着不仅仅只是为了我们自己的满足和快乐,同时也包括为了他人的利益、快乐而使用它们。"[1]由于自然等多种不可抗因素的作用,人与人之间存在高矮、胖瘦等外貌以及智力上的差异,往往漂亮聪明者获得更多生活便利、工作机会和更多尊重,造成自然状态下尊严不平等问题。"由于自然发生的差异,比如遗传基因的差异而导致一些人在生理上或者心理上先天地处于弱势水平,造成人与人之间的不平等的存在,人类社会是有理由消除这种不平等的。"[2]如何帮助尊严相对低者获得更有尊严的生活?推动人类增强的研发不失为一条可取的途径,例如注射生长激素类药物可以让人快速获得高大身材,通过隆鼻、抽脂、隆胸等微整形可以让人迅速拥有好身材或美丽容颜,使其免受他人外貌歧视。因此,人的尊严促进人类增强的研发向有利于人获得更多人性尊严、社会尊严的方向前进,如果人类增强走向不利于人生存与发展的方向,人的尊严将会限制、禁止这类人类增强研究的开展。

关于人的尊严如何对人类增强的研发进行左右的问题,我们还可以从人的尊严对人兽嵌合体研究的规导进程中,得到参考和启发。同样,

---

[1] O'Mathúna, Dónal P.. Nanoethics: Big Ethical Issues with Small Technology[M]. London: Continuum Press, 2009: 156.

[2] John Rawls. A Theory of Justice[M]. Cambridge, Mass: Harvard University Press, 1971: 90—95.

第七章　人类增强与人的尊严的"德""福"相关性

人兽嵌合体研究在伦理和道德上存在着诸多争议。例如,是否应该研制出这种人兽混合物种?是否应该允许其长期存在?"将人兽嵌合动物的器官移植到人类身上,动物体内一些未知的内源性病毒是否会感染人类,从而产生新的致命的人畜共患病"?人类应该如何对待人兽嵌合体,是将其视为人还是动物?在什么条件下能被视为人?鉴于种种疑难问题,各国政府纷纷表明态度,"英国、法国和德国等国立法禁止进行将动物干细胞引入人类胚胎中的研究,但是并没有明确反对进行将人类细胞引入动物胚胎中的嵌合体研究";美国国立卫生研究院2009年出台《人干细胞研究指南》,禁止将人类的多能干细胞移植到动物的早期胚胎中,但这一禁令在2016年8月放开,并由特定专家组对其资金申请进行道德审查和监管。[①] 显然,科技人员对人兽嵌合体的研究不是随心所欲地进行,而是要受到基于人的尊严的相关规则的左右。当嵌合体被触发了人类意识时,学者David Albert Jones认为,其就成为人类的一种,就应该停止被研究,[②]否则,就是对人的尊严的损害。

因此,研发人类增强要遵循人的尊严的全面指引,不可顾此失彼。否则,结果只能是弄巧成拙,不仅伤害人的生命尊严、人性尊严,而且因人类增强而获得的所谓的社会尊严也不会得到社会的真正认可。人的尊严全面受到贬损,将极大地阻碍人更好地生存和发展。

2. 能控制人类增强的研发深度

人们为了维护或提高自己的尊严,常常促使人类增强的研发向更深的方向发展,愈来愈触及人生物本质的更深层次,越来越高级和复杂。例如记忆力或情商超凡者常令人羡慕、钦佩,为此,很多人希望提高自己的记忆能力、情商与意志等,这推动人类增强不仅要研究与记忆、情商、

[①] 汤波.从神话到现实的人兽嵌合体[J].科学24小时,2019(12):4—7.
[②] MacKellar C., Jones D. A.. Chimera's Children. Ethical, Philosophical and Religious Perspectives on Human-Nonhuman Experimentation[M]. London: Bloomsbury Continuum, 2012.

意志相关的人神经细胞的作用,而且要深入揭示相关基因的表达状况,促使人类增强更加精细地研发人体相关部位的精密结构与功能。此为其一。

其二,为了消解现代以来技术发展过程中可能出现的损害人尊严的风险,人的尊严价值促使人类增强研发出方式多样、更高级更复杂的增强手段。现代以来,技术在给人们提供丰富的食品、便捷的交通、迅速的交流、舒适的住房等多方便利的同时,越来越复杂、越来越隐蔽地损害人的尊严。例如芯片信息技术会侵犯人的隐私、干扰人的自主意识,降低人性尊严与社会尊严;食品加工技术能够为人们提供丰富的美味食品的同时,其所采用的食品添加剂与防腐剂等也给人们的健康带来潜在威胁,存在着降低生命尊严的风险。人类增强可研发能够提高人体识别能力、免疫力或者人寿命的微型机器人或保健食品,以化解上述风险、帮助人类延年益寿。

同时,人的尊严确保人类增强的研发深化不给人的尊严带来新的侵犯。当人类增强的深化研发对人的尊严造成威胁或者阻碍人的尊严的提升时,在维护人的尊严价值指导下,该类人类增强研发将被阻止。例如,基因编辑技术中以生殖为目的的修改胚胎基因的研发,目前已经在多国被禁止[1][2][3];在健康人脑中植入记忆芯片的认知增强的研发也必须受到"人是目的"的限制,避免使人沦为仅仅是"记忆"的手段而丧失尊严。

---

[1] 20多国立法禁止基因编辑[EB/OL].(2018-11-17).界面新闻,https://baijiahao.baidu.com/s?id=1618265457454246330&wfr=spider&for=pc.

[2] 李建军,王添.人类胚胎基因编辑研究引发的伦理关注和规制策略[J].自然辩证法研究,2016(11):114—118.

[3] Lander E S, Baylis F, Zhang F, et al. Adopt a moratorium on heritable genome editing[J]. Nature,2019,567(7747):165—168.

3. 会支配人类增强的研发广度

以维护和提升人尊严为核心的人的尊严价值意识使得人类增强的研发广度,即人类增强所干预的人体能力的范围在逐渐扩大。"二战"期间,增强药物已被用于提升士兵作战注意力,且不论战争是否具有正义的性质,从维护士兵尊严的角度看,该类药物能促使士兵认知潜能得到更好的发挥,提高了其生命安全和完成任务的概率。目前,随着以纳米技术、生物技术、信息技术、认知科学为基础的 NBIC 汇聚技术的出现,人类增强的研发更为开疆辟土,不仅研发能够显著提高记忆、审美等认知能力的增强,完善人体形外貌的美容外科增强,而且研发控制冲动、抒发激情等情商的情感增强,还研发减少人与人之间的侮辱与歧视、增强信任与友善等与道德相关的道德增强等[1][2],从多方面开发人的本质潜能,促进人们更好地获得社会尊严、人性尊严。

人类增强研发广度的拓宽是以人的尊严的维护和提高为价值旨归,即被限制在不贬低人的尊严的一定范围内。并非人的所有能力都越强越好,假如某人沉溺于其痛苦或伤害的记忆里而不能自拔,将会影响其正常的生活,严重的会患上忧郁症等精神心理疾病,从而降低了他自己的生命与社会尊严。情感增强、道德增强也需要分场合分情境地进行,因为情感、道德承载着厚重的文化底蕴,不是一切情感或道德方面的问题都是可以依靠增强技术解决的,还需要得到社会的认可,而且过多的情感或道德增强也会减少人们进行情感或道德选择的空间。[3]

---

[1] RAKIC V.."From Cognitive to Moral Enhancement A Possible Reconciliation of Religious Outlooks and the Biotechnological Creation of a Better Human"[J]. Journal for the Study of Religions and Ideologies,2012,11(31):113—128.

[2] SATO T.."Two Theses of Moral Enhancement"[J]. Applied Ethics:Risk, Justice and Liberty,2013:13—24.

[3] Harris J.."Moral Enhancement and Freedom"[J]. Bioethics. 2011,25(2):102—111.

二、人的尊严对人类增强应用的调控

人们研发人类增强的初衷是增强人体功能,使其在自然界更好地生活,所以要实现研发初衷,人类增强的应用必须接受以人的尊严为核心的人类价值的指引。人的尊严对人类增强应用把控的主要表现,可概括为以下四个方面。

1. 为人类增强应用提供价值依据

技术对人类生存和发展的善恶价值,要从技术的最初目标和应用后果两方面进行判断和评价。人类增强的初始目标是在执行、控制、专注、抗压等方面带给人们更强的能力,具有"善"价值即道德合理性,但是这些目标之"德"在应用过程中不一定能够实现,也可能出现事与愿违的结果。从本章第二节人类增强对人类尊严益损的分析中可以窥知一斑,正如李亚明学者所说,"人类增强的应用也会导致以医学为名进行的社会控制更加深入和普遍,可能会对人的自主性造成威胁,侵犯人的尊严。并在之后的论述中明确表明,人的尊严应该成为分析和解决生物医学人类增强的最终价值依据"①。

人类增强的应用需要正确价值的引领,人的尊严为医学科学与技术以及人类增强的实践提供价值基础、价值依据。人的尊严在人的所有价值中是至高至上的,苏格拉底的"宁愿做痛苦的人,不愿做快乐的猪"正是表明人的尊严的首要性。人的尊严是公民各项基本权利即人权的"价值基础、价值来源或价值依据,而人权是实现人的尊严的手段和途径。同时,'生命尊严'又进一步确立了生命价值的核心地位,因而,国际法和多数国家的实体法都把人的生命健康权作为人权之首,确认生命健康权的优先地位"②,不伤害/有利、尊重、公正等生命伦理原则也是基于保障

---

① 李亚明. 生命伦理学中人的尊严问题研究[M]. 北京:中国社会科学出版社,2019:238.
② 韩跃红."尊严"为生命伦理学"立心"[J]. 道德与文明,2013(6):124.

人的尊严价值而得以确立的。因此,人的尊严成为人类增强是否应用以及如何应用的价值依据,在人的尊严价值的指引下,人类增强的发展和应用必须以守护和增进人的尊严的应然价值目的为条件和限度,并在实践层面践行,盲目从众进行的人类增强是对人的尊严的亵渎、侵犯和损害,受到伦理道德的批驳和谴责。换言之,人的尊严指导和规制着人类增强的应用:能够维护人的尊严的人类增强应用得到促进,损害人的尊严的人类增强应用被加以禁止。

2. 减少人类增强应用的异化程度

由于技术本身或者社会因素,技术在应用过程中都会出现价值悖谬的异化现象,即出现了反面或者负面效应,背离或者否定了技术原初价值目标。技术的这种价值异化具有一定的客观性,不可完全消除,是技术无法逃避的,只是不同技术的价值异化的程度、方式有所不同。例如,汽车便捷了人们生活,但是汽车燃料产生的污染问题不可避免,在现阶段还不存在不产生其他物质的燃料,即使是清洁的燃油资源。这是汽车技术本身的双重效应造成的技术价值异化现象。人类增强也同样存在价值异化现象,因为人类增强技术很不成熟,其本身存在一定的缺陷;人们对增强技术的认识也比较滞后且存在片面性;受错误价值观主导,或者经济、政治、社会制度对其价值进行构建、控制或影响等。

人的尊严要求人们尊重人的内在价值,永远将人视为目的而不仅仅是工具,约束、管制不尊重自己和他人内在价值的行为。这类尊严价值观念成为主流社会意识的核心内容,有助于遏制人类增强应用过程中的价值异化,促进对其不足的完善、防止对其滥用等。例如,某人为了摆脱社会压力、为了追求个体卓越,或者为了提升自己的社会尊严,过分依赖人类增强,结果对其生命健康与安全、理性与自主性造成危害,近年来快速发展的药物增强、美容外科增强中,一些消费者维权事例便是例证;还有些人利用人类增强提升自己尊严而贬低、损害他人尊严,在竞争场合使用人类增强就是对未增强者尊严的损伤。诸如此类人类增强价值异化,将受到社会主流尊严价值的限制和克服,体育竞技中禁止使用兴奋剂便是有力例证,从而防止忽视尊严义务、滥用增强技术而造成的异化。"由于人类增强技术相比机器来说更具有人的自主性,'用不用'或者'用它干什么'是由人来决定的,以至于人类增强的应用更能受到人的尊严价值观念的影响,所以其可以被视为技术价值异化消减的途径。"①

为了切实发挥人的尊严对技术应用的引领作用,国际社会、各国政府已经出台相关法律法规与伦理规范,如《纽伦堡法典》《人的生物医学研究国际伦理准则》《人体的生物医学研究伦理审查办法》,限制或者禁止危害人的尊严的技术应用。随着人类增强的发展,将会出台专门的法规与伦理原则对其应用进行监管。

3. 确定人类增强应用的范围与速度

人人享有不可侵犯的尊严已成为当今社会的共识,社会应尽可能平等地维护与提升每个人的尊严,习近平总书记强调"各国和各国人民应共同享受尊严,共同享受发展成果,共同享受安全保障"。② 因此,人类增强的应用应尽可能惠及所有人的尊严,不可差别对待,更不能以牺牲某些人的尊严为代价去提高另一些人的尊严。对于仅针对富人而歧视或无视穷人的人类增强应用状况,应尽快进行限制并加以改善。

诚然,个人意识具有相对独立性,人的尊严在以个人尊严观呈现出来的时候存在一定的差异性,不同文化不同个人对尊严的标准、评价尺度、尊严各组成部分的尊重程度以及其受到侵犯时反应程度不尽相同。例如,相较于其他国家以纤细外形为漂亮的审美观,牙买加以女性丰满

---

① 王皓.论"身体技术延展"的辩证过程[J].科学技术哲学研究,2020,37(01):71.
② 钱中兵.国家主席习近平在莫斯科国际关系学院的演讲[EB/OL].(2013-03-24). http://www.gov.cn/ldhd/2013-03/24/content_2360829.htm.

为美,斐济将肥胖作为"有尊严"的象征①;杀身成仁、舍身取义是儒家文化视人性与社会尊严高于生命尊严的写照,荷兰、比利时等国家将"安乐死"合法化也是持此观点。个人尊严观的差异影响着人们对增强技术应用的范围和速度,近几年来美容增强的迅速发展,得益于爱美人士的热捧;而且,美容增强在韩国、泰国很普遍,应用程度高,技术更为精细,在另一些包容度较低的国家则被冷落,应用程度低,技术手段较为简单、粗糙,因为被整容后的人被视为"异类人",不被尊重。值得注意的是,个人尊严观最终要接受社会尊严观的指导和监督而不至于偏离社会发展的正方向。

可见,人类增强应用的范围及速度受到人的尊严的把控:人的尊严能推动或限制某项人类增强在某一地域的应用,也可能阻碍或引导另一项人类增强在该地区的应用;人的尊严能提升某些人类增强应用的发展速度,也可禁止另一些人类增强的应用及发展。

第四节 守护人的尊严,塑造人类增强之魅力

本章第二、第三节在人类增强与人的尊严概念厘定的基础上,穿越纷繁迷雾,综合利用效果论和道义论理论认真审视人类增强与人的尊严的"德"与"福"相关性,发现二者是既相互促进又相互牵制的辩证关系。人类增强之"福"能否提升人的尊严,关键在于人们的应用是否合理。如果人类增强之"福"得到合理应用,那么它能够在维护人的生命安全、保护和提高人身心健康、推动人本质潜能的实现、保障个人享有平等的机

---

① Tirooshsamuelson T., Mossmman K.. Building Better Human? Refocusing the Debate on Transhumanism[M]. Frankfurt am Main:peterlang,2012:238.

会等方面提升人的尊严;反之,对人类增强的不当运用则会在损伤人身心健康、引发生命安全问题、损害人类物种的完整性、加剧社会的不公平不平等状况、蔑视或者侵犯人的自主性、削弱尊严价值观念的激励作用等方面贬损人的尊严。而人的尊严之"德"对人类增强的研发方向、深度、广度以及人类增强应用的价值依据、速度与范围等,起着双重的伦理导引作用。技术乐观主义者与技术悲观主义者之所以分别持赞成与反对的态度,重要缘故之一是他们只看见其中一面而没有全面把握人类增强与人的尊严之间的这种"德""福"相关性。

人类增强的"福"对人的尊严有益有损,损害人的尊严的人类增强,不论其作用多大,都是不正当的即不具备道德合理性;对保障和提高人的尊严有益的人类增强则是正当的、具备道德合理性,实现了"德福一致",如图7-1中小椭圆所示。这是以人类增强之"福"是否与人尊严之"德"相一致来判断人类增强是否有"德"之合理性。同理,人的尊严对人类增强的研发和应用起着指导、规范和限制作用,支持并促进那些维护和提高人的尊严的人类增强的研发和应用,限制甚至禁止那些危害、侵犯人的尊严的人类增强的研发和应用,是以人的尊严之"德"导引人类增强之"福",使人类增强具备道德合理性,从而实现人的尊严维护与提升之"福"即达到德福一致的"至善",如图7-1中大椭圆所示。这是以人的尊严之"德"是否正向导引人类增强之"福"来衡量人的尊严之"福"的维护和提升。人类增强之"福""德"与人的尊严之"德""福"间的辩证相关性,是关乎人类增强发展速度与发展趋势的重要议题,是为人类增强的研发和应用寻找形而上学的与基于世俗化的人类因素的双重根据,而不是简单地予以否定或支持。

在科学技术高度迅速发展和价值观日趋多元化的当今社会,人类增强是当代技术汇聚发展的大趋势所致,它正大踏步地向人们走来,同时,人自身的有限性与脆弱性缺陷也使得人们趋向研发和应用人类增强。

但是,在人类增强的发展和完善过程中,人们"必须持有一种敬畏之心",即不可无视、亵渎、侵犯人之尊严,否则,会将人类引入末日。因此,人们不仅要确立以促进全人类更好地生存和发展为宗旨的真理性尊严价值观,而且要全面地了解人类增强的研发和应用,要对其加以合理的监管,确保人的尊严能对人类增强的研发和应用发挥正确的导引作用、人类增强能够保障和提升人的尊严,即实现二者的"德""福"正向相关,走人身心和谐、人与自然和谐的生存之道,最终实现古今中外人们梦寐以求的体面生活之真谛。

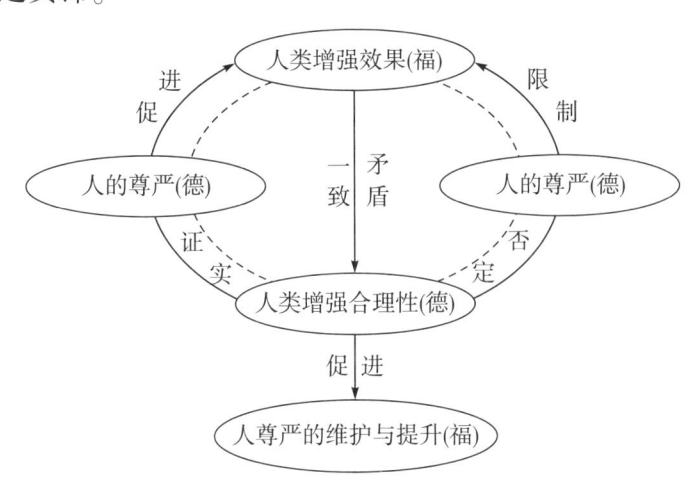

图7-1 人类增强与人的尊严的德福相关性

第八章　人类增强研发的伦理监管机制建构

在我们人类目前的现实生活中,仅有整容类(包括微整形)技术、高科技保健食品类技术等极少数人类增强,刚刚迈入实际应用阶段,属于"现实式";还有绝大多数的人类增强,仅处于研究的起步阶段,还需要几年、几十年甚至更长时间,才能进入实际应用阶段,属于"未来式"。但是,当代科技的几乎"时新秒异"的发展速度告诉人们,这些今天看似很遥远的"未来式"的人类增强,也许在明天即会成为现实。2018年11月贺建奎研究的基因编辑婴儿,在我们当前伦理认知不能接受的框架下,突然出现在公众面前,令世人感到无比惊恐和震惊,便是不争的事实证明;另一方面,过去那种"先污染后治理"的滞后式伦理反思的弊端,也迫切要求人们特别是从事科学技术哲学、伦理学、社会学等的相关研究者采取不同于过去的前瞻性研究方式,在研发和应用人类增强之前尽可能预防其风险,尽可能减少其给人带来的负面影响,从而跳出"先污染"难以治理的泥潭。正是基于这两方面的理由与前提,本书第二章至第六章选取典型案例,以前瞻性的视角探寻了人类增强在社会、伦理和法律等方面可能产生的积极与消极后果。尽管上述四大案例研究所分析的每项人类增强各有自己的特点,其所可能导致的社会、伦理、法律、哲学问题以及预防措施也不尽相同,但是我们在对这些人类增强分别进行探讨时,发现它们存在着许多相似或者同类的特征。这为我们分析其他类人类增强可能造成的人类社会影响,以及研究出较为普遍性的应对预防措施提供了一定的思考模式、研究方法等。因此,本书所选取的关于微整形、基因增强、纳米认知增强、延年益寿类人类增强的案例分析,对于研究其他项人类增强的社会影响及其应对措施会在一定程度上具有"窥一斑而知全豹"的作用。而且,技术发展和应用所需的伦理环境是包括政策制度、经济水平、伦理许可、公众认知等多个方面的综合性有机系统,对人类增强的发展路线和模式、其所应遵循的伦理原则的探索,是构建人类增强发展伦理环境的重要部分的一种有益尝试。于是我们不妨将此相关方面所得的研究结论进行归纳总结,以"窥"人类增强伦理环境构建之关键。

第一节　人类增强的发展路线和模式的伦理构建

一、现实式的人类增强的发展路线与模式的伦理探索

这里所指的"现实式的人类增强"是指那些在某些方面已经对当今的人们生活产生某些影响,或者是已经部分投入实践、产生了某些实际应用效应的人类增强,例如整容类(包括微整形)增强性技术、高科技保健食品类增强性技术等。在此,本章撇开技术自身一定的发展规律,而主要从哲学 STS(科学技术与社会)视角来构架该类技术的发展路线与模式。

首先,尽可能全面了解某项人类增强的性质、所处的发展程度,特别是其对人的增强功能。该项增强技术研究者以及科技传播工作者要及时将该技术的这些特性告知公众,并及时获取公众对该技术的认知及态度等伦理因素状况。这不仅能够为科研工作者进行下一步的研究奠定基础,而且是影响该项技术进一步如何发展的关键因素。

其次,分析该技术的增强效用引起的社会、伦理、法律及哲学问题。

要区分哪些问题是已经引起的即在当前社会中已经出现的、哪些问题是未来会出现的。这两类问题的区分是影响该项技术发展路线的重要因素。

最后,针对上述两类问题,采取不同的解决措施。对于现实生活已经存在的问题,要多方协同、采取切实可行的措施尽快解决;对于未来会出现的问题,需要将专家预估与公众建议进行有机的结合,然后探究出一些预防性的措施,尽可能地消解这些风险。如果这些措施能够解决这些已有问题或者能够遏制将来出现的问题,那么该技术将会继续发展下去并以其良好的增强效应服务于人们。

以上三步发展路线,可以用图 8-1 直观地表示出。

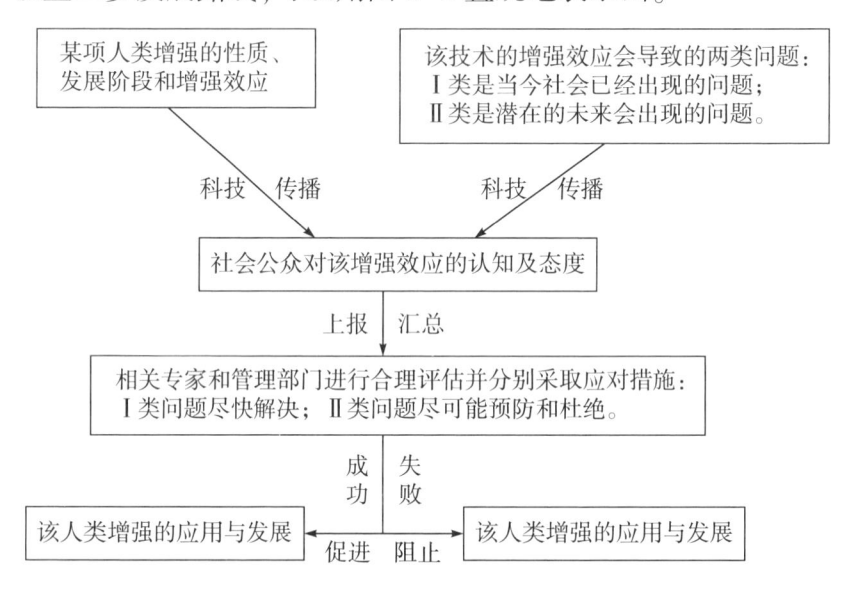

图 8-1 现实式的人类增强发展的三步伦理路线

与以上人类增强发展的伦理路线相对应的模式可概括为:

人类增强→社会公众(包括各级管理与传播部门)→人类增强

即某项人类增强的增强效应走在前面,其应用引起了社会公众的反省,然后社会公众集思广益,汇报到相关技术管理部门,采取有力措施,促进该技术抑制负面效应、更好地发挥增强效应,为人们服务。

该技术发展的伦理路线与模式的共同特点是:技术的发展与应用走在公众意见与建议,以及相关专家与管理者的评估决策的前面,即迅速发展的技术及其广泛应用产生了某些社会的或伦理的问题,这些问题引起社会公众的关注,然后,公众提出某些合理性建议,促进相关管理者出台相应的措施,从而规范该类技术的应用与发展;其二,人类增强的增强效用是该类技术研发的基础,管理者与传播者,特别是社会公众的认知及态度是关键因素。

二、未来式的人类增强的发展路线与模式的伦理探索

这里所指的"未来式的人类增强"是具有这样一些特点的技术的总称:①刚处于研究萌芽阶段,或者还是潜在的、最近的未来人们将会研究的;②它们目前对当今的人们生活还没产生任何影响。例如通过基因技术、纳米技术、信息技术以及认知科学等来改变人体的现有组成或结构,使人类不再需要借助外界工具而仅靠身体自身就具有夜视或者空中飞、水中游的生活能力,也就是现在美国一些未来学家所设想的人类2.0版本。这些未来的增强人类自身身体功能的技术都属于该类"未来式的人类增强"。尽管目前这类技术还处于人们的幻想和猜测阶段,但是以当代科技指数级发展的速度,它们将会迅速地发展起来并对整个人类的生活产生全新的、全面的甚至是颠覆性的影响。所以,人们有必要对这类技术进行前瞻性的研究,以便能够有计划地、相对从容地面对这些技术的到来,而不再发生类似贺建奎基因编辑婴儿的人类增强事件,也不再重演贺建奎于2018年11月透露他们正在进行基因编辑婴儿事件时现场专家的慌乱和恐惧。同理,本章暂且不论技术本身的发展规则,而主要从哲学STS视角来构架未来的人类增强的发展路线与模式,由于其具有"未来的"特点,其发展路线与模式又不同于"现实式"的人类增强。

对于未来式的人类增强,第一,相关研究专家在对其进行技术构想、技术设计之时,即在预想发明某项人类增强而还没有进行任何实际发明操作的时候,就要同时尽可能全面地预估该技术的增强效用及其在各个发展阶段可能给人类社会带来的社会、伦理、法律及哲学等问题(包括甚至可能的伤害),同时对这些问题出现的先后次序也尽可能较准确地进行评估。这些有效的预估将为人们采取有的放矢的预防措施奠定坚实的基础。

第二,相关研究专家要将上述预估情况真实地、全面地汇报给有关技术管理部门,技术管理部门联合市场监管部门、卫生部门、哲学社会科学工作者以及科技传播部门、网络电视广告部门等有次序有步骤地将专家预估的有关该项人类增强的性质、对人的增强功能,特别是可能引发的问题等信息,通过该项技术研究者或者科技传播工作者或者官方的广播电视网站媒体等及时地告知公众,并积极获取公众对该技术的认知及态度等情况。这种下达和上传的双向沟通,不仅能够为科研工作者进行下一步的研究奠定基础,而且是决定是否研究开发该项人类增强以及如何开发的关键因素。

第三,相关管理部门将专家和公众的意见及态度进行汇总分析。如果问题太大、无法控制技术未来发展的局面,那该项技术就被法律限定——禁止研究或者禁止应用;如果问题可以预防或者消除,那就提出预防可能出现问题的办法,例如出台相关政策、制度、法律法规,特别是制定相关的伦理规范等。这些措施一定要在对该项人类增强进行研究之前就必须详细而全面地制定出来,并且随着该项增强技术的发展而进行相应的调整,以便使得该项人类增强的研究和发展自始至终都受到人类规范制度的约束,而不至于成为脱缰之马,出现无法把控的局面。

第四,在预估该项人类增强可能产生的负面效应可以用技术的或者人类组织的管理方法加以控制并消除的时候,该项人类增强将在上述出台的各项制度的限制和引导下进行研究和应用。

第五，在对该项人类增强研发的同时，要注意发现在研发过程中出现的或者可能出现的、在研发之前无法预估到的问题，并要一直与公众、管理部门保持密切的联系，将该项人类增强研发的状态、应用的程度及导致的一些问题等向有关部门报告、向公众通告，以便及时获取管理部门的指示和公众的建议、态度等重要信息。这将决定该项人类增强能否进一步发展，或者决定如何更好地促进该项人类增强的研究与发展。

第六，对于没有预估到的新出现的问题，要多方协同、采取切实可行的措施尽快解决；对于后期研究与应用中可能出现的问题，需要在有机结合专家预估与公众建议的基础上积极采取一些措施以防止其发生。这样，该项人类增强才能够在防止其不良效应的同时，将其良好的增强效应不断地提供给人们。

未来式的人类增强发展的上述六步伦理路线，可以用图 8-2 直观地表示出。

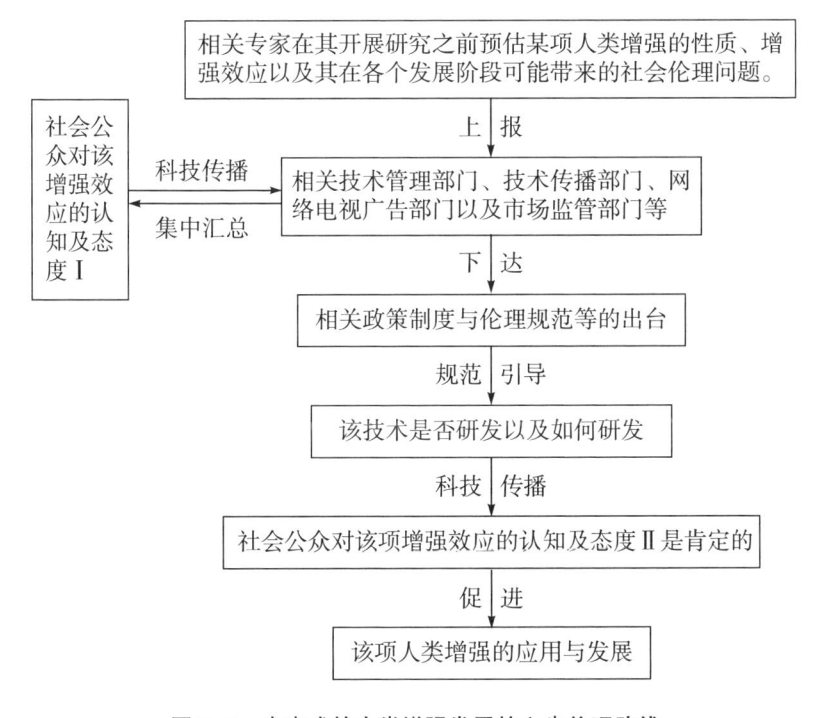

图 8-2 未来式的人类增强发展的六步伦理路线

由未来式的人类增强发展的伦理路线,我们可以推断出其相对应的发展模式,现概括如下:

前瞻性预估→相关管理部门及公众态度Ⅰ→相关政策与伦理规范的出台→某项人类增强的研发→相关管理部门及公众态度Ⅱ→该项人类增强的研发是否继续以及如何发展

即在某项人类增强投入研发之前,相关研究者要对该项人类增强的整个发展过程及其正负两方面的效应进行尽可能全面的评估,如果其负面效应可以通过相关政策、制度、法律法规与伦理规范进行预防或者控制,那就在出台这些政策、制度、法律法规与伦理规范之后,准许启动该项人类增强的研发。否则,就不能启动该项人类增强的研究。这为确保该项人类增强为人类带来更多的福利建立了第一道屏障。在这预先出台的管制措施下,开展相关人类增强的研究,能够大大增强该项人类增强为人们服务的效能。但是,由于预估的不全面性,即不可能完全预测到该项人类增强发展过程中会出现的所有问题,因此,在开展技术研发的过程中,还需要研究专家进一步发现、评价和预估其已经出现和将来可能出现的问题,并将这些问题及时告知相关管理部门和公众,然后集思广益、采取有力措施,抑制该项人类增强的负面效应,保障该项人类增强的健康发展。由此,"未来式的人类增强"的发展模式可简化为:

公众的认知及态度Ⅰ→某项人类增强研发→公众的认知及态度Ⅱ→该项人类增强研发

该未来式技术发展的伦理路线与模式的共同特点是:其一,公众的认知及态度Ⅰ、相关政策制度与伦理规范等的出台是关键,要走在该项人类增强研发之前;其二,该项人类增强的研发要始终接受社会公众(包括各级管理与传播等多个部门)的监督,积极听取公众的意见与建议,严格执行相关专家与管理者的评估决策,即公众的认知及态度贯穿在该项人类增强研发的始终。如果出现该项人类增强研发前公众的认知及态度Ⅰ

与该项人类增强研发中的公众的认知及态度Ⅱ截然相反的状况,此时应该根据技术发展现阶段的情况灵活决策,例如,当出现了预估中没有发现的重大问题,可以立即终止该技术的研究与应用。

第二节 人类增强发展所应该遵循的基本伦理原则的构建

在探索现实式的人类增强和未来式的人类增强的发展路线和模式的过程中,我们发现不论哪类人类增强,其研发都必须在人们的合理管理之下,才能结出促进人类发展的理性智慧之果。随着科技的进步、人类社会组织的发展,人们合理管理人类增强的能力在不断增强,各种管理人类增强的举措也日益丰富与提高。除了具有强制性的、必须遵循的法律法规、政策制度以及行政命令之外,相应的伦理原则、伦理规范更是为人类增强管理者、研发者、传播者以及普通民众等提供了自觉遵守的道德律。因此,本章在研究的过程中,对人类增强应该遵循的伦理原则进行了尝试性探索,我们认为人类增强的研究和发展,首先应该遵循一般技术的发展原则与规范,但是由于其又具有一定的特殊性,还应该遵循一些特定的伦理原则和规范。在本章第一节关于人类增强的一般发展路线与发展模式的探讨的基础上,我们尝试性地从下述四个大方面确立了人类增强研发应该遵循的伦理原则。

一、坚持"技术中庸原则",避免极端化

这里所说的"技术中庸原则"既不同于"技术中立主义",也不同于"技术价值论"。技术中立主义又被称为技术中立论,其认为技术是中立的,技术本身与价值没有关系,技术给人们带来什么影响完全受制于人

们的使用方式或者途径。与此相对立的观点是技术价值论,其认为技术与价值直接相关,否认技术在价值方面中立的观点和态度。按照技术与价值之间存在的决定与制约的关系,技术价值论又分为"技术决定论"和"技术建构论"。

技术决定论强调的是技术的自然属性,认为技术的价值来源于技术本身的性质与规则,展现为技术对社会的影响与作用。显然,技术决定论说明了技术在其原生状态下的价值,强调技术的自然属性对其社会属性的决定作用,而没有看到技术社会属性对其自然属性的导引和制约作用。技术建构论则刚好相反,强调甚至夸大技术的社会属性,认为技术的价值是在一定的社会制度要求下显现出的,解释了不同的社会制度与技术所显示的使用价值的关系。从表面现象上看,技术决定论与技术建构论确实是水火不相容的,但二者在实质上是一致的,即二者都坚持技术与价值相关联、不存在中立性的技术,只不过前者强调技术的价值,后者侧重技术的使用价值,而"技术"如同商品一样是同时具有价值与使用价值的。

我们反对技术中立论,坚持技术价值论,但是又不完全赞同技术决定论与建构论,认为技术在其出现的社会形态中具有一定的价值,技术的自然属性与社会属性是相互影响、彼此制约的,不存在谁决定谁的问题。对此不再展开论述,下面将重点阐述研究发现的"技术中庸原则"。

其一,"技术中庸原则"不探讨技术与价值的关系,而是要说明技术系统与社会系统之间,以及技术系统之间应该保持"中庸"的关系。社会是由多个子系统构成的复杂的有机整体,包括由生产力和生产关系组成的经济系统,由警察、军队、各项政治制度等组成的政治系统,由哲学、文学、艺术、宗教等组成的文化系统,以及由各项技术工具、技术程序、技术人员等组成的技术系统,等等。它们都是社会这个大系统的子系统,彼此相互作用、相互影响、相互制约,共同促进社会系统的良性发展,不可片面强调或者突出其中任何一种或者几种子系统的地位和作用,否则就会使社会的发展走向曲折、下滑的轨道。过去一些人所倡导的技术决定论就过度地拔高了技术系统的地位和作用,认为技术系统是社会中最基本的和首要的,技术系统可以决定社会其他子系统的运转过程及方向,而其他社会子系统,例如哲学、艺术、宗教等观念系统和经济系统,都是为推动和促进技术系统发展服务的。可以说,在社会这个大系统中,技术决定论把技术系统提高到了"至高无上"的地位,技术发明和变革的生产工具成为判断社会是否进步的唯一标准,人们生活的幸福程度也由技术生产的快慢来决定,技术生产得越快越多,人们越幸福,甚至是技术变迁导致了社会形态的更替。然而,事实并非如此,近现代技术飞速发展所带来的不仅仅是物质产品的丰富多彩,还导致了环境污染、人们生活幸福度下降等全球性问题,严重地打击了技术决定论的嚣张气焰。所以,当今的人们必须彻底抛弃技术决定论的思想,坚持社会系统中的"技术中庸原则",反对极大夸大技术或者其中任意一类技术的地位或作用的观点和态度。

其二,坚持"技术中庸原则"是坚持多类多项技术并存,同时存在一种或者多种主流技术的原则。所以,技术中庸原则不过分强调某项技术的地位和作用,也不是要求所有技术一律平等,而是要求各类各项技术都有自己的存在空间,同时存在着对其他技术的发展起着引导、促进作用的主流技术,即主张和坚持多元技术与主流技术并存、和谐发展的观点,这样才能有利于形成各项技术在整个技术系统中"百花齐放、百家争鸣"的良好局面。

为了更好地坚持"技术中庸原则",还要反对和避免极端主义,包括极端平等主义和极端主流主义两种。极端平等主义主张所有技术一律平等——各项技术同等发展、同等作用。这实质是不平等的,因为技术本身的发展是有快慢、先后之分的,正如要求吃三个烧饼能饱的人和吃一个烧饼能饱的人都必须吃两个烧饼,使得两人一人挨饿一人受撑,都不能达到饱腹的目的,实质是不公平对待一样,极端平均主义从表面上看是公平的、平等的,实质是极度不公平、不平等的,而且在实践上严重阻碍各项技术的发展。相反,极端主流主义走向了另一个极端——极端不宽容主义,只承认某种技术的存在和发展,反对、阻止、打压甚至遏制其他技术的出现与发展,西方现在对待我国中医药技术就是如此。现在西方人几乎不承认或者说现在西方主流社会不承认我国的传统中医、中药技术是科学技术,曾一度对中医药严加排斥和打压。这不利于医药学的发展,对其他技术的发展也有较大的制约。

对待人类增强,要严格坚持技术中庸原则,反对极端主义。既要看到人类增强作为当代新兴的一类技术,其对人类自身的能力、对人类社会的发展都会有巨大的影响,又不可由此就夸大人类增强的地位和作用,不可将其位立于政治、经济、文化等其他社会子系统的地位之上,不能持有认为人类增强将对社会的其他子系统有"决定"作用的观点和态度,也不可将其位立于其他技术之上,同样不能持有认为人类增强对其他技术的发展和应用有"决定"作用的观点和态度。但是,西方当今已经出现了一些研究者夸大人类增强的地位和作用,甚至将其"神化"的现象,某些西方后人类主义者就是这一类极端化的代表。有西方后人类主义者认为,人类增强将会大大地改变人类及其社会的发展速度及方向,将会导致人类走向更高级的、和现在人类完全不同的"2.0版本"的人类。这种极端抬高人类增强的观点和态度是要尽快避免和杜绝的。同时,那种忽视或者简化人类增强现在以及将来对人类及其社会产生重大作用和影响的观点和态度则是另一种极端化的代表,也需要尽快根除和改正。

二、坚持"技术融合原则",反对同一性

各民族、各国家都有自己的发展历史和现实特点,即每个民族、每个国家都有自己的特殊国情,其在研究和开发技术时,要将自己的国情与所研发的技术结合起来,才能使其所研发的技术具有地方特色,才能够使该项技术得到当地人们的认可和接受。这就是"技术融合原则"的核心思想,可将其简单地概括为"要使技术与地方特色和国民特性相融合,使地方特色和国民特性在技术中得以彰显"。

坚持"技术融合原则",就是要实现技术的普遍特性和现实个性特征的辩证统一。事实上,人们研发技术的根本目的就是为了应用技术,使其发挥促进人类及其社会进步与发展的作用。坚持"技术融合原则"就是为了更好地发展与应用技术,使技术易于被当地人们理解、接受并能够被当地人广泛地应用到生活和实践中去,从而可以避免技术研究、技术规则、技术制度等流于形式、浮于表面而与实际应用相脱节的情况出现,也可以防止地方政府将这些技术研究、技术规则、技术制度变成强制性行政命令而强迫人们使用的状况出现,还可以消除公众的怀疑与恐惧,不再发生类似2013年荷兰阿姆斯特丹的民众反对转基因作物进行游行示威的场景。"技术融合原则"就是为了确保所研究的技术及其相关的技术规范、技术制度能够拥有广泛的民意基础而真正得到人们的拥护并在实践中得到运行的一项伦理原则,该原则将技术与民众有机地"融合"联系起来。

要真正实现坚持"技术融合原则",需要反对"技术同一性"的观点和态度。所谓的"技术同一性"包括在技术上持教条主义和个人主义两个相互对立的观点,在此不妨将它们分别称为"技术教条主义"和"技术个人主义"。此处所讲的技术教条主义是指,坚持所有民族、国家进行技术研究时必须遵循同样的技术原则、技术规范或者技术制度等,任何民族、

国家不能借助其特殊性而自行其是,即技术的千篇一律化——某种技术的发展模式、发展速度和方向在全世界各个地方都是一样的。这种技术教条主义实质是国际上的强权政治的变体表现,也就是说哪个国家或者民族最先研发某项技术,那么其必然是根据自己国家的国情来最先确定该项技术的研究模式、发展速度及方向以及相应的研究规范等,随着技术的国际化传播,也要求其他后续研究的国家与民族遵循其制定的这些规章制度。例如,转基因技术在美国最先得以研发,然后向欧洲及亚洲等其他各国推广,而没有事先考虑到其他国家人们的理解和接受性,就是这种技术教条主义的代表性表现之一。与技术教条主义恰好相反的是技术个人主义,技术个人主义忽视技术的共性特征而过于强调技术的个性特征,认为技术的研究模式、发展速度及方向以及相应的研究规范等都是具有纯地域性的特色,不可推广到其他地区。即使推广了也得不到被推广地区人们的支持和拥护,因为每一地区的人们都有不同的传统文化和习俗等,或者强迫其他地区的人们改变他们的传统和习俗来接受被传播、被推广的技术,这就又走向了技术强权政治。由此,技术个人主义常常成为申请过度的专利保护和设置技术壁垒的辩护借口,从而限制了技术的推广应用。例如,对废水的深度处理,臭氧—BAF(曝气生物滤池)比采用臭氧—BAC(生物炭)的效果更佳,但是佛山、广州、东莞的最大印染企业印染废水的深度处理都选择臭氧—BAC,因为该技术没有专利保护而臭氧—BAF还处在专利保护期。[①]

显然,尽管技术个人主义不承认存在具有普适价值的技术,认为技术都是带有鲜明的地方特性,而和认为技术都具有普适价值的技术教条主义截然相反,但是二者的最终去向相同,都走向了技术上的完全同一与强权政治。坚持"技术融合原则",就必须反对技术上的教条主义和个

---

① 汪晓军.申请专利有时不利于技术推广[N].中国科学报,2021-02-10(003).

人主义的观点,同技术强权政治作斗争,以切实有效地实现技术共性与个性的有机统一。

"技术融合原则"适用于所有技术,各国家、各民族、各地区在研发人类增强时也需要坚持该原则,将人类增强的共性和个性特征有机地结合起来,更好地为当地人们服务。其一,在人类增强上坚持"融合原则",各国政府就应该尊重人们的选择,不可强行限制人们使用或者限制该技术的传播与推广、强制人们不使用,否则也是行不通的。例如,在一个崇尚自然、以天然去雕饰为美的国家里,强制人们使用微整形技术,势必导致人们的反对、抵制,甚至会引起社会动荡;同样,在一个崇尚个性、追求新奇、敢于尝试的国家里,限制人们使用微整形技术,势必导致黑市场的存在,不仅扰乱正常的市场秩序,而且会导致微整形者缺乏国家的健康安全保障。高科技安乐死在世界各国受到的不同"待遇",可以为人们如何更好地坚持技术融合原则提供参考。高科技安乐死能够减轻不治之症患者的痛苦,使其有尊严地死去,是一项目前已经发展得比较成熟的人类增强,而且有比较详细的"实施条件""实施方法""法律规定""操作程序"等相关的规定,但还是引起了很大的社会争议,不能强行推广,不能在世界各国普遍实行,目前仅在欧洲的荷兰、瑞士、丹麦、瑞典和美国的一些州,以及日本、韩国等国实行,世界其他国家还是严厉禁止的,即高科技安乐死至今还没有在世界多数国家获得合法的地位。我们国家长期以来以儒家文化为主流,儒家文化重仁义、偏亲情,在这种以美德为基础的传统文化占主导地位的文化氛围中成长起来的人们是不能接受安乐死的,我国法律也明文禁止,实施安乐死的人要接受法律制裁。我国首例安乐死案件发生在1986年的陕西汉中,医师蒲连升被批准逮捕,后经六年诉讼终无罪释放,但这并不表明安乐死在我国获得了合法的地位,只是因为他给患者开具的"冬眠灵"不是致患者死亡的主要原因。2011年5月16日,邓某应其70多岁患中风20多年母亲的要求,为其送食农药、实行他们所认为的"安乐死",随后邓某被带到公安机关接受审查。其二,在人类增强上坚持"融合原则",各国政府还须要反对在人类增强上的教条主义、个人主义两个极端的错误观点和态度,特别防止和杜绝这种"技术同一性"对人们的实际工作所造成的不良影响。例如激光美白、埋眼线等微整形手术,尽管是当今人们应用较多的一类人类增强,而且每一项非常具体的微整形技术都有特定的操作规范、剂量要求以及使用范围等技术本身特性的规则,这是适合每个国家的人的该类技术的共性要求,但是每个国家的人们都或多或少地受自己所处环境的文化和习俗的约束,这就影响了其是否选用以及如何选用某种微整形手术,这是技术所遇到的国情,也就是我们上文所指的技术上的个性特征。显然,仅考虑微整形科技特点而忽视本地文化习俗特色的微整形教条主义与仅考虑本地文化习俗特色而忽视微整形科技特点的微整形个人主义,都是片面的,都偏离了技术融合原则。因此,各国政府应当根据自己国情采取有关措施,加强技术融合原则的贯彻落实,扭转或者防止这种现象出现,促进微整形科技在本国发挥良好社会效用。

三、坚持"技术合理性原则",避免荒谬性

此处的"技术合理性原则"是从法律制度、道德规范的角度要求技术所须具有的合理性,以避免技术引起某些荒谬的后果。具体来讲,技术合理性原则至少应包括以下五个方面:

首先,技术研发必须具有合法的动机。这是对任何一项技术研发前的首要要求,可以避免那些为了个人或某些组织的名声、利益等而不顾国家法律制度的要求去研发某项技术的行为。例如,人们平常所惯称的"科技狂人",就是为了证明自己的研发能力,或者为了获得所谓的"发明创造"的声誉,或者为某利益集团服务,往往暗地里研发有关法律制度禁止的技术。坚持"技术合理性原则",就是要从伦理环境上形成科技研究

第八章 人类增强研发的伦理监管机制建构

首先要尊重和遵守法律制度的伦理氛围,铲除藐视法律制度的"科技狂人"的存在空间。基因编辑婴儿是目前世界各国法律禁止研究的,但是贺建奎的美国硕士导师和博士导师都有这种"科技狂人"的思想,他们迫于美国法律的禁止只好暂且搁置了该项研究。然而,他们却将这种"狂人"思想强烈地传播给了贺建奎,于是贺建奎便在我国法律制度管理较为疏忽的地区悄悄地启动了该项研究,直到2018年香港基因编辑国际峰会上才露出端倪,贺建奎也由此进入被世界科学家强烈谴责的尴尬局面。所以,坚持技术研发动机的合法性原则,有利于限制或者杜绝"科技狂人"出现的荒谬性。

其次,技术研发必须考虑技术的性质、发展状况、社会危害性等相关因素,尽可能地降低技术风险,最大限度地为人们服务。技术研发的这种为人服务的合理性要求也是与本章第一节在未来式的人类增强的发展路线和模式时式所提出的"前瞻性预估"的要求相一致的。对技术的"前瞻性预估"不仅要走在技术研发之前,而且在技术研发过程的每一步都需要进行,即要贯穿在技术发展过程的始终——在启动某项人类增强研发之前、启动后研发该项人类增强的每一步都要对其后的下一步或者更长远的后续研究进行合理性的预估。例如,该项人类增强发展到每一步的性质,给人们及其社会已经带了什么影响,该技术继续发展还可能会造成的影响有哪些,特别要预估的是该技术还可能带来的危害有哪些、人们是否能消除这些危害以及如何消除等。这些前瞻性的预估,能够最大限度地保障该项人类增强沿着造福人们的合理性道路向前发展,从而从动机上前瞻性地预防该项人类增强研发误入动机反向道路的荒谬性。

再次,技术研发必须符合公众理性,即得到公众的理性认同。这与本章第一节在研究现实式与未来式的人类增强的发展路线和模式中都强调的要重视"公众的认知及态度"相一致。坚持技术的公众合理性原则,有利于促进公众了解和接受技术,同时有利于技术更好地发展。政府和相关技术管理部门可以通过采集民意或者公众投票的方式,获得公众对该项技术的认知及态度,如果获得绝大多数公众的赞同或者不反对,那就表明公众对该项技术的研发持支持态度。这里需要指出的是,政府和相关技术管理部门须要确保得到的是公众的"理性"认同,而不是在"感性"冲动或者激情影响下所做出的认可,否则会出现"英国公投脱欧"而后许多公众反悔的情况。2016年6月23日上午7点,英国脱离欧洲联盟的公众投票正式开始,最终占总票数52%的支持脱欧的选民票数获得优势,使得英国脱欧成功。同年6月26日,对脱欧公投结果不满意的英国四百万民众发起联署签名,请愿英国议会重新审核脱欧公投的有效性,提议进行二次公投,但是英国脱欧已成定局,不可能再次进行。由此可推知,公众在表达对某项人类增强的重大意见时,需要在了解、掌握有关该项增强技术(例如微整形技术或基因编辑技术)的大量信息的基础上,反复权衡、仔细揣量;而政府和相关管理部门则要为公众创造理智决策的条件,使公众在公平公正、知己知彼的情况下,投出代表自己对该项人类增强的认知和态度的真实意愿的宝贵一票,从而避免不能代表公众自己的理性意愿的公众投票的荒谬性。

最后,技术研发必须符合社会历史理性——符合人类的利益、符合社会发展的基本趋势。从历史发展的总体上看,技术发展基本与社会历史发展阶段相一致,或者超前一点,而不能过于超前发展,否则其在当下条件下难以实现而呈现非现实性;再者,技术的研发要以造福社会大众为价值取向,否则将会出现悖逆历史潮流的荒谬性。决定社会发展的根本力量是生产力,技术仅是生产力的一小部分,尽管自20世纪以来现代技术发展迅速并在生产力变革中越来越起着主导性的、革命性的作用,但是不能以偏概全,认为其将由此取代现代生产力,现代技术仍然仅仅是现代生产力的一小部分,现代技术的实现仍需要现代生产力为其提供强大基础。过度超前的技术是人们主观意愿的美好表达,具有较强的猜想性、盲目性,与现实生产力远远脱节,不可能得到其所在的当下生产力的有力支持,因而难以实现。我国古代神话故事中的许多技术,例如嫦娥奔月、顺风耳、千里眼等都是古人幻想的过于超前的技术,在古人那里仅是神话或者传说而已,经过上千年的生产力发展之后,到近现代才逐步被飞机、火箭、电话、望远镜等技术代之实现。而且,人们在登月技术能力越来越强大、反复试验之后,于1969年美国阿波罗11号宇宙飞船首次成功载人登月,美国宇航员尼尔·阿姆斯特朗在踏上月球表面第一时刻激动地说"这只是我一个人的一小步,但却是整个人类的一大步";2019年1月3日,我国"嫦娥四号"探测器在月球背面成功着陆,拍摄了世界首张近距离的月背影像图,已通过"鹊桥"中继星传回我国相关部门。人类嫦娥"奔月"的梦想在今天较高现实生产力下不仅得以实现,而且开启了人类月球探测的新篇章。所以,过度超前的技术,只有在其相应的生产力得以建立的时候,才能得到促进而进入实际的研发和应用阶段。美国研发原子弹的本来目的是反击德国、日本的法西斯战争,符合人类的利益与社会发展的基本趋势,得到广大反法西斯人民的拥护,可是,当美国在得知德国研制原子弹的水平远落后于它,且不可能研制出原子弹的时候,却不顾爱因斯坦等著名科学家终止原子弹研制计划的建议,继续研制原子弹,并将名为"胖子"和"小男孩"的两颗原子弹分别投在了日本的广岛和长崎,虽然大大打击了世界法西斯主义者的嚣张气焰,但是也让许多无辜的人们葬身其中或者遭受核辐射的侵袭。对核武器造成的巨大负面影响,爱因斯坦深感不安,对当初请求美国罗斯福总统抢先研制原子弹的签名上书十分后悔。"二战"后,美国和苏联进入以原子弹为首的核武器军备竞赛中,直至今天,世界人们仍然生活在核恐怖的笼罩之中,如果核战争爆发,那将是毁灭地球及整个人类的,因此,包括原子弹在内的核武器的研发就具有悖逆历史潮流的荒谬性。历史是一面明镜,警醒、警示后人对待科技研发一定要缜思慎行。

综上可见,对人类增强的研发,一定要坚持社会历史合理性原则,对其是否具有社会历史合理性进行尽可能全面的考虑。对那些在当前生产力下能实现的人类增强优先研发,而将过于超前的人类增强搁置到生产力发展到能为其提供支持之时再研发,即采取分批次的研究秩序;对那些背离社会发展趋势、损害人类利益的某些增强技术,例如所谓人类2.0 增强技术,会将人类带入歧途,要坚决反对与杜绝,将其扼杀在思想的摇篮中,以避免出现类似核武器的负面影响。

四、坚持"技术底线伦理原则",反对非道德性

从历史的角度看,技术产生在人类出现以后,并且是为了解决人们生产生活中的一些问题才得以产生和发展起来的;从横向的角度看,人们每发明一项技术,从技术的萌芽开始,便带有人的目的性。因此,技术自始至终都具有属人的特性,技术必须遵循包括相应的法律法规和社会制度在内的一些社会组织道德规范的要求;也只有在符合这些社会组织道德规范要求时,技术才能更好发挥其为人服务的作用,才能不断地得到发展。反之,如果某项技术不满足人类任何组织道德规范的要求,那么绝对不能让其产生和发展,否则将会给人类及其社会带来巨大的消极影响。作为高度现代化的生产力下发展起来的人类增强,更需要满足一些人类组织道德规范的要求、遵守相应的法律法规,特别是最基本的一些基本伦理原则,例如尊重自主原则、不伤害原则、有利原则和公正原则等,不可游离于当下社会的道德规范之外。这正是人类增强要坚持"技术底线伦理原则"、反对非道德性的基本内涵。其中,这些基本的底线伦理原则的具体内容,下面将分别展开阐述。

(一)坚持尊重自主原则

坚持尊重自主原则,首先就要承认人的自主性,即承认人有自由意识、有自我做出决策的理性能力和权利。迄今为止,人因具有意识,特别是具有理性,而成为自然界中最为高级的生物;也正是人的理性、人的自由意志使人能够不完全依赖于外部强迫或者控制力量,具有一定的自主性,在一定的程度上和一定的范围内,人能够按照他/她自己的价值观和计划来决定他/她的行动方针。正是人的自主性,使人能够按照自己的需求研发技术;也正是人的自主性,使人按照自己的需求来应用技术,从而使同一种技术对不同的个人产生不同的作用效果,正如同一把刀,有的人用其切菜,有的人则用其劈柴。可见,技术的研发和应用在尊重人的自主性的前提下,才能更好地发挥其合适的效能。人类增强直接操纵人自身身体,其研发和应用更应将尊重人的自主性放在首位。当然,对于那些未成年人、患痴呆症的老人、智力低下者以及精神病人等由于年龄或疾病等原因而几乎完全缺乏自主性的人,研发和管理人类增强的人员则要征询其监护人的意见,让其监护人在综合考虑各种因素的情况下代替他/她行使自主权利、帮他/她做出决定。

坚持尊重自主原则,其次要做到知情同意。知情同意是对承认和尊重人的自主性的进一步肯定和落实。知情,就是要将该项人类增强的性质、发展阶段、可能的效益与潜在的风险等信息尽可能地告知公众,尤其是要进行增强的受试者,并且使公众尤其是受试者得到适当的理解。同意,也称为自由同意,就是公众尤其是受试者在充分"知情"的基础上、在不受到其他人不正当的影响或强迫的情况下,自己自愿所做出的决定。人类增强是新兴的高新科学技术群,往往是纳米科学、当代信息技术、当代生物技术以及认知科学等多门高精尖科学技术的会聚,能够全面提升人类的能力,但是高收益的背后往往隐藏着高风险,相关科技研究者、管理者以及传播者要将这些具有无比复杂性的增强技术的可能效益与潜在风险,尽可能全面地用通俗易懂的方式告知公众和受试者,使他们对相关增强性产品的优缺点有足够的认知,然后在真正理解和明白的基础上做出合情合理的抉择。

坚持尊重自主原则,还要做到尊重隐私和保密。隐私一般有两种意义,其一是指个人的私人信息,例如受试者的姓名、肖像、住址,个人的敏感事实、个人享有的敏感境况,特别是受试者的身体情况等;其二是指个人的身体与他人保持一定的距离,不被他人观察。就人类增强而言,尊重受试者的隐私和保密,就是在没有得到其允许的情况下,不得透露他/她的隐私信息,不得观看、接触或者抚摸他/她的身体,使其享有身体的独存和精神的独处。在关于人类增强研发和应用的具体操作中,贯彻执行对个人隐私的尊重和保密,不传播不泄露增强者的相关信息,保护其身体和精神享有的宁静,不仅有助于促进进行增强的受试者的自我意识发展,而且有利于社会的安定团结和快速发展。

(二) 坚持不伤害原则

不伤害原则要求,保护人身体免受疼痛、破损、残疾甚至死亡,以及精神免遭痛苦、侮辱、煎熬以及其他方面的伤害,如经济上的损失。其一,坚持不伤害原则,不仅要避免有意的伤害,而且要避免伤害的风险。例如,由于细菌侵染或者其他原因,必须截肢,失去一肢就是伤害;截肢后可能发生血栓,则是伤害风险。其二,坚持不伤害原则,要避免由于粗心大意或缺乏相关知识等而造成的无恶意甚至无意的伤害。

人类增强不同于一般的医疗技术,其目的不在于治疗疾病,而在于"增强"人体正常部位的某种功能。疾病损害人的肌体,利用医疗技术治疗疾病的过程中,纵然有些副作用,但是如果这些副作用后期能够消除或者远小于疾病对人健康的损害时,该种治疗方案就能够得到人们的认可。而人类增强是对健康人体或者对人体的健康部位进行操作,利用增强技术进行增强的人,是想得到比正常人更强的身体功能,如果暂时的、日后一段时间能够消除的副作用,人们还可以理解和接受,但是绝对不能容许有任何肉体和精神上的长久的副作用,如果没有增强反而使其失去健康,或者这部位功能增强是建立在其他部位功能减弱的基础上,都是人们所不能接受的。因此,人类增强的研发和应用坚持不伤害原则更有现实意义,不伤害原则理所当然地成为人类增强研发和应用过程中必须遵守的底线原则之一。这既体现了对生命最基本的尊重,也是实现人们研发人类增强初衷的最基本的保障。

坚持不伤害原则,就要求人们在人类增强的研发和应用过程中,一切以增强受试者为中心,提前评估该项技术对进行增强的受试者的风险,坚决杜绝有意或无意的伤害。为此,人类增强的研究者、管理者和实施者等相关人员要不断增强和提高自己的知识和能力素养,树立为人服务的宽阔心怀和促进人身体机能提升的高度责任心,为增强受试者提供安全的技术服务、悉心的医疗护理和周全可靠的信息咨询服务,在确保对增强受试者不造成任何身体和精神上的伤害的前提下,提升其身体的机能。

(三) 坚持有利原则

技术及其产品是人类为了适应和利用环境而采取的保护和提升自己能力的有力保障,技术在其被人类研发的最初的萌芽阶段,就被人们赋予了不伤害并为人带来益处的属性,所以,技术的研发还需要将有利原则作为自己的底线原则来坚持并付诸实施,即"有利"是技术研发必须履行的一种"义务"。在这一点上,"有利"与"行善"是相区别的,行善是值得提倡和嘉奖的,但是不是必须履行的义务。人类增强是人类技术研发的高级阶段,从人类萌发研发该技术的最初设想开始,人们便赋予该技术一定要"有利"即带给增强者"增强其人体功能"益处的义务。鉴于此,研究和发展人类增强,就必须将有利原则作为其务必遵循的原则来坚守。

具体而言,坚持有利原则,就是要求所采取的行动能够预防伤害、消除危害或带来额外的助益。这其中包含两个方面的内容:其一是行为确有助益,其二是要进行比较和权衡。例如,病人确实患某种疾病,医务人员的行动确实能够解除该病人的这种痛苦,并且不给其他人带来伤害,那么医务人员的行为就是确有助益。这其中也存在着对"有利"的比较和权衡,医务人员需要考虑、比较采用哪种药物或医疗手段更能消除病人的疾病痛苦、可能潜在的副作用更小或者更容易消除。就人类增强而言,提升人体自身功能、赋予人体新的功能或者减轻人体的痛苦,同时不给人类及其社会带来包括潜在的副作用在内的任何其他损害,是该类技术应该带给人们的助益,更是该类技术的义务。否则,人类增强的研发就背离了有利原则,就失去了存在和发展的前提和基础,将会被人们终止或者强迫其返回有利原则的正确轨道上运行。

(四) 坚持公正原则

公正与公平、正义等词语的意义同义,其内涵往往与实践所处的境况及行为效果相关,正如美国著名伦理学家罗尔斯所指出的,"正义的概念就是由它的原则在分配权利和义务、决定社会利益的适当划分方面的作用所确定的"。[①] 确实,某种政策、某种行为是否公正并不是完全绝对的。例如,我国各地区经济、教育发展不平衡,国家很多政策(例如教育资源分配政策)向贫困山区、革命老区或者少数民族倾斜,这种形式上的不公正是为了实现实质上的公正——使得这些地方的人们能够尽可能多地享受国家资源,从而促进该地区加快发展速度、赶上其他先进地区,最终实现全国各地区的共同发展共同富裕。通常人们所认为的平均分配是公正的,其实其公正也只是在条件相同的情况下才能成立,否则就导致了不公正,让一个刚吃饱的孩子与一个饿了12小时没吃饭的孩子每人同样吃两个烧饼,对两个孩子都是不公正的。因此,公正原则不仅应该包括不管在任何方面、对有关事情的人都应该同样对待的形式原

---

① (美)约翰·罗尔斯. 正义论[M]. 何怀宏,等,译. 北京:中国社会科学出版社,1988:8.

则,例如法律面前人人平等;还应该包括相同的人同样对待、不同的人不同对待的实质原则,如根据上面两个孩子的饮食情况,分别给予两者所需的食物,就体现了实质公正原则。形式公正原则和实质公正原则都是人们生活中必不可少的,二者相互影响、相互补充和促进,确保不同场景中的公正得以实现。"己所不欲,勿施于人"是我国伟大思想家孔子提出的形式公正原则,两千多年来,该原则一直是人们约束自己行为、调节社会关系、保持人际和谐与社会稳定的"金科玉律"。罗尔斯在《正义论》中提出了当代两大正义原则——"第一个原则:每个人对与其他人所拥有的最广泛的基本自由体系相容的类似的自由体系都应有一种平等的权利。第二个原则:社会和经济的不平等应该这样安排,使他们①在与正义的储存原则一致的情况下,适合于最少受惠者的最大利益;并且,②依系于在机会公平平等的条件下职位和地位向所有人开放。"[①]实际上,第一条原则简称为自由优先原则,第二条原则分别简称为机会平等原则和差别原则,它们按辞典式次序排列,机会平等原则高于差别原则。罗尔斯的这两大正义原则表达了他对公正价值的关注和重视,也表明公正在西方社会道德价值中的重要地位及其在社会关系调节中的重要作用。但这两大原则也是形式性的,在被具体应用于现实生活时,其产生的效果既可能是和谐的,也可能是冲突的。因此,形式公正原则还需要实质公正原则对一些有关方面进行规定,以作为具体履行的内容和标准,才能充分实现公正原则的现实价值。例如,在目前物质资源不是十分丰富的条件下,实质公正原则提出"根据个人需要"的原则来满足人们在衣食住行、医疗、教育等方面的基本需要,在实际分配某基本需要的物品时,将这需要原则与形式公正原则结合起来——两个病人需要相等的药,就分配给他们同等的药;需要不等量的药,就分配给他们不等量的药。对

[①] (美)约翰·罗尔斯.正义论[M].何怀宏,等,译.北京:中国社会科学出版社,1988:292.

于非基本需求,例如器官移植、体外受精等高新技术,实质公正原则是根据个人支付能力来进行分配的,经济收入高、有支付能力的人才能享受这些高新技术服务。

"正义是社会制度的首要价值。"[1]研发人类增强,务必要坚持公正原则,并且要将坚持形式公正原则与坚持实质公正原则有机结合起来。前文阐述的技术中庸原则、技术融合原则、技术合理性原则,以及尊重自主原则、不伤害原则、有利原则等底线伦理原则,从形式上讲,都是人类增强应该遵守的形式公正原则的一部分。例如,在某项人类增强的构想和研究的初期,其研究者、管理者应该及时地、毫无保留地、通俗地向受试者、使用者传递该项增强技术的真实信息,从而使人类增强的研究者、管理者、受试者、使用者在对该类技术信息的掌握和理解方面呈现出平等的对等关系,这就是融贯于知情同意原则中的公正原则之一。另一方面,坚持公正原则有利于技术其他原则的履行,有利于人类增强的研究和发展。人类增强属于高新技术领域,其研发的技术成果必然是昂贵的,只能是一些支付能力强的人优先享受,这是对实质性公正原则的执行。但是,即便如此,要使这些有支付能力又渴望增强其某种能力的人真正享受到该技术,还必须要求坚持不伤害原则——相关技术人员事先详细了解这些被增强者的身体和精神等方面的状况,为避免在实施某项增强技术时出现伤害进行奠基,否则,出现伤害的增强是没有意义的,甚至是倒退的,也使人们怀疑增强技术的可靠性与实用性,这势必会阻碍增强技术的研发速度及效率。

人类增强的研发和应用把公正原则作为应该且务必坚持的底线原则,还需要人类增强的研发人员、相关管理人员从实际工作出发、从人们的现实和未来需要出发,联合人文社会科学工作者,在广泛征询公众意

---

[1] (美)约翰·罗尔斯.正义论[M].何怀宏,等,译.北京:中国社会科学出版社,1988:1.

见和建议的基础上,制定出相应的、比较周全的形式公正原则和实质公正原则,以促进人类增强的研究和发展,也为人们生活和工作提供指导。

结语:人类增强的研发需要远见卓识

人类增强(human enhancement)是一类对人的身体进行直接操作、使人获得更优结构、更强功能的高新科学技术的总称。一方面,人类增强的研发表明人类的本质力量又发展到了一个新的阶段。纵观人类自身的发展史,我们可以发现,在人类的发展历程中,人类的本质力量在不断增强而且增强的速度和强度都在大幅度提高。这种趋势在人类进化的主要因素和状态上主要表现为,人类不仅通过自身基因的逐渐改变来适应外部自然环境,进行缓慢的生物进化,而且能够依靠社会组织和科技工具改造外部自然,使其适合人类生存发展,进行社会制度文化塑造式进化;更进而能够利用高新科技改造人体的内部自然,进行科技设计式进化即人类增强。另一方面,人类增强的研发自其萌发伊始就具有改进人体、促进人体发展的目的性,富含人类的伦理道德价值。为此,生物保守主义者和超人类主义者关于人类未来展开了激烈的争论。生物保守主义者对人类增强持悲观态度,看到这类"改善"对人的伤害、对人类社会公正的践踏以及对人类整体的摧毁等风险,呼吁保持足够的警惕与克制。例如,美国总统生命伦理委员会前任主席利昂·卡斯(Leon Kass)认为,无论是可能性还是精密性上,人类增强会使人类自我异化的可能性不断增长,使得人类"正在失去并将彻底放弃"成为自己的可能。① 美国 George Annas 等学者主张建立《保护人类物种公约》来禁止人类增强对人进行克隆和可遗传的改变。② 德国 Jurgen Habermas(哈贝马斯)在其著作《人性的未来》中明确反对基因技术对人类胚胎的干预等增强方面的应用,提出必须将基因技术的应用限制在临床治疗范围之内的观点。③ 超人类主义者则对人类增强持乐观态度,主张积极推进人类增强,认为人类增强能够克服人类的身体缺陷,能够对当前人类的体能、认知、情感、自主和道德等方方面面进行改善,能够极大地拓展人的能力,促进人延年益寿乃至永生。例如,美国未来学家库兹韦尔(Ray Kurzweil)对超人类的诞生充满了期待与想象,极力倡导心灵上载术,认为这项复制、存储和运行人的思想意识的人类增强能够实现人生命的重生和延续;④牛津大学人类未来研究所主任尼克·博斯特伦(Nick Bostrom)认为,人类增强将使人类获得大大超越现在水平的健康寿命、认知和情感;⑤马克斯·莫尔(Max More)等在《超人类主义宣言》中指出,人类将注定被科学技术深刻地改变,未来的人类将能战胜自然衰老、克服认知短板、避免非自愿的痛苦,以及超越局限于地球的生存状态等⑥。尽管双方各执一词、针锋相对,但是生物保守主义和超人类主义之争使人们看到了人类增强的

---

① President's Council on Bioethics. Beyond Therapy: Biotechnology and the Pursuit of Happiness[M]. New York: Harper Perennial,2003:294.

② Annas G J, Andrews L B, Isasi R M. Protecting the Endangered Human: Toward an International Treaty Prohibiting Cloning and Inheritable Alterations[J]. American Journal of Law & Medicine,2002,28(2&3):151—178.

③ Jurgen Habermas. The Future of Human Nature[M]. Cambridge: Polity Press,2003.

④ (美)雷·库兹韦尔. 奇点临近[M]. 董振华,李庆诚,译. 北京:机械工业出版社,2011:118—122.

⑤ Bostrom N. Why I Want to be a Posthuman when I Grow Up. In Bert Gordijn and Ruth Chadwick(eds.), Medical Enhancement and Posthumanity[M]. London:Springer,2008:107—137.

⑥ Max More and Natasha Vita-More(eds.). The Transhumanist Reader[M]. Wiley-Blackwell,2013:54.

对立两面,也表明了人类增强是否具有合法性、能否得到辩护的关键不仅仅在于其技术本身,而且在于人们是否能够对其进行合理的运用和把控,而这就需要人类的远见卓识。

不论从人类增强本身,还是从人类增强的对象,抑或从人类增强的影响上看,人类增强都是综合的、复杂的、深远的,是多项新兴的、高深的科学技术系统融合、协同作用在复杂的、有机统一的人体某部位,才能实现某项可能导致多方面影响的增强功能。本书第二章关于微整形、长寿和保健食品的实地实证调研,以及第三、四、五、六章分别对改变人容貌的微整形、改变人基因的基因增强及其社会层化、改变人心理意识的纳米认知增强、延长人健康寿命的人类增强的案例研究,都已显示了人类增强对增强者及人类社会的多方面积极与消极影响;本书第七、八章关于人类增强对人的进化、人的尊严的影响的理论探索也表明,人类增强使得古老的"什么是人"这一哲学问题转变为当代人们需要面对的现实实践问题即"人应该如何发展以及应该在多大程度上"发展人类增强。换言之,人类增强所导致的影响,将是多方面的、深刻的、长远的;不管是在社会上,还是在人类的未来发展上,人类增强的研发都会带给人类关乎人的尊严、关乎人性、关乎整个人类(而不仅仅某个人或某个国家)的时代之问。正如海德格尔所看到的现代技术对人类的强制性与逼迫性,人类增强的产生和发展同样"促逼"(Herausforderung)人类进行哲学思考,同时使得关于人类增强的哲学探索变得与对该科学技术的研发同等甚至更为重要。人体是否能够运用科技进行深度改造?人之所以为人的本质特征是什么?人类增强操作人体或者人与工具融合的边界在哪里?人的哪些最基本的特质是不可改变的?如何确定、由谁来确定这些人的最基本的特质?等等,如果没有站在当代社会的整体高度、没有从眺望未来的视角来形成远见卓识,是不可能对这些问题作出明智的答复的。

结语:人类增强的研发需要远见卓识

人类增强的研发和应用将促使人与工具相融合、相统一的一元关系的产生与形成,向以人与工具相分离、对立的二元关系为基础建立起来的法律制度和伦理道德等观念体系发生挑战。显然,农耕时代"身体发肤,受之父母,不敢毁伤"的道德律令,在高科技迅速发展的现代化的今天,人们如果还像过去那样去固执地遵守它——绝对地固守自己的身体而丝毫不敢"动弹",不仅不合时宜,而且不利于自己和社会的发展。所以,人们需要坚持发展的观点,对之加以辩证的理解和运用。一方面,人们应该好好珍惜、爱护自己的身体毛发、肌肤等,避免任何毁伤,保证自身健康地生活;另一方面,在人类有能力替换自己某些残疾或者机能弱的器官时,人们利用技术完善自己身体是无可厚非的。例如,心脏搭桥手术在今天已经成为一项平常的心脏外科手术。同样,以人与工具的二元分离关系为基础的其他当代制度体系和思想观念等,也不能满足当代人们对人类增强的理解需求,不能实现人们对人类增强调控的需要,应建立起超越人类增强研发的并对其有指导意义的社会规章制度与思想价值观念。该问题的解决需要人类的远见卓识。

学术有禁区,科研有原则,应用要适度。人类增强的研究、发展和应用需要社会法律、规章制度和伦理道德的调控,需要人文关怀,而这些法律、规章制度、伦理道德以及人文关怀应是人类高瞻远瞩和深谋远虑的结果。因此,人类增强需要的远见卓识,应是立足于当下的人类社会和聚焦于未来人类文明发展趋势的战略性理论,是辨析增强和治疗之间边界、人类与非人类之间界线的哲学之思,是人类增强的研究和发展保持正当性的指导原则,是人们把握和运用人类增强的行动指南,从而能够对人类未来保持一种开放的态度,对人类增强保持一种实用主义,不遗漏任何可能和希望。唯其如此,人类增强的远见卓识才能真正实现对人类增强研发的调控,才能避免人类增强导致人类进入所谓的 2.0 版非人类境况;唯其如此,人类增强才能保持在可持续发展的道路上蓬勃发展,才能实现其造福人类的初衷;唯其如此,人类才能摆脱盲目应付技术负面效应的被动局面,在自己建构的远见卓识的指导下,有计划有步骤地研发和应用人类增强。

参考文献

一、中文文献

[1] (德)阿诺德·盖伦.技术时代的人类心灵:工业社会的社会心理问题[M].何兆武,等,译.上海:上海科技教育出版社,2003.

[2] (法)阿尔贝特·施韦泽.敬畏生命:五十年来的基本论述[M].陈泽环,译.上海:上海人民出版社,2017.

[3] (美)阿西摩夫.人体和思维[M].北京:科学出版社,1979.

[4] (美)爱因斯坦.爱因斯坦论文集(增补本)第3卷[M].北京:商务印书馆,2009.

[5] 北京大学西语系资料组.从文艺复兴到十九世纪资产阶级文学家艺术家有关人道主义人性论言论选辑[M].北京:商务印书馆,1971.

[6] (法)贝尔纳·斯蒂格勒.技术与时间:爱比米修斯的过失[M].裴程,译.南京:译林出版社,2000.

[7] 程新宇.女性的身体和女性的尊严——医学整形美容的伦理省思[J].华中科技大学学报,2014,28(02).

[8] 程石.勿让"微整形"变成"危整形"[N].牡丹江日报,2015-10-159(005).

[9] 肖思思,李雄鹰.广东初步查明"基因编辑婴儿事件"[EB/OL].(2009-01-21).环球网,https://baijiahao.baidu.com/s?id=1623253570595987695&wfr=spider&for=pc.

[10] 陈祥宁,刘洋,纪俊峰.清除衰老细胞在衰老与老龄化相关疾病中的研究进展[J].生物化学与生物物理进展,2019,46(12).

[11] 曹琛琪.延迟退休方案国际比较及启示[J].合作经济与科技,2020(16).

[12] (德)伽达默尔. 科学时代的理性[M]. 薛华,等,译. 北京:国际文化出版公司,1988.

[13] (德)E.云格尔. 死论[M]. 林克,译. 上海:上海三联书店,1995.

[14] (明)王夫之. 船山全书(第六册)[M]. 长沙:岳麓书社,1991.

[15] (德)伽达默尔. 真理与方法[M]. 洪汉鼎,译. 上海:上海译文出版社,1999.

[16] 邓晓芒. 关于人类尊严的思考[J]. 读书,2019(07).

[17] 杜海涛. 死亡的深度技术化:人体冷冻技术在死亡问题上的哲学话语[J]. 东北大学学报(社会科学版),2018,20(02).

[18] 丁春生. 四书五经(第二卷)[M]. 呼和浩特:内蒙古人民出版社,2002.

[19] 冯烨,王国豫. 人类利用药物增强的伦理考量[J]. 自然辩证法研究,2011(3).

[20] 冯烨. 基于纳米技术的人类增强的哲学探索[D]. 大连:大连理工大学,2012.

[21] 又到了公务员省考季,可还记得佛山的这个全国"第一案"? [EB/OL]. (2016-3-17). 佛山法院网,https://mp.weixin.qq.com/s?biz=MzA3NDQ4MDA4NA==&mid=403295026&idx=1&sn=003e5f9ab0b76a108feedb 23b7a1df01&chksm=02824b8935f5 c29fcdfb8feb7d2aa2c7534006c6a49493d9777 a8e965392a8b9740cfe31ad9d&scene=27.

[22] 费鹏鹏,李才华. 人类胚胎基因编辑技术的伦理问题与监管对策[J]. 昆明理工大学学报(社会科学版),2019(04).

[23] (古希腊)亚里士多德. 政治学[M]. 高书文,译. 北京:中国社会科学出版社,2009.

[24] 郭元鹏. 微整形变"危整形"三大隐患不容忽视[N]. 中国商报,2018-05-23.

[25] 甘绍平. 对人类增强的伦理反思[J]. 哲学研究,2018(1).

[26] 甘绍平. 忧那思等人的新伦理究竟新在哪里?[J]. 哲学研究,2000(12).

[27] 高峰. 降低体温 益寿延年[J]. 中国检验检疫,2013(10).

[28] 郭德信. 名人长寿秘诀[M]. 武汉:武汉出版社,2001.

[29] 何晨,刘晶晶,陈楠,等. 抗衰老药物的研究进展[J]. 西北药学杂志,2020,35(01).

[30] (德)海德格尔. 存在与时间[M]. 陈嘉映,王庆节,译. 北京:生活·读书·新知三联书店,2000.

[31] 韩跃红,孙书行. 人的尊严和生命的尊严释义[J]. 哲学研究,2006(3).

[32] 郝翰,周梦亚. 贺建奎现场演讲及问答全文(现身人类基因组编辑国际峰会) [EB/OL]. (2018-11-29). https://www.cn-healthcare.com/articlewm/20181129/content-1041657.html.

[33] 江璇. 人类增强技术的发展与伦理挑战[J]. 自然辩证法研究,2014(5).

[34] 贾元. 基因权利保护和基因技术应用行为的法律规制研究[J]. 北方民族大学学报(哲学社会科学版),2019(02).

[35] 基因一变能成记忆超人?[EB/OL]. (2004-07-20). www.XINHUANET.com.

[36] (美)卡尔·米切姆. 通过技术思考——工程与哲学之间的道路[M]. 陈凡,秦书生,译. 沈阳:辽宁人民出版社,2008.

[37] (德)康德. 道德形而上学原理[M]. 田力苗,译. 上海:上海人民出版社,2005.

[38] 王建辉. 马克思主义生态思想研究[M]. 武汉:湖北人民出版社,2007.

[39] 罗政,王井怀,张紫赟. 非法微整形机构竟成毁脸基地[N]. 经济参考报,2015-11-13.

[40] (美)约翰·罗尔斯. 正义论[M]. 何怀宏,等,译. 北京:中国社会科学出版社,1988.

[41] 黎松. 身体德性:人体整形技术的可能契机[J]. 云南社会科学,2015(06).

[42] 刘赟. "微整形"捞金没那么简单[J]. 检察风云,2016(02).

[43] 李孟. 安全存隐患 微整形或将沦为"危整形"[N]. 中国商报,2017-06-21.

[44] 李广磊,黄行许. 碱基编辑提供了一种罕见遗传病致病突变修复的可行策略[J]. 生命的化学,2019(1).

[45] 林洁. 中国基因歧视第一案立案[EB/OL]. (2010-01-06). 中国青年报,http://zqb.cyol.com/content/2010-01/06/content_3016506.htm.

[46] 李统帅,王心融. 问政济宁丨残疾儿童入学难 学校何时"零拒绝"[EB/OL]. (2019-09-26). 济宁新闻网,http://www.jnnews.tv/p/720289.html.

[47] 李晨阳. 贺建奎:已知有一个潜在脱靶,还是选择植入胚胎[EB/OL]. (2018-11-28). 科学网,http://news.sciencenet.cn/htmlnews/2018/11/420491.shtm.

[48] 卢光琇. 通过编辑人类胚胎CCR5基因预防艾滋病事件的反思[J]. 医学与哲学,2019,40(02).

[49] 黎方宇,唐云路. 贺建奎在人类基因编辑大会的回答回避了最重要的问题[EB/

OL].(2018-11-28).新浪科技,https://tech.sina.com.cn/d/f/2018-11-28/doc-ihmutuec4410968.shtml.

[50] 李爱华.马克思主义经典著作导读[M].北京:北京师范大学出版社,2008.

[51] 卢俊南,褚鑫,潘燕平,等.基因编辑技术:进展与挑战[J].中国科学院院刊,2018.

[52] 李佩瑄,薛贵.脑机接口的伦理问题及对策[J].科技导报,2018,36(12).

[53] 刘次林.幸福教育论[M].北京:人民教育出版社,2003.

[54] 伦克.发展的概念和传统技术与新技术的特性[J].载于:王国豫,刘则渊.科学技术伦理的跨文化对话[M].北京:科学出版社,2009.参见冯烨,王国豫.人类利用药物增强的伦理考量[J].自然辩证法研究,2011(3).

[55] (德)马克思,恩格斯.马克思恩格斯全集(第23卷)[M].北京:人民出版社,1977.

[56] (德)马克思.1884年经济学哲学手稿[M].北京:人民出版社,1979.

[57] (德)马克思,恩格斯.马克思恩格斯全集(第12卷)[M].北京:人民出版社,1962.

[58] (德)马克思,恩格斯.马克思恩格斯全集(第23卷)[M].北京:人民出版社,1975.

[59] (德)米夏埃尔·兰德曼.哲学人类学[M].上海:上海译文出版社,1988.

[60] (美)马斯洛.动机与人格[M].许金声,等,译.北京:中国人民大学出版社,2007.

[61] 马负蓉,潘正英,等.整形美容现状及健康发展对策[J].中国美容医学,2011,20(11).

[62] 闵杰."精神残疾人"争取福利第一案:申请经适房被一再驳回[J].中国新闻周刊,2013(34).

[63] (美)汤姆·比彻姆,詹姆士·邱卓思.生命医学伦理原则[M].北京:北京大学出版社,2014.

[64] (德)马克思,恩格斯.马克思恩格斯全集第三卷[M].人民出版社,2008.

[65] 马中良.灵丹妙药还是潘多拉的盒子?——一篇 Protein & Cell 论文引发的争论[J].科学通报,2016(3).

[66] (美)罗伯特·R.K.默顿.科学社会学[M].鲁旭东,林聚任,译.北京:商务印书

馆,2003.

[67] 美国研究人员首次合成人造单细胞生物[EB/OL].(2010-05-22).http://news.sina.com.cn/w/2010-05-22/014620322585.shtml.

[68] 潘学峰.基因疾病的分子生物学[M].北京:化学工业出版社,2014.

[69] (俄)帕夫连科,张晶."生态危机":不是问题的问题[J].国外社会科学,2004(1).

[70] 邱仁宗.生命伦理学概论[M].北京:中国协和医科大学出版社,2003.

[71] 任丑.身体伦理的基本问题——健康、疾病与伦理的关系[J].世界哲学,2014(03).

[72] 孔睿.人体冷冻技术:科技真的能给死亡按下暂停键吗？[EB/OL].(2017-08-31).科普中国,http://www.kepuchina.cn/qykj/yxqy/201708/t20170831_221933.shtml.

[73] 新华社.日美开展抗衰老物质人体临床试验[J].广州医科大学学报,2016,44(04).

[74] 申五一.注射美容与线技术——站在微创美容之风口浪尖[J].皮肤科学通报,2018(06).

[75] 宋凌巧,Yann Joly.重新审视"基因歧视":关于伦理、法律、社会问题的思考[J].科技与法律,2018(4).

[76] 王珊.疯狂的贺建奎与退却的受试者[EB/OL].(2018-11-29).三联生活周刊,https://baijiahao.baidu.com/s?id=1618471475417466286&wfr=spider&for=pc.

[77] 蛇精男女都要称作最美蛇精……三观毁尽了[EB/OL].(2017-04-09).北青网,https://baijiahao.baidu.com/s?id=1564204243387637&wfr=spider&for=pc.

[78] 仝屹峰,张楠楠,张欣然,等.鼻中隔偏曲合并歪鼻的微整形手术治疗方法探讨[J].临床耳鼻咽喉头颈外科杂志,2018,32(06).

[79] 王名,顾元珍.关于时代划分的七大标准[J].北京社会科学,1992(1).

[80] 万俊人.人为什么要有道德(上)[J].现代哲学,2003.

[81] 王新雷,王玥.健康物联网技术应用伦理难题研究[J].科技进步与对策,2019(13).

[82] 王志立,陈晓,李磊,等.透明质酸面部微整形致视功能障碍的临床观察[J].眼科新进展,2018,38(11).

[83] 微整形频毁容:违禁药充玻尿酸 三无人员非法行医[J]. 广西质量监督导报,2016(04).

[84] 王康. 基因权的私法规范[D]. 上海:复旦大学,2012.

[85] 王琳嘉. 细胞的一生与临床遗传病[J]. 临床医药文献电子杂志,2017,4(79).

[86] 王水雄. 权利分层:社会分层研究必要的补充维度[J]. 社会学评论,2015(6).

[87] 王国豫,龚超,张灿. 纳米伦理:研究现状、问题与挑战[J]. 科学通报,2011(2).

[88] 魏敬潇. 当今中国社会阶级分化与社会不平等[J]. 现代经济信息,2009(21).

[89] 新旧约全书[M]. 南京:中国基督教协会,1989.

[90] 荀子. 荀子[M]. 方勇,李波,译. 北京:中华书局,2015.

[91] 肖武,秦佳明. 微整形:不能成为监管盲区[N]. 四川法制报,2015-10-29(008).

[92] (美)彼得·辛格. 实践伦理学[M]. 刘莘,译. 北京:东方出版社,2005.

[93] 许庆朴,郑祥福,周庆行. 马克思主义原著选读[M]. 北京:高等教育出版社,2002.

[94] (美)布伦诺斯基. 科学进化史[M]. 李斯,译. 海口:海南出版社,2006.

[95] 杨洋,张洪江. 人类增强技术的伦理考量[J]. 医学与哲学,2014(11).

[96] 岳璐. 技术之后与伦理之前——人类增强技术面临的伦理困境及其出路[J]. 伦理学研究,2016(2).

[97] 姚嫣. 杭州S整形医院营销战略研究[D]. 杭州:浙江工业大学,2014.

[98] 杨敏,曾智豪,张安秦. 慢性乳腺炎微整形手术和传统手术对患者心理状态的影响分析[J]. 中国现代药物应用,2018,12(20).

[99] 王家乐. 活蹦乱跳的姑娘一夜间坐上轮椅,只因一个优惠促销[EB/OL]. (2016-11-22). 钱江晚报,https://inews.ifeng.com/50296713/news.shtml.

[100] 医美行业乱象丛生"黑美容院"频现欺诈行为[J]. 中国防伪报道,2018(12).

[101] 盛月,权娟. 用不拼颜值让未成年人远离"微整形"[N].(2016-02-18). 人民网,http://health.people.com.cn/gb/n1/2016/1127/c408568-28898670.html.

[102] 虞满华,卜晓勇. 马克思与韦伯:两种社会分层理论的比较[J]. 贵州社会科学,2017(4).

[103] 杨舒怡. 美国多所公立学校涉嫌歧视黑人和残疾人被投诉[EB/OL]. (2016-08-26). 新华网,http://www.xinhuanet.com/world/2016-08/26/c_129255109.htm.

[104] 杨悦,高郡茹,杨柳. CRISPR技术在生物学与医学中的研究进展[J]. 生物技术

通报,2019(11).

[105] 杨孟君. 纳米小儿智力制剂药物及其制备方法:CN01102099.7[P].[2002-09-11].

[106] 杨孟君. 纳米健脑补肾制剂药物及其制备方法:CN01102396.1[P].[2002-09-11].

[107] (英)达尔文. 物种起源[M]. 周建人,等,译. 北京:商务印书馆,1995.

[108] 张瑛峰. 瘦脸针联合玻尿酸对面下部重塑微整形术的临床效果[J]. 皮肤病与性病,2018,40(03).

[109] 张静雅. 微整形,美了你还是毁了你?[J]. 婚姻与家庭,2015(09).

[110] 周怡. 传统与现代的交叠——分层话语体系下的中国社会形态及其变迁(1978—2018)[J]. 社会科学,2019(8).

[111] 这项研究曾指出"基因编辑婴儿可能寿命缩短",但它本月撤稿了[EB/OL].(2019-10-23). http://www.sohu.com/a/349065629_119097.

[112] 中华人民共和国国务院令第717号,http://www.gov.cn/gongbao/content/2019/content_5404150.htm.

[113] 中国学者获得世界首例遗传增强人类血管细胞[J]. 中国肿瘤临床与康复,2019,26(12).

[114] 云岩区卫计局. 19岁女孩隆鼻死亡 官方回应[EB/OL].(2019-01-7). 观察者网,https://baijiahao.baidu.com/s?id=1621957347823108937.

[115] 雷·库兹韦尔. 奇点临近[M]. 董振华,李庆诚,译. 北京:机械工业出版社,2011.

[116] 何琪杨. 人类寿命到底能延长多久?[J]. 科学通报,2016(61).

[117] 邬沧萍. 漫谈人口老化[M]. 沈阳;辽宁人民出版社,1987.

[118] 2021年我国卫生健康事业发展统计公报[J]. 中国病毒病杂志,2022,12(05).

[119] 高成鸢.华夏价值观核心之"寿"的研究[J]. 社会科学论坛,2017(06).

[120] 杜鹏,吴赐霖. 从长寿大国迈向长寿强国:基于百岁老人的中国长寿水平分析[J].人口研究,2024,48(03).

[121] 郑志坚,孟德昌,孟凡强,等.山西阳高县90岁以上老人生活质量及长寿因素调查[J].中国临床保健杂志,2014,17(01).

[122] 史清文,顾玉诚. 天然药物化学史话[M]. 北京:科学出版社,2019.

［123］（美）罗伯特·R.K.默顿.科学社会学［M］.鲁旭东,林聚任,译.北京:商务印书馆,2003.

［124］苏静静,张大庆.世界卫生组织健康定义的历史源流探究［J］.中国科技史杂志,2016,37(04).

二、英文文献

［1］David G K. Human Dignity and Human Enhancement：A Multidimensional Approach［J］. Bioethics,2017,31 (5).

［2］Kulkarni A S, Gubbi S, Barzilai N. Benefits of Metformin in Attenuating the Hallmarks of Aging［J］.Cell Metabolism,2020,32(1).

［3］Burwell S, Sample M, Racine E. Ethical aspects of brain computer interfaces：a scoping review［J］. BMC Med Ethics,2017,18(1):60.

［4］Curtis H., N.S. Barnes. Biology［M］. New York：Worth Publishers, Inc.,1989.

［5］Christopher Coenen. Deliberating Visions：The Case of Human Enhancement in the Discourse on nanotechnology and Convergence, in M. Kaiser et al. (eds.), Governing Future Technologies, Sociology of the Sciences, Yearbook 27, Springer Science + Business Media B.V. 2010.

［6］Cyranoski D. China set to introduce gene-editing regulation following CRISPR-baby furore［EB/OL］. Nature, 2019. (2019 - 05 - 20). https://www.nature.com/articles/d41586-019-01580-1.

［7］Cyranoski D. CRISPR gene-editing tested in a person for the first time［J］.Nature,2016,539(7630).

［8］Gao D, Wang S, Lin Y, et al. In Vivo AAV Delivery of Glutathione Reductase Gene Attenuates Anti-aging Gene Klotho Deficiency-induced Kidney Damage［J］. Redox Biology,2020(37).

［9］Schmid G, Brune H, Ernst H, et al. Ethical aspects of nanotechnology. In：Mader K, Wütscher F (eds.), Nanotechnology：assessment and perspectives［M］. Springer, Berlin,2006.

［10］Lander E S, Baylis F, Zhang F, et al. Adopt a moratorium on heritable genome editing

[J]. Nature,2019,567(7747).

[11] Editas Medicine, Inc. Editas Medicine Announces FDA Acceptance of IND Application for EDIT-101[EB/OL]. (2018-11-30). http://www.globenewswire.com/news-release/2018/11/30/1659958/0/en/Editas-Medicine-Announces-FDA-Acceptance-of-IND-Application-for-EDIT-101.html.

[12] Wojtaszek E, Małyszko J, Grzejszczak A, et al. A chance to live to a ripe old age with a transplanted kidney[J]. Pol Arch Intern Med, 2019,129(7-8).

[13] Elliott R, Sahakian B J, Matthews K, et al. Effects of methylphenidate on spatial working memory and planning in healthy young adults[J]. Psychopharmacology,1997, 131(2).

[14] Farah M.J.. Emerging ethical issues in neuroscience[J]. Nat Neurosci,2002(5).

[15] Glannon W. Psychopharmacology and Memory[J]. J. Med Ethics,2006(32).

[16] Jie Yuan, Si-Yuan Chang, Shi-Gang Yin, et al. Two conserved epigenetic regulators prevent healthy ageing[J]. 2020,579(Suppl 1).

[17] Kraus M W, Piff P K, Mendoza-Denton R, et al. Social class, solipsism, and contextualism: How the rich are different from the poor[J]. Psychological Review, 2012,119(3).

[18] Lei Ruipeng, Zhai Xiaomei, Zhu Wei, et al. Reboot ethics governance in China[J]. Nature,2019,569(7755).

[19] Liang P., Xu Y., Zhang X., et al. CRISPR/Cas9-mediated gene editing in human tripronuclear zygotes[J]. Protein & cell, 2015(6).

[20] Qu L., Yi Z., Zhu S. et al. Programmable RNA editing by recruiting endogenous ADAR using engineered RNAs[J]. Nature Biotechnology,2019(37).

[21] Laurence Moran. What is Evolution? [EB/OL]. (2010-12-19). http://www.talkorigins.org/faqs/evolution-definition.html.

[22] Macpherson I., Roqué M. V., Segarra I.. Ethical Challenges of Germline Genetic Enhancement[J]. Frontiers in Genetics,2019(10).

[23] Ros M, José María Carrascosa. Current nutritional and pharmacological anti-aging interventions[J]. Biochimica et Biophysica Acta (BBA)—Molecular Basis of Disease,

2020,1866(3):165612.

[24] Naseer N, Hong K S, Bhutta M R, et al. Improving classification accuracy of covert yes/no response decoding using support vector machines: An fNIRS study[J]. IEEE,2014.

[25] Orlowski A. Google founder dreams of Google implant in your brain—Body modification-or channel ploy?[EB/OL]. The Register,(2004-03-03). https://www.theregister.com/2004/03/03/google_founder_dreams_of_google/.

[26] Power S D, Falk T H, Chau T. Classification of prefrontal activity due to mental arithmetic and music imagery using hidden Markov models and frequency domain near-infrared spectroscopy[J]. Journal of neural engineering,2010, 7(2).

[27] Paul Miller, James Wilsdom. Stronger, longer, smarter, faster[M]//Better Humans? The Politics of Human Enhancement and Life Extension. London: DEMOS,2006.

[28] Rothenfluch S. Defeaters to best interests reasoning in genetic enhancement[J]. Philosophical Studies,2017(174).

[29] Rothstein M A, Rothstein L. The Use of Genetic Information in Real Property Transactions[J]. Probate and Property Magazine,2017,31(3).

[30] Hall S S. Is an anti-aging drug around the corner?[J]. Technology review: MIT s magazine of innovation,2019(5).

[31] Soo S K, Rudich P D, Traa A, et al. Compounds that extend longevity are protective in neurodegenerative diseases and provide a novel treatment strategy for these devastating disorders[J]. Mechanisms of Ageing and Development,2020,190(2).

[32] Tan D, Liu Q, Koshiya N, et al. Enhancement of long-term memory retention and short-term synaptic plasticity in cbl-b null mice[J]. Proc Natl Acad Sci U S A, 2006,103(13).

[33] Yen K, Mehta HH, Kim SJ, et al. The mitochondrial derived peptide humanin is a regulator of lifespan and healthspan[J]. Aging (Albany NY) 2020,12(12).

[34] Karaseva V V, Elovikova T M, Zholudev S E, et al. Orthopedic rehabilitation of elderly cancer patients as a technology of longevity[J]. BIO Web of Conferences,2020, 22(4).

[35] Wolpe P R. Treatment, enhancement, and the ethics of neurotherapeutics[J]. Brain&Cognition,2002,50(3).

[36] A X W, A X Z H, A Z L, et al. Investigations on the anti-aging activity of polysaccharides from Chinese yam and their regulation on Klotho gene expression in mice[J]. Journal of Molecular Structure,2020(1208).

[37] President's Council on Bioethics. Beyond Therapy: Biotechnology and the Pursuit of Happiness[M]. New York: Harper Perennial,2003.

[38] Annas G J, Andrews L B, Isasi R M. Protecting the Endangered Human: Toward an International Treaty Prohibiting Cloning and Inheritable Alterations.[J]. American Journal of Law & Medicine,2002,28(2&3).

[39] Jurgen Habermas. The Future of Human Nature[M]. Polity Press,2003.

[40] Bostrom N. Why I Want to be a Posthuman when I Grow Up. In Bert Gordijn and Ruth Chadwick(eds.), Medical Enhancement and Posthumanity[M]. London: Springer,2008.

[41] Max More and Natasha Vita-More(eds.). The Transhumanist Reader[M], Wiley-Blackwell,2013.

[42] Roco M, Bainbridge W(eds.). Converging Technologies for lmproving Human Performances[R]. US National Science Foundation report, Arlington, Virginia,2002.

[43] Khushf G.The Use of Emergent Technologies for Enhancing Human Performance: Are We Prepared to Address the Ethical and Policy Issues[J]. Public Policy & Practice,2005,4(2).

[44] Andler D, Barthelmé S, Beckert B, et al. Rader M. Converging Technologies and their impact on the Social Sciences and Humanities(CONTECS): An analysis of critical issues and a suggestion for a future research agenda. Final Report[EB/OL]. (2008-05-11). https://cordis.europa.eu/docs/results/28/28837/124377001-6_en.pdf.

[45] Sahakian, B., Morein-Zamir, S.. Professor's Little Helper[J], Nature, 2007, 450(7173).

[46] Greely H, Sahakian B, Harris J, et al. Towards Responsible Use Of Cognitive-enhancing Drugs By The Healthy[J]. Nature,2008,456(7223).

[47] Fukuyama Francis. Transhumanism[J]. Foreign Policy,2004(144).

[48] Isa N M, Shuri M F H S. Ethical Concerns About Human Genetic Enhancement in the Malay Science Fiction Novels[J]. Sci Eng Ethics,2018(24).

[49] Scully T. Demography: To the limit[J]. Nature,2012,492(7427).

[50] Couzin J. How Much Can Human Life Span Be Extended? [J]. Science,2005,309(5731).

[51] Hayflick L. The Limited in Vitro Lifetime of Human Diploid Cell Strains[J]. Experimental cell research,1965,37(3).

[52] Fortes C., Mastroeni S., Sperati A., et al. Walking four times weekly for at least 15 min is associated with longevity in a cohort of very elderly people[J]. Maturitas,2013,74(3).

[53] Daghlas I, Dashti H, Lane J, et al. Sleep Duration and Myocardial Infarction[J]. JACC,2019,74(10).

[54] Tamura T, Kawano Y. Sleep duration as a predictor of all cause mortality[J]. Sleep,2004,27(1).

[55] Svensson T, Saito E, Svensson AK, et al. Association of Sleep Duration with All-and Major-Cause Mortality Among Adults in Japan, China, Singapore, and Korea[J]. JAMA Network Open,2021,4(9).

[56] Belardo D, Michos ED, Blankstein R, et al. Practical, Evidence-Based Approaches to Nutritional Modifications to Reduce Atherosclerotic Cardiovascular Disease: An American Society for Preventive Cardiology Clinical Practice Statement[J]. American Journal of Preventive Cardiology,2022(10).

[57] ASPS/ASAPS Advisory. Injectables and fillers: legal and regulatory risk management issues[J]. Plastic & Reconstructive Surgery,2006,118(3 Suppl):132S.

[58] Kuldeep Singh. Cosmetic surgery in teenagers: To do or not to do[J]. Journal of Cutaneous and Aesthetic Sur-Gery,2015(1).

[59] Johnson SC, Rabinovitch PS, Kaeberlein M. mTOR is a key modulator of ageing and age-related disease[J]. Nature. 2013,493(7432).

[60] Gomes A., Price N., Ling A., et al. Declining NAD+ Induces a Pseudohypoxic State

Disrupting Nuclear-Mitochondrial Communication during Aging[J]. Cell,2013,155(7).

[61] Mills K F, Yoshida S, Stein L R, et al. Long-term administration of nicotinamide mononucleotide mitigates age-associated physiological decline in mice[J]. Cell metabolism,2016,24(6).

[62] Grozio A, Mills K F, Yoshino J, et al. Slc12a8 is a nicotinamide mononucleotide transporter[J]. Nature Metabolism,2019(1).

[63] Tarantini S, Valcarcel-Ares MN, Toth P, et al. Nicotinamide mononucleotide (NMN) supplementation rescuescerebromicrovascular endothelial function and neurovascular coupling responsesand improves cognitive function in agedmice[J]. Redox Biol,2019(24).

[64] Igarashi M, Nakagawa-Nagahama Y, Miura M, et al. Chronic nicotinamide mononucleotide supplementation elevates blood nicotinamide adenine dinucleotide levels and alters muscle function in healthy older men[J]. npj Aging,2022,8(1).

[65] Castaneda C, Nalley K, Mannion C, et al. Clinical decision support systems for improving diagnostic accuracy and achieving precision medicine[J]. Journal of Clinical Bioinformatics,2015,5(1).

后　记

鉴于人类增强所涉及技术的高新性、多样性、综合性,其可能导致的伦理、法律、社会和哲学问题的广泛性、隐蔽性、深刻性以及长远性,本书尝试采用了两种具有集大成性质的研究方法:(1)案例研究与理论探索相融合的研究方法;(2)运用纳米技术、医学与药学、基因工程等学科的相关研究成果,以及哲学伦理学的前瞻性反思方法、哲学人类学的分析视角等多学科的理论、方法和视角的跨学科研究方法。经过近10年的实证调研、访谈与理论探索,使得本书在理论方面呈现出两处创新:(1)表明当代新兴科学技术语境下的人类增强是内置式逾越性增强。与人类以往其他形态的增强方式相比,其涉及是否安全、是否具有直接干预人体的正当性、如何设定增强人身体这一"忒休斯船"之边界以及其在未被普及之前应当被哪些人首先获取,何种增强效果会得到当下社会的认可等诸多技术和道德方面的问题。(2)分别提出了人类增强造福全人类的现实式和未来式的发展路径与模式,探寻到有效监管人类增强所应该坚持的四个基本原则。随着社会的发展、技术的进步以及人们认识观念的更新,对"人类增强"的广义哲学人文社科语境下的研究还需持续进行,本书只是作者这方面研究工作的一项阶段性总结,作者将在后续研究中继续关注,为发现人们负责任地研发和应用人类增强所需要的良好伦理环境和全球治理策略贡献绵薄之力。

本书的出版是对我多年辛勤付出的肯定,查阅整理资料的眼涩脖

后　记

僵、调研访谈的舟车劳顿、遇到难题的焦虑与苦思,还有许多个辗转反侧、有新想法便立即起床记下的不眠之夜,都历历在目。但我清楚地知道,本书的出版更得益于多方的支持与鼓励。国家社科基金项目(15BZX033)、教育部人文社科基金项目(14YJAZH020)、河南省哲学社科规划项目(2022BZX004)和河南师范大学学术专著出版项目为本书出版给予了大力支持。

感谢我敬爱的父母,是他们的开明、坚韧、善良、勤劳、严格与坚强,开启了我的求学之路,培养了我不怕困难、克服困难的顽强意志,开拓了我看问题办事情的眼界与心胸,锤炼了我以大局为重、与人为善、追求上进的品格。由于常年的过度劳累与严重的营养不良,父亲患上了慢性肾小球炎。家里非常贫困、无钱医治,父亲依然坚持劳作,从来不在我们面前抱怨,但他的病越来越严重了,我在读大学二年级的上学期接到家里发来的一封"父病重,速归"的电报,我才感到事情的严重性,待我坐上绿皮火车匆匆赶到家时,父亲已经神志不清,哥哥说:"爹,您心爱的闺女回来了。"我也大声地呼喊父亲,可是他无力回答我了……那是1992年农历十月初一,我敬爱的父亲去世,年仅59岁。呜呼哀哉,我敬爱的父亲一路走好!安葬父亲后,我便返回学校学习。不久,老天下了一场大雪,那漫天的白雪好像是要为我弥补为父守孝的遗憾。父亲走后,母亲以她柔弱的肩膀扛起了我们这个风雨飘摇的家,带领她的四个孩子奋发图强。可是,在去年农历九月初六,母亲大人也辞别我们而去,呜呼,我成了没妈的孩子,我的天空黑沉沉的……我痛苦万分,非常遗憾与后悔,平时那种等以后有空再去好好陪伴母亲的想法,显得多么幼稚、多么苍白无力!"子欲养而亲不待"的苦果,让我亲身体验了,那其中的无尽遗憾、悔恨、无奈与怀念,成为我今生永远的伤痛!母亲在世时,宽和仁慈,总是在为别人着想,比如她担心我夏天热、冬天冷、工作忙、坐车耽误时间、路途远等,总是告诉我不要去看望她,其实我知道,在她内心她是非常期望我在她身边陪伴她,但又不想耽误我时间、不愿让我多吃一点苦多受一点罪,而我常常迫于工作繁忙便顺应了母亲这些关心的理由,很少去看望和陪伴她,如今再也没有可能了……去年冬天接连下了三场大雪,漫山遍野白茫茫,我觉得这是苍天感受到我内心的悲痛、为我弥补孝敬母亲的不足。致敬我平凡中蕴藏着伟大与高尚的母亲,母亲大人千古!

感谢河南师范大学社科处、政治与公共管理学院的领导和老师们,是他们创造了良好的科研环境,是他们给予了我大力的支持、细心的帮助和热情的鼓励!

感谢秦静良师弟的引荐,我才有了与上海社会科学出版社的路晓老师相识的机会。路晓老师为人热情、诚恳,工作认真负责、效率高,感谢路老师和上海社科院出版社的老师们在本书出版过程中的辛勤付出!

今天是母亲去世一周年的祭日,因工作无法到父母墓前祭奠,谨以此书表达我对父母永远的爱戴、感激与怀念!

冯烨

于河南师大东校区政管院

2024 年 10 月 8 日(农历九月初六)

附录1:关于微整形的调查问卷

亲爱的女士/先生:

您好,这是一份关于微整形的调查问卷,想请您用几分钟时间帮忙填答这份问卷。本问卷主要是为了调查国民对于微整形的了解和态度,以及微整形在我国的应用情况,所得数据仅用于统计分析的相关学术研究,对外严格保密,而且采取无记名的方式。题目选项无对错之分,请您按自己的实际情况在百忙之中填写此问卷。耽误您的宝贵时间,在此表示衷心的感谢!

1. 您的性别是?
   ○男　　　　　○女

2. 您的年龄?
   ○15—25岁　　○26—35岁　　○36—45岁　　○46—55岁
   ○55以上

3. 您的职业?
   ○行政机关　　○事业单位　　○企业　　　　○自由职业者
   ○学生　　　　○其他(例如待业、家庭妇女)

4. 您的月收入?
   ○2000元以下　　　　○2000-5000元　　　　○5000-10000元
   ○10000元以上

5. 容貌在您工作、生活中的作用重要吗？
   ○重要　　　　○一般　　　　○不重要　　　　○不知道
6. 您对自己的容貌满意吗？
   ○满意　　　　○比较满意　　○不满意　　　　○非常不满意
7. 您是否接受过微整形？
   ○是　　　　　○否
8. 您对微整形的了解程度？
   ○很了解　　　○比较了解　　○大致能懂　　　○不了解
9. 您一般通过哪些渠道了解微整形？（可多选）
   ○看医院宣传资料　　○电视节目或电视广告　　○报纸杂志
   ○身边朋友介绍　　　○网络广告或专业网站　　○其他
10. 您周围接触的人中有做过微整形的吗？
    ○很多　　　　○比较多　　　○很少　　　　　○没有
11. 您对微整形的态度是？
    ○可以接受,但不会去尝试　　○可以接受,会去尝试
    ○不可以接受,坚决抵触　　　○不可以接受,自己坚决不做
12. 您身边的朋友对微整形的看法？
    ○支持　　　　　　○中立　　　　　　○不支持
13. 您认为微整形和整形是一个概念吗？
    ○一样　　　　　　○不一样
14. 您认为最适合接受微整形的年龄是？
    ○18岁以下　　○18—30岁　　○30—50岁　　○无年龄限制
15. 关于微整形的作用,下列观点您认可的是？（可多选）
    ○美化自己容貌,变得更漂亮
    ○提升自信
    ○增加就业机会、增加职位升迁概率

○提升个人生活(婚姻、社交等)

○以上都是

○毫无意义

16. 假如您同意尝试微整形,您会利用微整形解决哪方面的问题?(可多选)

　　○填充鼻型,使其更完美　　○填充唇部,微调唇部大小

　　○抚平皱纹和坍塌　　　　　○做埋线手术,完美双眼皮

　　○瘦脸美颜　　　　　　　　○塑造完美下巴

　　○疤痕修复　　　　　　　　○丰盈苹果肌

　　○其他

17. 如果您以前没有进行微整形美容手术,那么为美化自己,您近几年是否愿意尝试微整形?

　　○愿意　　　　　○不愿意　　　　　○不好说

18. 如果您已经决定要进行某项微整形,那么您一般会安排在什么时间进行?

　　○小长假期内或者国庆　　　○周末

　　○请几天假　　　　　　　　○午休时间

　　○春节

19. 如果您打算做微整形,那么您将如何确定比较理想的美容方案?

　　○自己已经有美容目标,要求医生按照自己的要求进行

　　○听医生的建议,让医生来确定

　　○与医生详细沟通,共同确定

　　○听朋友熟人建议,从中选取一个方案

20. 如果您做微整形,会去哪里做?

　　○整形医院　　　　　　　　○私人工作室

　　○朋友去哪做就去哪里　　　○其他

21. 您最在意微整形服务的哪个问题？
    ○手术成功率　　　　　　○手术效果的持久性
    ○服务费用　　　　　　　○后遗症能否最终消除
    ○微整形环境　　　　　　○能否保障隐私
    ○后期跟踪服务　　　　　○微整形医师的态度
    ○其他

22. 假如您要进行某项微整形美容手术，什么因素最能提升您对其服务的信赖？
    ○微整形医院机构的综合实力　　○微整形专家医生的资质
    ○微整形价格　　　　　　　　　○咨询人员的有效沟通

23. 您对微整形价格的接受范围是？
    ○1000元以下　　○1000—3000元　　○3000—5000元
    ○5000—10000　　○10000元以上

24. 您愿意跟朋友分享您的微整经验吗？
    ○愿意　　　　　○不愿意
    ○绝对保密，不想让别人知道

25. 您会因为以下哪些因素去选择微整形机构？（可多选）
    ○代言明星　　　○朋友圈的影响力　　○优惠价格
    ○资质实力　　　○广告宣传　　　　　○环境因素
    ○机构地点（五星级酒店）
    ○配套体验（五星级酒店自助餐体验）

26. 如果有一个定位"80后""90后"的微整形品牌，您认为它的品牌个性应该是？（可多选）
    ○甜甜美美　　○精致精巧　　○可爱卡通　　○成熟恬静
    ○真诚　　　　○自信　　　　○专业　　　　○时尚

27. 如果广告语可以影响您的选择,您更倾向于以下哪种?
   ○微整形,到甜美美容　　　○遇见最美的自己
   ○微手术和皮肤管理专家　　○整形不是消费是投资
   ○美一点,世界为你而变　　○今天想更美一点
   ○微调一点点,生活美一点　○美颜不坑人

28. 如果您想微整形,却又不能进行微整形,是因为什么呢?(可多选)
   ○经济条件不允许　　　　○安全性:怕有副作用、后遗症
   ○家人朋友反对　　　　　○怕弄不好会变得更糟
   ○怕别人的闲话,受人歧视　○其他

29. 您是否同意这是一个看脸的世界?
   ○非常同意　　○比较同意　　○同意　　　○不同意
   ○完全不同意

30. 您对身边的人进行微整形持什么态度?
   ○非常支持　　○比较支持　　○支持　　　○不支持
   ○非常不支持

31. 您介意您的另一半进行微整形吗?
   ○完全不介意　　　　　　○比较介意
   ○小范围调整可以接受　　○非常介意

32. 您是否有整容或者微整形的想法?
   ○曾经有过　　　　○一直有　　　　○从来没有

附录2:关于长寿与保健食品的调查问卷

尊敬的女士/先生:

您好,这是一份关于保健食品和长寿的调查问卷。本问卷主要是为了了解国民对于保健食品和长寿的态度,以及人们使用保健食品的情况等,所得数据仅用于学术研究,对外严格保密,而且采取无记名的方式。请您在百忙之中放心填写此问卷。耽误您的宝贵时间,在此表示衷心的感谢!

1. 您的性别是?
   ○男　　　　　　○女
2. 您的年龄是?
   ○18—30岁　　○31—45岁　　○46—60岁　　○60岁以上
3. 您的职业?
   ○行政机关　　○事业单位　　○企业　　　　○自由职业者
   ○学生　　　　○其他(例如待业,家庭妇女)
4. 您的月收入?
   ○2000元以下　　○2000—5000元　　○5000—10000元
   ○10000元以上
5. 您认为自己目前处于一个怎么样的健康状态?
   ○健康　　　　　○亚健康　　　　　○有某种疾病

6. 您的理想寿命是多少年？
　　○60 岁以上　　○70 岁以上　　○80 岁以上　　○90 岁以上
　　○100 岁以上

7. 以下几种行为方式中,您认为哪种有助于您获得理想寿命？（可多选）
　　○运动　　　　○睡眠　　　　○休息　　　　○旅行
　　○教育　　　　○饮食　　　　○情绪　　　　○工作
　　○查体　　　　○其他,例如_____

8. 您认为什么运动方式更有益于长寿？（可多选）
　　○慢跑　　　　○游泳　　　　○跳绳　　　　○瑜伽
　　○其他,例如_____

9. 夜间睡眠多少时间有益于长寿？
　　○5 小时及以下　　　　　○6 小时
　　○7 小时　　　　　　　　○8 小时及以上

10. 您认为文化水平与长寿有直接关系吗？
　　○有关,受教育程度较高的更长寿
　　○有关,受教育程度较低的更长寿
　　○无关

11. 哪种饮食对长寿有益？（可多选）
　　○素食餐　　○脂肪餐　　○多吃蔬菜、适量肉类、荤素搭配
　　○碳水化合物饮食(蛋白质、脂肪、糖类)
　　○其他,例如_____

12. 您认为以下哪种食物不利于长寿？
　　○油炸食品　　○蔬菜　　○水果　　○粗粮

13. 您认为以下哪种饮食习惯有益于获得理想寿命？
　　　○不吃早饭　　　　○不吃太饱　　　　○饭后吃零食
　　　○吃宵夜　　　　　○其他,例如＿＿＿＿＿＿＿

14. 您认为以下有几种情绪有碍于您获得理想寿命？
　　　○愤怒　　　○沮丧　　　○害怕　　　○焦虑
　　　○高兴

15. 您认为人们应多久运动一次(每次多于一小时)？
　　　○一周一次　　　○一月一次　　　○三月一次
　　　○每周多于一次　　○一到三个月一次

16. 您平均多久去医院体检一次？
　　　○小于一年　○一年　　○两年　　○三年
　　　○大于三年

17. 您认为下列对健康长寿影响最大的是？（可多选）
　　　○抽烟　　　○喝酒　　　○熬夜　　　○久坐
　　　○饮食不规律　○其他,例如＿＿＿＿＿＿＿

18. 您认为长期吃保健食品能延长人的寿命吗？
　　　○会　　　○不会

19. 您自己购买过或者自己服用过保健食品吗？
　　　○自己购买并定时服用
　　　○购买过但偶尔想到或家人提醒才吃
　　　○购买送给亲戚朋友,但自己没服用过
　　　○从来不购买,但服用过
　　　○没购买过,也没服用过

20. 您获取保健产品信息的渠道主要是？（可多选）
　　　○广告　　　○健康栏目　　　○网络平台　　○上门推销
　　　○熟人介绍　　○市场活动介绍　　○其他

21. 您选用保健食品的目的？（可多选）

　　○辅助治疗　　　　　　　○平时保健

　　○提高自身的身体素质　　○没有特别原因，跟风

22. 您认为目前保健食品市场是否有夸大功效、虚假宣传现象？

　　○没有夸大现象　　　　　○有一些夸大

　　○普遍夸大　　　　　　　○严重夸大

23. 您觉得当今保健食品市场哪些方面有待提高？（可多选）

　　○药品监控　　　　　　　○销售渠道

　　○法律法规的完善　　　　○政府监管

24. 您认为监管保健食品的措施有哪些？（可多选）

　　○完善配套法律制度

　　○进一步加大力度，严格执法

　　○适时检查，相关部门要定期不定期开展专项检查

　　○加强舆论引导，发挥新闻宣传的作用

　　○其他，例如＿＿＿＿＿＿＿＿

25. 您对当今保健食品市场有什么看法？

　　＿＿＿＿＿＿＿＿＿＿＿＿＿＿＿＿＿＿＿＿＿＿＿＿＿＿＿＿＿＿＿＿

　　＿＿＿＿＿＿＿＿＿＿＿＿＿＿＿＿＿＿＿＿＿＿＿＿＿＿＿＿＿＿＿＿

图书在版编目（CIP）数据

哲学语境下人类增强的案例研究与理论探索 / 冯烨著. -- 上海 : 上海社会科学院出版社，2024. -- ISBN 978-7-5520-4586-4

Ⅰ.B089.3

中国国家版本馆 CIP 数据核字第 2024FA9904 号

哲学语境下人类增强的案例研究与理论探索

著　　者：冯　烨
责任编辑：路　晓
封面设计：徐　蓉
出版发行：上海社会科学院出版社
　　　　　上海顺昌路 622 号　邮编 200025
　　　　　电话总机 021－63315947　销售热线 021－53063735
　　　　　https：//cbs.sass.org.cn　E-mail：sassp@ sassp.cn
照　　排：上海碧悦制版有限公司
印　　刷：上海颛辉印刷厂有限公司
开　　本：710 毫米×1010 毫米　1/16
印　　张：16.5
字　　数：215 千
版　　次：2024 年 11 月第 1 版　2024 年 11 月第 1 次印刷

ISBN 978-7-5520-4586-4/B·541　　　　　　　　　　　　　定价：82.50 元

版权所有　翻印必究